슬픈 쌍둥이의 눈물

김현희-KAL 858기 사건과 국제관계학

박강성주 지음

한울
아카데미

일러두기

· 이 책은 영국 Routledge에서 출판한 *Fictional International Relations: Gender, Pain and Truth*(2014)를 지은이가 직접 수정·번역한 것입니다.

· KAL 858기 사건, 대한항공 858기 사건, 대한항공기 사건 등은 모두 1987년 김현 희-대한항공 858기 실종사건을 가리킵니다.

· 남한, 남쪽, 한국 등은 모두 대한민국을 가리키고, 북한, 북쪽 등은 모두 조선민주 주의인민공화국을 가리킵니다.

· 면접 내용은 되도록 녹음된 그대로 옮기려고 노력했습니다. 다만 녹음을 하지 않 은 경우, 요약해서 정리한 내용을 대화체로 옮겨 편집했습니다.

· 책에 포함된 짧은 소설에서 북쪽 말씨가 필요한 경우 그대로 살리려고 노력했습니 다. 그러나 실제 억양과 맞지 않는 부분이 있을 수 있습니다.

이 도서의 국립중앙도서관 출판예정도서목록(CIP)은 서지정보유통지원시스템 페이지(http://seoji.nl.go.kr)와 국 가자료공동목록시스템(http://nl.go.kr/kolisn et)에서 이용하실 수 있습니다.
(CIP제어번호: CIP2015021347)

Fictional International Relations

Gender, Pain and Truth

Sungju Park-Kang

차례

한국어판을 내며

'그래, 지금 죽어도 미련은 없어.' 몇 년 전 겨울, 북유럽의 한 도시. 저는 진지했습니다. 박사 논문을 쓰던 시기, 뭔가 설명하기 어려운 위험한 고비가 있었습니다. 지난날을 돌아보며, 특히 제 삶을 바꿔놓은, 그래서 이 위기를 불러왔던 대한항공 858기 사건을 생각하며 저는 눈을 감았습니다. 숨을 그만 쉬어야 할 때가 된 듯했습니다. 억울하거나 불안하다기보다, 홀가분했습니다. 그동안 나름대로 치열하게 살아왔다는 생각도 들었습니다. 그만큼 저는 준비가 되어 있었습니다.

몇 년이 지난 지금, 그날로 돌아가봅니다. 만약 그때 정말 숨을 그만 쉬게 되었다면 어떻게 되었을까요……. 지금 여러분이 읽고 계신 이 책은 세상에 나오지 못했을 것입니다. 되짚어보면 당시 저는 참 이기적이고 오만하기까지 했습니다. 그래서입니다. 저는 기적이라고 생각합니다. 우여곡절 끝에 마라톤 같은 논문 작업을 마친 순간, 모든 것이 저에겐 기적으로 보였습니다. 그 이후 저는 하루하루가 모두 기적이라는 생각으로 지내려 노력합니다. 그러다 보니 논문을 책으로 내게 되었고, 그리고 그 책을 또 한국어로 내게 되었습니다. 다시 한 번 기적입니다.

생존을 돌아보며

이 책은 저의 석사 논문을 바탕으로 했던 『KAL 858, 진실에 대한 예의: 김현희 사건과 '분단권력'』의 후속작입니다. 당시 저는 논문에 대한 사기 성찰로 책을 시작했는데, 박사 논문을 바탕으로 하고 있는 이 책 역시 비슷한 방식으로 시작할까 합니다.

첫째, 실종자 가족들을 포함해 면접에 함께해주신 분들의 이야기를 좀 더 밀도 있고 길게 전하지 못해 아쉽습니다. 분량의 제약도 있었지만 일정한 틀과 내용적인 흐름을 따르다 보니, 말씀해주신 부분 가운데 극히 일부만을 인용할 수밖에 없었습니다. 덧붙여서 좀 더 많은 분들을 면접했다면 좋았을 것입니다. 특히 가족분들의 경우 30명 남짓한 분들을 뵈었는데 마음 같아서는 115분 모두의 말씀을 듣고 싶었습니다.

둘째, 본문에서도 말하고 있지만, 폭파범으로 알려진 사건의 핵심 인물 (김현희)과의 면접이 이루어지지 못했습니다. 또한 북쪽에 대한 현지 조사 및 관계자 면접도 이루어지지 못했습니다. 이 사건의 특성상, 그리고 현실적인 법체계의 제약상, 평범한 일개 연구자로서는 한계가 너무 많았다고 생각합니다. 언젠가 이 부족한 부분들을 좀 더 직접적이고 의미 있는 방식으로 채워갈 수 있었으면 합니다.

셋째, 젠더 관련 부분에 아쉬움이 남습니다. 제 연구는 기본적으로 여성주의 국제관계학에 해당한다고 할 수 있습니다. '사회적으로 구성된 (잠정적으로 이성애자) 남성'으로 여성주의 연구를 한다는 것은 여성과는 다른 위치에서 여러 가지 긴장을 동반합니다. 제 나름대로 한다고 했지만, 여전히 부족하다는 느낌을 지울 수 없습니다. 제 존재에 대한 정치적 긴장은 제쳐두고라도 과연 나의 해석이 '맞는' 것일까, '내가' 이런 말을 해도 되는 것일까 같은 질문을 늘 하게 됩니다. 아마 이 문제는 앞으로도 계속 맞닥뜨리게 되지 않을까 합니다.

한번은 이런 일도 있었습니다. 2008년 4월 25일, 이화여자대학교 복합관의 어느 세미나실. 전날 행사가 있었는데 거기에 오지 않았냐며 어떤 분이 말을 걸어오셨습니다. 저는 그분을 모르는데 그분은 저를 아시는 듯했습니다. 그런데 전 묻는 말에만 짧게 답하고 침묵했습니다. 무안해진 그분은 어쩔 줄 몰라하며 자리로 돌아가셨습니다. 제가 그분이었더라도 차가웠던 제게 상처를 받았을 것입니다. 당시 저는 그럴 수밖에 없었습니다. 왜냐하면 여성주의 관련 강연/행사에 갈 때마다 전 언제나 긴장하며 조심스러워했기 때문입니다. 그날도 그 긴장감을 견뎌내기에 바빴던 저는, 그렇게 대화의 싹을 모질게 잘라버렸습니다. 제가 휘두른 칼에 당혹스러워하던 그분의 모습이 지금도 잊히지 않습니다. 정말 죄송했습니다.

아울러 위의 내용과는 별도로 그동안 느꼈던 점을 몇 가지 말씀드릴까 합니다.

첫째, 저는 대한항공 858기 사건의 핵심이 '실종'에 있다고 생각합니다. 어떤 예고도 없이, 어떤 흔적도 없이, 순식간에 사라졌습니다. 실. 종. 죽었는지 살았는지 도대체 어떻게 됐는지 모른다는 뜻입니다. 저는 이것이 사건을 복잡하게 만드는 주된 이유라고 생각합니다. 직접 만져볼 수 있는, 눈으로 확인할 수 있는 그 무엇이 없습니다(정부에 따르면, 비행기 잔해가 발견되었지만, 그 양이 많지 않을 뿐 아니라 과연 대한항공기의 것인지에 대한 의문이 제기되었습니다. 그리고 그 가운데 일부는 폐기 처분 되었습니다). 사건에 대해 여러 가지 추측과 의혹이 존재할 수밖에 없습니다. 바로 이 '실종'이 사건을 처음부터 어렵게 만들어왔다고 생각합니다.

만약 비행기의 블랙박스나 탑승객/승무원분들의 '몸'이 어떤 형태로든 발견되었다면 상황이 다른 형태로 전개되었을 것입니다(여기에서 저는 '시신'이나 '시체'라는 표현이 아닌 '몸'이라는 단어를 쓰고 있습니다. 실종사건의 특성상 이 표현이 더 적절하겠다는 생각을 최근에 하게 되었기 때문입니다). 물론 블랙박스나 몸이 발견되었더라도 사건의 수사와 이후 과정들이 간단하지만은 않았을 것입니다. 그러나 중요한 점은, 바로 이 부분들이 대한항공기 사건을 실종사건으로 위치시킨다는 것입니다. 아울러 저는 실종 당시 수색에 최선을 다했어야 할 정부가 이 사건을 대선에 활용하기 위해 공작을 진행하고 있었다는 점을 지적하고 싶습니다.

이 실종은 누가 어떤 위치에 있느냐에 따라 다르게 받아들여질 수 있습니다. 저의 연구에 따르면, 실종자 가족분들은 끝이 보이지 않는 절망과 희망을 동시에 겪고 있는 듯합니다. 죽었는지 '직접' 확인할 수 없기 때문에 어디엔가 살아 있을 것이라는 생각을 합니다. '그래, 어디엔가 있겠지. 그래서 다시 나타나겠지.' 실제로 실종자들은 꿈 등을 포함한 형태로 가족들의 일상에 살아 있습니다. 그런데 끝이 없기 때문에, 기약이 없기 때문에 기다리는 이는 지치게 됩니다. 이 끝없음과 지침에 대한 깊은 고민이 있을 때 사건에 대한 이해가 가능하지 않을까 합니다(솔직히 저는 '이해'라는 것 자체의 개념과 그 가능성에 좀 회의적입니다. 이해 자체가 가능하다기보다, 이해를 하기 위한 '노력'이 중요하다고 생각합니다).

둘째, 언어와 '원어민' 문제입니다. 제1언어가 아닌 '외국어'로 글을 쓴다는 것은 결코 쉬운 일이 아닌 듯합니다. 물론 해당 외국어 사용 지역에서 태어나 자란 경우는 다를 수 있습니다. 또한 외국어에 특출한 재능이 있는 이도 예외라 하겠습니다. 이 책의 경우 '영어'가 해당 외국어라고 할 수 있는데, 원어민의 도움을 받지 않을 수 없었습니다. 문제는 원어민의 교열을 거치는 과정에서 저의 원래 뜻과 문장이 변형된 경우가 많았다는 것입니다. 어떤 면에서 이는 불가피한 사안이라 할 수 있습니다.

제가 주목하는 것은, 그 변형된 부분을 어떻게 확인하고 검증하느냐입니다. 한마디로 '비원어민'인 나에게 그런 자격이 있느냐는 문제입니다. 처음에 저는 제가 원어민이 '아니기' 때문에 수정된 부분을 거의 믿고 따라야 한다고 생각했습니다. 그래서 제가 보기에 잘못된 것 같더라도 쉽게 문제를 제기하지 못한 경우가 있었습니다(저의 뜻이 완전히 반대로 고쳐져 있거나, 글의 맥락이 무시된 채 기계적으로 다듬어진 경우가 많았습니다. 논문을 봐주었던 원어민과 책 원고를 봐주었던 원어민 사이에서도 차이가 있었습니다). 원어민이 언어에 있어서는 절대적인 권위를 갖고 있다는 생각에서였습니다.

하지만 원어민도 분명히 자신의 언어와 관련해 부족한 부분이 있다는 점을 깨닫게 되었습니다. 가장 큰 계기는 역설적이게도 저의 제1언어인 한국어와 관련해 찾아왔습니다. 제가 (한국어로) 진행한 면접을 기록으로 옮기는 과정에서 스스로 언어를 제대로 사용하지 못하고 있다고 깨달은 것입니다. 아울러 이 한국어판을 준비하면서도 이 문제를 진지하게 돌아보게 되었습니다.

저는 이 '원어민' 문제가 좀 더 넓은 맥락에서 권위-경험-'원조'의 정치학과 연결될 수 있다고 생각합니다. 이른바 원어민들은 자신들의 언어를 '완벽'하게 구사할 수 있는가. 아니, 원어민이라는 개념 자체는 누구에 의해-무엇을 위해 만들어진 것인가. 도대체 원어민으로서의 권위와 힘은 어디에서 오는 것인가. 그리고 그 권위와 힘은 얼마나 안정된 것인가. 이는 (특히 '영어'와 관련된) 지식 생산의 탈식민지 정치학과도 관련되지 않았나

합니다.

그런데 저는 이 문제가 꼭 '외국어'에 국한된 것은 아니라고 생각합니다. 번역·통역, 해석은 거의 모든 이의 일상생활에서 특히 글쓰기와 말하기에서 늘 등장하는 문제가 아닐까 합니다. 책을 읽고 글을 쓰는 일. 누군가와 대화를 하거나 누군가의 말을 대신 전달하는 행위. 또는 자신의 과거를 돌아보거나 뭔가를 계획하는 일. 넓은 의미에서 이들은 모두 번역과 해석의 과정을 포함한다고 생각합니다.

이 문제의식을 좀 더 확장시키면, 이 책에서 저는 면접에 함께해주신 분들의 이야기를 전해드리고 있습니다. 일차적으로 제가 '번역/통역자'의 역할을 하고 있는 것입니다. 여기에 더해 저의 해석 역시 들어가 있습니다. 문제는 저의 번역-해석이 '완벽'하다고 자신할 수 없다는 것입니다. 이는 저의 부족한 점도 있겠지만, 앞에서 말씀드린 번역-해석 자체의 불안정성과 관련되지 않았나 합니다(한편 저는 번역과 해석의 경계 역시 불안정하다고 생각합니다).

셋째, 저의 글과 생각은 늘 변하고 있다는 점입니다. 박사 논문을 쓰던 시기와 책을 쓰던 시기, 그리고 이 한국어판을 내게 된 지금, 저는 글을 다듬었고 또 다듬습니다. 생각이 변한 지점도 있고, 새로운 생각이 든 지점도 있습니다. 그러면서 고민했던 것이, 내 글과 생각이 이렇게 변하는데 그렇다면 도대체 어떤 글과 생각이 '진짜' 나의 것일까라는 점입니다. 더군다나 말씀드린 것처럼, 이 과정에는 이른바 '원어민'과 더 나가서는 출판사 편집자의 개입도 포함되어 있습니다. 저의 글과 생각이 온전히 저의 것이 아니라는 점을 느끼게 됩니다. 연구/글쓰기는 '끝'이 정해져 있지 않은, 언제나 진행 중인 '과정'이라는 생각을 새삼스레 하게 됩니다. 지식추구의 과정에서 겸손함이 필요한 지점이라 하겠습니다.

덧붙여서, 되도록이면 영어 표기를 최소화하고 이른바 '번역체'(이 책도 결국 외국어를 한국어로 옮긴 것이기 때문입니다)를 줄이기 위해 나름대로 노력했지만 부족하다는 느낌입니다. 언제 기회가 있을지 모르겠지만, 이 부분 역시 더 채워갈 수 있었으면 합니다.

고마움과 죄송함으로

제가 이 세상에서 가장 고마워하면서 죄송스럽게 생각하는 분. 바로 어머니 강은순 님입니다. 말로는 부족합니다. 그래도 최선을 다해, 고마운 마음을 전해드립니다. "다 뜻이 있어서 그런 거란다." 이 말씀은 제가 힘들 때마다 가장 먼저 떠올리곤 합니다. "더 좋은 일이 있으려고 그런다." 네, 정말 그랬나 봅니다. 고맙고, 또 고맙습니다.

저의 스승 크리스틴 실베스터 님께 깊은 감사의 말씀을 드립니다. 곁에서 배울 수 있었던 시간들은 더없는 행운이요 축복이었습니다. 식사 잘 하라며 김치찌개도 직접 끓여주신 은인. 부족한 제자 때문에 고생 많으셨습니다. 그동안 배운 것을 잘 풀어내기 위해 노력하겠습니다.

정희진 님께 특별히 고마운 마음을 전해드립니다. 언젠가 드렸던 말씀 기억하시는지요. 제가 조금이라도 진전을 보이게 된다면, 많은 부분에서 감사드려야 할 분이라고요. 공부/삶에 관한 중요한 문제들에 대해 많은 빚을 졌습니다. 죄송하고, 고맙습니다.

저에겐 참으로 고마운 분들이 많이 계십니다. 논문 작업을 본격적으로 시작할 무렵부터 계속 따뜻한 관심과 용기를 주시는 신시아 인로 님. 논문 심사 당일 추천의 글을 써주시겠다며 격려를 아끼지 않으신 스티븐 찬 님. 이분들을 떠올릴 때마다 저는 축복받은 존재라는 생각이 듭니다. 온 마음으로 감사드립니다.

제 연구에 대해 여러 가지 방식으로 관심과 격려를 보여주신 분들이 국제관계학 공동체에 계십니다. 특히 레네 한센, 앤 티크너, 신시아 웨버, 마이클 딜런, 아닉 위벤, 제니 에킨스, 비비안 자브리, 로라 셰퍼드, 캐론 젠트리, 로라 쇼버그, 마리아 스턴 님께 감사드립니다. 메간 맥켄지, 멜라니 리츠터-몬페티 님의 아주 특별한 격려도 늘 간직하겠습니다.

면집 또는 편지 교환을 통해 도와주신 브루스 커밍스, 테리 이글턴, 박노자 님께 특별히 감사드립니다. 권헌익 님과의 만남과 대화에서도 많은 것을 배웠습니다. 제 연구의 일부를 발표할 수 있게 해주신 헤이즐 스미스 님, 덕택에 소중한 대화를 나눌 수 있었던 수지 김, 헨리 임 님도 정말 고맙습니다.

스웨덴과 덴마크는 논문과 책 작업을 진행하는 동안 저에게 잊지 못할 기억을 안겨주었습니다. 특히 카밀라 오우엘라, 토비아스 휘비넷, 소피 헬바리, 카린 바리, 스텔란 빈트하겐, 앨리사 그로스맨, 안데스 우흘린, 미카엘 바이스만, 세실리아 밀베르츠, 가이어 헬게센 님께 고마운 마음을 전해드립니다. 그리고 세실리아 바드, 에바 마리아 올라프손, 미케 그란바움, 마리온 드케이스터, 구드룬 티바리 님의 우정에도 감사드립니다. 니라 유발-데이비스 님과의 뜻밖의 만남도 기억하겠습니다.

박사과정을 시작했던 영국은 제게 특별할 수밖에 없습니다. 저의 이야기에 귀 기울여주신 분들이 많이 계시지만, 특히 레이첼 매카시, 크리스 위터, 베카 화이트헤드, 앤드류 화이트헤드, 스티브 피커링, 휴 폴록, 이미 로버트슨 님께 거듭 고마운 마음을 전해드립니다. 그곳의 초록빛 전원이 많이 그립습니다. 작가이자 친구인 아다니아 쉬블리 님께도 감사드립니다.

인연은 또 다른 인연으로 이어지곤 합니다. 주해연, 샤인 최, 데이빗 심,

롤란드 블레이커, 렘코 브뢰커, 쿤 드 쾌스터, 발레리 줄레조 님께 여러 가지로 고맙습니다.

부족한 저를 선생으로 맞이해준 네덜란드 친구분들. 특히 시니타 러스, 도가 핀칸, 사라 클란커, 빈센트 스하라, 사샤 하스만, 플로라 스미트, 카빈 충, 그리고 데지레 반 다윈 님께 고마운 마음을 전해드립니다. 모두가 한반도 관련 연구/활동에서 자신들의 역할을 멋지게 해내길 빕니다.

고마운 분들은 서울 삼청동에도 계십니다. 특히 구갑우, 이수정, 함택영, 이우영, 류길재, 조인정 님께 감사드립니다. 그리고 딘 올렛 님께는 더더욱 특별히 고마운 마음을 전해드립니다. 이와 더불어 송두율, 김귀옥, 전형배 님도 잊지 않겠습니다.

어느새 십년지기 벗이 되어준 이김명란, 이안지영 님께 감사드립니다. 한결같은 우정으로 보답하겠습니다. 한국을 떠나기 전 함께 공부했던 김엘리, 조영주, 오미영, 레나, 변숙진, 강유인화, 조최중헌 님도 잊지 않겠습니다.

그리고 저에게 아주 특별한 용기와 영감을 주신 다음 분들께 감사드립니다. 『모모(Momo)』의 모모, 〈발란더(Wallander)〉의 쿠트 발란더, 〈포브뤼델슨(Forbrydelsen)〉의 사라 룬드, 〈반지의 제왕(The Lord of the Rings)〉의 프로도, 〈조디악(Zodiac)〉의 그레이스미스, 〈127시간(127 Hours)〉의 애론, 〈더 빅 시(The Big C)〉의 캐시, 그리고 〈연애시대〉의 은호 님. 직접 뵌 적은 없지만 늘 고맙게 생각하고 있습니다.

아울러 독자분께 고마운 마음 가득합니다. 부족할 수는 있지만 부끄럽지는 않은 책을 쓰려 노력했습니다. 당연한 말이지만, 책과 관련된 모든 잘못과 책임은 저에게 있습니다.

두말할 필요 없이, 도서출판 한울은 이 한국어판이 나올 수 있게 해주셨습니다. 책이 나오기까지 고생해주신 모든 분들, 특히 윤순현, 이수동 님께 고마운 마음을 전해드립니다. 편집을 맡아주신 조수임 님, 부족한 글이 조금이나마 나은 책이 될 수 있도록 정말 애쓰셨습니다. 그 배려와 도움에 깊이 감사드립니다.

한편 이 책의 출간 작업은 몇 가지 사정으로 늦어진 면이 있습니다. 이 과정에서 저는 개인과 구조/환경의 문제를 고민하게 됐습니다. 곧, 제 자신이 아무리 열심히 하려 한다 해도 이를 뒷받침해줄 수 있는 환경이 되어 있지 않으면 일이 풀리기 어렵다는 말입니다. 개인의 강력한 동기 부여가 중요하긴 하지만 이것이 전부가 될 수는 없다는 점을 새삼스레 깨달았습니다. 어느 누구의 잘못이라기보다는, 어쩔 수 없는 삶의 한 부분이라고 생각합니다. 나아가 저는 (좀 과장된 것일 수도 있지만) 실종자 가족분들을 떠올리기도 했습니다. 불확실한 기다림이 계속되는 동안 가족분들이 얼마나 지쳐갔을지 다시 한 번 돌아볼 수 있었습니다. 이런 점에서 책이 나오기까지의 모든 과정은 저에게 소중한 경험이었다고 생각합니다.

이 책은 제가 학부생 시절에 겪은 이른바 '통일논문 사건'에서 비롯되었습니다. 통일부가 논문 공모전 입선작인 저의 글에 대해 수정을 요구했고, 저는 그 요구를 거부했습니다(문제가 된 부분은 대한항공 858기 사건에 대한 내용이었습니다). 당시 국가인권위원회에서 이 사건을 다뤄주셨던 송초아 님께 감사드립니다.

그 뒤로 10년이 훌쩍 지났습니다. 이상하게 들릴 수 있지만, 제 자신에게 미안하다는 말을 전하고 싶습니다. 기나긴 터널을 지나오는 동안 마음/몸을 혹사시킨 면이 있습니다. 논문을 위해서라면 건강을 조금 잃게 되더라도 '영광'이라고 생각했던 시절이 있습니다. 미안합니다. 그리고 고맙습니다.

면접이 포함된 저의 연구와 책은 차옥정 님을 비롯한 대한항공 858기 가족분들/관계자분들이 안 계셨다면 처음부터 존재하지 못했을 것입니다. 고맙다는 말씀을 드리고 싶지만, 가슴이 먼저 아려옵니다. 처음부터 맺어지지 않았다면 좋았을, 슬픈 인연. 물론 웃음과 따뜻함이 함께하고 있다는 것도 잊지 않겠습니다.

끝으로, 115분의 실종자분들 앞에 두려운 마음으로 책을 내놓습니다. 두렵고, 또 두렵습니다. 어쩌면 이 두려움이 저의 운명이 아닐까 합니다. 이 운명을 끌어안을 수 있도록, 계속, 노력하겠습니다.

박강성주

한국어판 추천의 글

박강성주의 도발적인 책을 읽으면서 이야기하기(스토리텔링)의 정치학에 대해 새롭게 생각하게 되었습니다. 얼핏 보기에 1987년 대한항공 858기의 실종 이야기는 후기 냉전의 폭력과 반역죄에 관한 비극적이지만, 비교적 복잡하지 않은 얘기인 듯합니다. 하지만 박강성주의 손에서, 대한항공기와 115명의 탑승객들 및 승무원들의 운명은, 우리 각자가 국제정치를 어떻게 이해하려 하는가와 그 정치에서 유동적인 우리들의 위치에 대한 깊은, 게다가 불편한 물음들을 던지는 출발점이 됩니다.

우리는 국제정치에 대해 어떤 이야기들을 자신과 서로에게 하고 있습니까? 다른 이가 우리에게 들려준 이야기 가운데 (예를 들면 일본의 식민 지배, 아랍의 봄, 소치 겨울 올림픽) 우리가 기억할 뿐 아니라 다른 이에게 해주고 있는 이야기는 어떤 것입니까? 이야기들. 어떤 이야기들은 놀랍도록 분명한 반면, 어떤 이야기들은 윤색으로 가득합니다. 어떤 이야기들은 곧게 뻗은 고속도로를 여행하는 듯하고, 어떤 이야기들은 복잡한 홀림길과 에

움길을 돈 뒤에야 마지막 결론에 도달합니다. 어떤 이야기들은 충격적으로 끝맺어지고, 어떤 이야기들은 좌절감을 줄 정도로 애매하게 끝납니다. 박강성주가 이 책에서 보여주는 것처럼, 이야기들이 꼭 허구인 것은 아닙니다. 하지만 우리가 이야기를 하는 방식들은 원인부터 결과까지 끊임없이 이어지는, 보증할 수 있는 증거의 기록인 경우가 매우 드뭅니다. 이야기들에서 얻게 되는 교훈이 언제나 분명한 것도 아닙니다.

이야기에는 힘이 있습니다. 이야기들은 시간에 걸쳐 일어나는 사건들을 추적할 수 있게 해줍니다. 우리 인간은 연속성의 존재인 듯합니다. 만약 잘 얘기되면, 어떤 이야기는 우리 마음속에 계속 남는데 왜냐하면 우리는 다음과 같이 생각하기 때문입니다. "그래서, 그러고 나서, 그 다음에는……." 그러므로 사실들은 (또는 사실이라고 알려진 것은) 만약 매력적인 이야기에 실려 전해진다면 우리 대부분에게 기억되기 쉬운데, 왜냐하면 그 사실들이 맥락적인 중요성을 얻게 되기 때문입니다. 물론 우리 모두가 좋은 이야기꾼은 아닙니다. 하지만 우리 각자는 친구들이나 친척들 가운데 특히 재주 있는 이야기꾼을 한 명쯤 알고 있을 것입니다. 정부, 정치권 그리고 언론은 언제나 좋은 이야기꾼들을 모집하고 훈련시키려 합니다.

이야기가 예를 들어, 인구 조사 보고서나 통계 도표보다 더 힘이 있기 때문에 특정 이야기를 잘못 이해하거나 잘못된 이야기를 계속 반복하는 것은 재앙적인 결과를 가져올 수 있습니다. 많은 사회들에서 인종주의가 그처럼 공고한 자리를 차지하게 된 것이 바로 이런 방식을 통해서입니다. 군사주의가 겉보기에 평화로운 사회에 살아서 자리 잡고 있는 것도 마찬가지입니다. 성차별주의의 가부장적 제도가 수십 년의 반차별 입법 속에 건재한 것도 마찬가지입니다. 인종주의를 없애고, 군사주의를 사라지게 하고, 가부장제를 철폐하는 일은 잘못된 이야기에 밝은 빛을 비추고 새로운, 더 진실한 이야기를 우리 스스로에게 할 것을 요구합니다.

　박강성주는 한반도 냉전 역사의 비극적인 사건에 대한 이야기를 추적하며 탐정이 됨으로써, 우리 각자에게, 그의 독자들에게, 우리 대부분이 '끝난' 것으로 상상했던 사건을 열기 위해 서사적 역량을 확장시키자고 제안합니다. 이 말은 이 책을 읽는 것에는 에너지가 요구된다는 뜻입니다. 이 책은 수동적으로 읽을 수 없습니다. 책을 읽으면서, 저는 가능한 것을 다시 생각해야 했을 뿐 아니라, 이미 알고 있다고 생각했던 젠더화된 특성들 전체에 대해 다시 상상해야만 했습니다.

　이야기들은 흔히 남성성과 여성성이 갖는 다양한 형태에 대한 생각들에 의존하곤 합니다. 남성성 또는 여성성의 각 형태는 이야기의 얼개를 앞으로 전개시킬 수 있고, 그 결과를 명확하게 하거나 혼란스럽게 할 수도 있습니다. 남성성과 여성성이 이야기꾼에 의해 어떻게 다루어지느냐는 이야기의 의미를 뚜렷하게 하거나 흐릿하게 할 수 있습니다. 다시 말해, 이야기는 젠더화되었습니다. 우리 대부분은 이를 치열한 선거전이나 섹스 추문에서 확인합니다. 하지만 우리는 자신이 말하고 반복하는 국제정치에 대한 이야기 역시 젠더화되었음을, 다시 말해, 그 이야기들도 무엇이 적절한 그리고 부적절한 남성다움을 구성하는가, 무엇이 훌륭한 그리고 수상쩍은 여성다움을 구성하는가에 대한 (확실한 또는 애매한) 생각들에 의존하고 있다는 것을 깨닫는 데에는 어려워할 수 있습니다. 우리는 여성화된 배신자들, 슬퍼하는 어머니들 그리고 남성적인 보호자로서의 정보기관원들에 대해 특정한 생각들을 하도록 유도됩니다.

　그러니, 숨을 깊이 들이마시고, '정신적인' 윗몸 일으키기를 몇 번 하고,

냉전, 국가 안보 그리고 오늘날의 국제정치에 대해 스스로에게 해왔던 이야기들을 다시 생각할 준비를 하십시오.

신시아 인로
미국 클라크대학교

영어판 추천의 글

이 책은 서사와 행위의 복잡한 그물망을 이해하기 위한 단계로 학문적 방법을 상상의 영역으로 끌어들이는 놀라운 연구물입니다.

대한항공 858기는 서울올림픽을 앞둔 해에 사라졌습니다. 비행기는 올림픽 대회를 방해하기 위해 북한이 파괴한 것으로 추정되었습니다. 잔해가 발견되지 않은 채 비행기는 다시 올라오지 않았고, 탑승객들과 승무원들도 다시는 볼 수 없었습니다. 그러다 1987년 대통령 선거를 앞두고 북한의 여성 공작원이 서울로 압송되었고 대한항공기를 폭파했다고 고백했습니다. 그녀는 굉장히 아름다웠고 이에 대한 언론 보도와 여론은 선정성과 스캔들의 양상을 띠었습니다. 비극은 일일 연속극으로 가득 차게 되었습니다.

그녀는 고백을 했을 뿐만 아니라 참회도 했습니다. 참회도 했을 뿐만 아니라 수사관과 사랑에 빠지고 결혼도 했습니다. 그녀는 사면을 받은 뒤 자신에 대한 책을 몇 권 썼습니다. 이 모든 것은 그녀를 둘러싼 일일 연속극을 심화시키고 확장시켰습니다. 하지만 그녀가 진실하게 말하고 쓰는가와 관련해 여론은 그다지 호의적이지 않았습니다.

박강성주가 여기에서 한 작업은 사건에 대한 이용 가능한 증거를 꼼꼼하게 엮은 것입니다. 그리고 그는 어떤 일이 일어났을 것인지를 제시하기 위해, 그리고 사건의 인간적이고 감정적인 영역을 말하기 위해 증거와 의혹이 공존하는 소설적 국제관계학을 썼습니다. 그는 소설가처럼 쓰면서 일어난 일을 재현해내고 있는데, 이는 감동적이면서도 더 이상 일일 연속극으로 전락하지 않습니다.

박강성주는 그의 작업을 젠더와 고통 그리고 이들과 진실의 관계에 대한 개념적 조사에 바탕을 두고 있습니다. 그 결과는 진실일 수 있는 것에 대해 공감하려는 상상 외에는, 어떤 '진짜' 답도 존재하지 않았을 냉전 정치 사건에 대한 아주 드물고 감동적인, 그리고 제가 느끼기에, 굉장히 중대한 연구로 이어졌습니다.

스티븐 찬

영국 런던대학교 동양학·아프리카학대학

01

이상하게 미안한 이야기

"언니 미안해."

1987년 겨울이다. 어떤 여성이 거의 울먹거린다. 그녀는 자살을 시도했으나 실패했고 바레인에서 붙잡혀 서울로 압송된 참이다. 대통령 선거하루 전 도착한 그녀는 남한의 언론과 대중의 시선을 사로잡았다. 당국에 따르면, 그녀는 공작원으로 서울올림픽 대회를 방해하라는 북한의 지령을 받고 비행기를 폭파시켰다. 그래서 115명을 죽였다. 공식 발표에 따르면, 이것이 대한항공 858기 사건의 진실이다. 사람들은 놀랐다. 폭파범은 기자회견을 통해 고백했다. 테러범에 대한 선입견과 달리 그녀는 예뻤고, 순수하고, 고통스러워 보였다. 기자회견 뒤 미국은 북쪽을 테러 지원국으로 지정했다. 유엔 안전 보장 이사회도 긴급회의를 열었다. 그녀는 사형을 선고 받았는데 당국에 의해 곧바로 사면되었다.

그런데 진실을 둘러싼 문제들이 떠오르기 시작했다. 유해가 하나도 발견되지 않았다. 블랙박스도 회수되지 않았다. 제대로 된 잔해 역시 발견되지 않았다. 그리고 폭파범의 진술에는 모순점이 많았다. 실종자 가족들은 재조사를 바랐다. 계속되는 요구에 정부는 두 번의 재조사를 실시했다. 한편 자백하며 처음 꺼낸 말 "언니 미안해"는 그녀가 했던 말이 아니라, 정보기관이 지어낸 것으로 밝혀졌다. 그리고 수사 결과에 바탕을 둔 영화에서 그녀는 '처녀 테러리스트'로 그려졌다. 그녀는, 김현희다.

1. 처녀 테러리스트 이야기

이 책의 목적은 김현희-KAL 858기 사건의 맥락화를 통해 소설 쓰기 국제관계학 개념을 제안하고, 여성주의 국제관계학에 개입하는 것이다. 달리 말하면, 이 책은 국제관계학에서 상상력을 어떻게 이용하느냐와 젠더를 어떻게 세계관으로 삼느냐를 다룬다. 앞의 처녀 테러리스트 이야기는 탐정 수사 같은 연구와 신시아 인로(Cynthia Enloe)가 말한 '여성주의 호기심'을 불러온다(Enloe, 2004). 탐정의 상상력과 여성주의 호기심은 전통적 사유를 뛰어넘게 해주며, 고정관념에 기댄 해석과 가정을 재구성하게 도와준다. 대한항공 858기 사건에 대한 표준 해석은 테러와 관련되어 있고, 이는 전통적인 안보 정치의 영역이다. 예를 들어, 이에 관한 출판물, 기록물, 학문적 연구의 대부분은 이 사건을 북한 테러 정책의 사례로 다루고 있다(DOS, 1989; Oberdorfer, 1997 등 참조). 안보 분석가인 조셉 버뮤데즈(Joseph S. Bermudez)는 『북한 특수군(North Korean Special Forces)』(1998: 138)에서 북한의 1984년부터 1988년까지 작전 중 서울올림픽 대회 방해를 위한 가장 심각한 시도는 대한항공 858기 폭파였다고 말한다. 나의 책은 이러한 해석을 문제화한다. 또는 서사론 학자인 몰리 앤드류스(Molly

Andrews)가 말한 것처럼, 사건에 대한 지배적 서사는 더 넓은 시간적 위치에서 그 사건에 접근하면 다르게 구성될 수 있다는 점에 동의한다(Andrews, 2007: 11). 대한항공 858기 사건은 소설 쓰기 국제관계학과 여성주의 국제관계학의 의미 있는 사례라고 생각한다. 이 사건의 수수께끼는 앞의 짧은 이야기에서 암시된 젠더, 고통 그리고 진실이라는 핵심어에 의해 분석될 수 있다. 이를 통해 국제관계학 분야에 여러 가지로 공헌할 수 있을 것이다.

이 책에는 구체적으로 세 가지 목표가 있다. 첫째, 국제관계학에서 정보의 부족과 불확실함을 다루는 방법으로서 소설 쓰기가 어떻게 쓰일 수 있는지 살펴본다. 둘째, 대한항공 858기 사건에서 젠더, 고통, 진실이 어떻게 작동하고 얽혀 있는지, 그리고 이것이 교차성의 측면에서 여성주의 국제관계학에 어떻게 공헌할 수 있는지 알아본다. 셋째, 대한항공 858기 사건을 공개적이고 철저하게 연구하는 것이 왜 어려웠는지 따져본다. 이 세 가지 목표는 각각 방법론, 개념, 사건과 연관된다(세 가지가 엄격히 구분되는 것은 아니다). 다시 말해, 첫째는 주로 연구 과정에서 겪는 방법론적 어려움을 다루는 문제, 둘째는 국제관계학을 더 진전시킬 수 있는 개념을 어떻게 이해하느냐의 문제, 그리고 셋째는 대한항공 858기 사건을 학문 연구의 대상으로 삼는 것과 관련이 있다. 이러한 문제의식에서 나는 기본적으로 두 가지를 보여주려 한다. 하나는 소설 쓰기가 국제관계학의 방법론이 될 수 있다는 것이고(소설 쓰기 국제관계학의 가능성), 다른 하나는 대한항공 858기 사건이 젠더화되었다는 것이다(여성주의 국제관계학의 유용성).

소설 쓰기 국제관계학과 관련된 기본 논의는 3장에서 다뤄진다. 이 책에서 소설 쓰기는 방법론적 어려움, 곧 사건이 지니는 정보의 부족과 그에 따른 불확실함을 다루기 위해 도입된다. 각 주제에 대해 비교적 유연한 방식으로 먼저 생각해볼 수 있는 기회를 갖기 위해서, 이 책에서는 전략적으로 주요 장들(6장~8장) 앞에 사건의 젠더, 고통, 진실에 대한 짧은 소설을 두었다. 또한 이 시도는 주요 개념, 연구 목표, 사건 자체를 서로 연결시키기 위해서이기도 하다. '그레이스 한'이라는 소설 속 인물이 이를 상징한다. 그녀는 대부분이 여성인 실종자 가족들을 본보기로 했다. 이름 자체는 고통과 진실의 정치학을 상징한다. '그레이스'는 회색/흐릿함을 뜻하는 영어 단어(grey)에서 왔고, '한'은 마음에 응어리/한이 많다 할 때의 그 한이다. 그녀의 이야기는 김현희의 이야기와 병치된다.

여성주의 국제관계학과 관련해서는, 고통과 진실이 젠더 관련 요소들을 가지고 있다고 확실히 보여주는 것이 목표가 아니다. 이 책에서 젠더는 달리 표현하면 젠더에 민감한 '렌즈' 또는 '세계관', 그리고 더 넓게는 여성주의에 기초한 사유의 맥락으로 쓰인다(Peterson and Runyan, 1993: 1; Keller, 1985 / 1995: xiii; Weber, 2005: 89; Harding, 2008: 114; 정희진, 2005 등 참조). 예를 들어, 고통의 문제는 감정/몸에 민감한 여성주의 관점으로 다뤄질 수 있다. 이런 맥락에서 나는 고통이라는 주제가 여성주의 국제관계학의 한 부분이 될 수 있다고 주장한다. 마찬가지로 진실이라는 주제와 관련해, 이 책의 목적은 공식 수사 결과를 반박하는 것이 아니다. 핵심은 진실을 둘러싼 복잡한 역동 관계를 살펴보는 데 있다. 구체적으로는 공식 발표가 어떻게 절대적 진실의 위치를 차지했는지 (예컨대 객관성 또는 교차성과 관련된) 여성주의 논의들을 통해 살피는 것이다. 동시에 젠더와 뚜렷하게 연관된 문제들, 예를 들면 '연약한 여성됨'과 '어머니됨'에 관해서 살펴본다. 간단히 말해서 이 책은 여성주의 연구에 대한 가장 흔한 오해인 여성주의는 오직 젠더에 관한 것이라는, 샬롯 번치(Charlotte Bunch)의 표현에 따르면, '여성을 더해 넣고 섞기(add-women-and-stir)'에 관한 것(Boxer, 1982: 682에서 재인용)이라는 오해에 도전한다. 크리스틴 실베스터(Christine Sylvester)의 말을 바꿔 표현하면, 여성주의 연구는 다양한 가능성을 활성화시키는 방법들과 관련이 있다(Sylvester, 1994a: 316).

그러면 지금부터 두 가지 기초적 논의를 한다. 하나는 소설 쓰기 국제관계학이 관련 글쓰기들과 어떻게 다른가이고, 또 하나는 젠더-고통-진실의 정치학이 무엇을 뜻하는가이다.

2. 소설 쓰기 국제관계학 및 관련 글쓰기들

최근 국제관계학 분야에서 서사적 접근법, 더 넓게는 대안적 글쓰기 방식이 점점 주목을 받고 있다. 자문화기술지(autoethnography)가 대표적 예라 할 수 있다. 자문화기술지는 보통 일인칭 시점의 글쓰기와 연구 방식으로, 의식의 복합적 층위를 보여주면서 개인적인 것, 문화적인 것 그리고 정치적인 것 사이를 연결시킨다(Ellis and Bochner, 2000). 여기에서 중요한 것은 '자기 자신'을 활용하는 것이다. 연구자의 경험을 학문적 글쓰기의 자원으로 어떻게 이용할 것인가 하는 문제가 제기되고, 이를 특히 여성주의 작가/학자들이 고민해왔다(Ellis and Bochner, 2000: 740~741).

2013년 8월 세상을 떠난 영향력 있는 국제관계학자 진 엘슈타인(Jean Bethke Elshtain)이 그중 한 명이다. 그녀는 학계에서 높이 평가받은 『여성과 전쟁(Women and War)』(1987 / 1995: 14)의 앞부분에서 정치적 · 학문적 여정에 대한 "아주 개인적인" 이야기를 풀어놓는다. 그녀는 십대 시절 이후 자신의 국제정치에 대한 감각과 민간인/전사에 대한 이미지가 어떻게 형성되었는지 차분하고 강렬하게 그려낸다. 지적이며 개인적인 글쓰기는 그녀의 일기, 영화, 가족의 경험 등 많은 것에 바탕을 두고 있다. 이 글은 1985년 양심에 따라 병역 거부자가 된 그녀의 아들과 전쟁 영화의 고전인 〈요크 중사〉에 관한 이야기로 끝맺는다. 이 글을 바탕으로 그녀는 전쟁 담론을 본격적으로 분석하기 시작한다. 그녀는 개인 경험을 학문의 중요한 부분으로 삼았고 따라서 서사-개인적 글쓰기의 가능성을 제시한 국제관계학자 중 한 명으로 간주될 수 있다.

'자기 자신'은 그것의 '부재' 때문에 학문적 글쓰기에 늘 존재해왔다 (Doty, 2010: 1048). 자문화기술지 국제관계학은 이 부재의 문제를 다루려는 시도다. 전통적 국제관계학은 글에 자신을 포함시키는 것을 기본적으로 허락하지 않았다(Löwenheim, 2010: 1029). 지식이 상대적이고 사회적임을 인정하는 데서(Brigg and Bleiker, 2010: 791), 여성주의 학자들과 자문화기술지 저자들은 지식 생산과 글쓰기 과정에 대한 비슷한 이해를 공유한다.

글 안에 자기 자신을 포함시키는 것에 대한 비판 가운데 하나는 지나치게 자기중심적이 될 위험이 있다는 것이다. 이야기 전체를 지배하지 않으면서 자기 자신을 어떻게 글 안에 있게 할 것인가는 중요한 문제다(Doty, 2010: 1049). 이는 글쓴이들 사이에서 계속되는 고민인 듯하다. 그러나 나는 학문적 글쓰기와 논의들을 '이야기하기'로 여길 수 있다는 지적(Brigg and Bleiker, 2010: 790)이 중요하다고 생각한다. 이 맥락에서 소설 쓰기 국제관계학과 자문화기술지 국제관계학은 동맹관계에 있다고 하겠다. 둘 다 이야기와 서사의 힘을 최대한 추구하는 것이다.

둘 사이에는 몇 가지 차이도 있다. 첫째, 소설에 대한 태도다. 자문화기술지 국제관계학은 소설적 묘사와 거리를 둔다. 이 분야의 모범적 글쓰기를 보여주는 엘리자베스 더피니(Elizabeth Dauphinee)는 자신의 학문적 작업을 소설로 여겨 가볍게 '묵살'하지 않기를 바란다(Dauphinee, 2010: 803). 여기에서 그녀는 소설적-학문적 글쓰기의 경계가 흐릿해질 수 있다고 짧게 지적하고 있지만 그럼에도 소설가들은 일화적 증거를 이용하기 때문에 학자들과는 다르다고 말한다(Dauphinee, 2010: 817). 소설에 대한 이러한 거부감을 공유하는 이가 또 있는 듯하다. 예를 들어 자문화기술지 쓰기를 하는 어떤 학자는 민감한 개인정보를 보호하기 위해 "허구적 현실"을 만들어내는 방법을 언급한다(Löwenheim, 2010: 1031). 나는 이런 '좋은' 의도를 이해하고 지지하지만, 이는 소설적-학문적 글쓰기의 이분법의 연장선에 있다고 생각한다. 소설적 묘사와 거리를 둠으로써 자문화기술지가 '학문적' 글쓰기로 정당화되는 것이다.

이러한 구분은 의도하지 않은 결과로 이어질 수 있다. 예를 들어 연구 과정에서 소설을 중요하게 활용하는 다양한 국제관계학 연구가 평가절하될 수 있다(Weldes, 2003; Newmann and Nexon, 2006; Zehfuss, 2007; Park-Kang, 2011 등). 논리적으로 따지면 소설이 학문적 글쓰기에 적합하지 않기 때문에, 이를 연구의 중요한 부분으로 삼고 있는 작업들도 학문이 되기 어렵다는 것이다. 나는 자문화기술지 국제관계학자들이 이런 의도를 갖고 있다고 생각하지 않지만, 그래도 어떤 위험성이 내재되어 있다고 본다. 내가 제안하는 소설 쓰기 국제관계학은 바로 이런 경계의 문제를 방법론적으로 다룬다. 소설적 상상력의 힘과 통찰을 껴안는 것이다. 중요한 것은 국제관계학 분야에 이미 이러한 전통이 흐릿하지만 있어왔다는 점이다.

두 번째 차이점은 주요 초점에 있다. 자문화기술지 국제관계학이 '자기 자신'과 깊게 연관되는 반면, 소설 쓰기 국제관계학은 대체로 '상상력'과 관련이 있다. 이는 자문화기술지가 오직 자신에게만 초점을 맞추고 있다는 뜻이 아니다. 나는 자문화기술지가 자신과 세계 그리고 다른 사람들을 연결하려는 시도라고 생각한다. 여기에서 '자기 자신'은 사회적·정치적으로 얽혀 있는 세계를 탐구하기 위한 시작점이 된다(Doty, 2010 참조). 소설 쓰기 국제관계학의 경우 꼭 자신에게 초점을 둘 필요는 없다. 물론 개인의 경험을 활용할 수 있고, 자기 자신을 무대 한가운데 등장시킬 수도 있다. 하지만 이것이 소설 쓰기 국제관계학의 주된 초점은 아니다.

그러나 나는 이런 차이 또는 긴장을 부정적으로 보지 않는다. 오히려 '동반자 관계'가 될 수 있다고 생각한다. 소설 쓰기 국제관계학과 자문화기술지 국제관계학에는 몇 가지 흥미로운 유사점이 발견된다. 정보의 불확실함과 검증의 문제(Dauphinee, 2010: 812) 그리고 감정에 주목함으로써 다른 이들이 국제관계학을 "느끼게(feel)" 하는 데 관심이 있다(Löwenheim, 2010: 1027). 이 점에서 나는 소설 쓰기 국제관계학과 자문화기술지 국제관계학 사이에 의미 있는 대화가 오가길 빈다. 더 넓게는 둘 모두 서사와 이야기하기를 활용해 국제관계학에서 대안적 글쓰기를 시도한다는 점에서 비슷하다. 둘은 잠재적 동맹관계에 있는 것이다.

자기 자신과 긴밀히 연관된 또 다른 글쓰기 형태는 자서전(autobiography)이다. 이는 개인 요소와 연구 지식을 혼합하는, 정치적이면서도 감정적인 형태의 글쓰기다(Freeman and Frey, 2003: 2). 국제관계학 분야에서는 나임 이나야툴라(Naeem Inayatullah)가 엮은 『자서전 국제관계학(Autobiographical International Relations: I, IR)』(2011)이 대표적이라 할 수 있다. 이는 글쓴이의 부재를 객관적이고 과학적 형식의 전제로 삼았던 기존 학계의 주류 글쓰기를 비판한다. 이 기획은 '나'를 되찾기 위한 시도로 글쓴이의 존재를 뚜렷이 드러낸다. 다시 말해, 이는 "개인적 서사가 어떻게 이론적 접합에 영향을 주는지"에 관한 작업이다(Inayatullah, 2011: 6).

엮은이가 말하듯, 글쓰기는 우리 자신의 "필요와 상처"에서 나오며

(Inayatullah, 2011: 8), 각 글쓴이들은 나름의 방식으로 이를 보여준다. 예를 들어 스티븐 찬(Stephen Chan)은 전쟁에 대한 책을 읽는 것과 피와 죽음에 대해 직접 경험하는 것을 비교하며 다음과 같이 묻는다. "학자들은 글에만 있는, 존재론적으로는 너무 빈약한 근거만을 바탕으로 말하고 써야 하는가?"(Inayatullah, 2011: 15). 로리 에이미(Lori Amy)는 자신의 현지 조사와 세미나에 대한 경험을 이야기한다(Inayatullah, 2011: 103~117). 하지만 가장 흥미로운 점은, 글쓴이들이 자서전 형식에 대해 긴장한다는 것이다. 그들은 무엇보다 "지도(map)" 없이 글을 쓰는 것에 두려움을 나타낸다(Inayatullah, 2011: 31). 또한 그냥 "이야기들"을 말하겠다며 이들을 서로 연결시키려 하지 않는데, 왜냐하면 몇 번의 시도가 계속 실패로 돌아갔기 때문이다(Inayatullah, 2011: 161). 이 책의 마지막 대목을 쓴 이는 기획에 참여한 다른 사람들의 불안과 미룸을 언급하면서 자신도 힘들었다고 말한다. 그러면서 결국 논평자라는 "더 쉬운 길"을 택하게 된 사연을 얘기한다(Inayatullah, 2011: 196).

자서전 국제관계학은 자문화기술지 국제관계학과 마찬가지로 다음과 같은 질문에 적극적으로 응답한다. "우리의 학문적 글쓰기에서 영혼은 어디에 있는가? …… 글쓴이로서의 **우리**는 어디에 있는가?"(Doty, 2004: 378). 이런 맥락에서 위의 공동 작업물은 학자를 "작가와 이야기꾼(storyteller)"으로 위치시킨다(Doty, 2004: 383). 감정과 경험 같은 주제들에 민감하며 이야기와 서사의 힘을 최대한 활용한다. 이 점에서 자서전 국제관계학도 소설 쓰기 국제관계학과 잠재적 동맹관계에 있다고 하겠다.

그런데 (자문화기술지 국제관계학과 마찬가지로 '자기 자신'에 주된 초점을 두고 있는) 이 형태는 차이점 역시 보여주고 있다. 바로 소설에 대한 태도다. 엮은이는 학문적 글쓰기와 소설의 흐릿한 경계에 대해 짧게 지적하는 동시에(Inayatullah, 2011: 5), 이 글들이 소설이 아니라고 확실히 한다(Inaya-tullah, 2011: 7). 그러면서 이 기획은 과학적이면서 초-과학적이라고 말한다. 중요한 점은 '과학적'이라는 용어가 사용된 것인데, 이는 학문적-비학문적 글쓰기를 구분하는 가장 흔한 방식 가운데 하나라 할 수 있다. 다시 말하지만, 소설 쓰기 국제관계학이 관련되는 지점이 바로 여기다. 나의 책은 국제관계학 관련 질문들을 다루기 위해 소설 쓰기를 방법론적으로 활용한다. 자서전/자문화기술지 국제관계학과는 다르게 소설과 거리를 두려 하지 않는다. 오히려 소설 쓰기와 상상력을 국제관계학 연구의 일부로 삼으려 한다. 이는 쉬운 작업이 결코 아니다. 하지만 나의 책이 관련 논의를 시작하는 작은 시도로 생각되었으면 하는 바람이다.

이쯤에서 아주 흥미로운 기획 하나를 소개해야겠다. 엘리자베스 더피니의 『망명의 정치학(The Politics of Exile)』(2013)은 내가 바라는 대화와 관련해 긍정적인 신호를 보낸다. 그녀의 책은 자문화기술지, 소설 그리고 비소설의 경계를 허물고 있는 듯하다. 서론과 결론 그리고 아무런 주석이나 참고문헌 목록 없이, 그녀는 "나는 내 경력을 스토얀 소코로비치라는 사람의 인생 위에 쌓았다"는 문장으로 시작해 책 한 권 분량의 이야기를 썼다(Dauphinee, 2013: 1). 이야기 속 '나'는 보스니아와 전쟁에 대해 연구하는 대학 교수인데 엘리자베스 더피니 자신인 것처럼 보인다. 그녀는 여러 가지 얘기를 하고 있다. 어떻게 스토얀을 만났는지, 그가 어떻게 자신의 연구를 '망쳤는지', 전쟁이 어떻게 그와 가족들의 삶을 바꿨는지와 더불어 '내'가 겪은 외로움과 사랑, 그리고 전쟁에 대한 글쓰기의 윤리학 등이다. 책은 '내'가 다음과 같이 글을 쓰는 대목에서 끝난다. "나는 내 경력을 스토얀 소코로비치라는 사람의 죽음 그리고 그와 닮거나 닮지 않은 수백만 명의 다른 사람들의 죽음 위에 쌓고 있다. 어느 날 밤, 그가 말했다 ……"

(Dauphinee, 2013: 208). 참고로 이는 '실제'의 '내'가 이전에 쓴 책의 시작 부분이다(Dauphinee, 2007: 1).

더피니의 이 기획은 독자에 따라 소설, 자문화기술지, 또는 둘 다, 또는 다른 어떤 형태로도 읽힐 수 있다. 이는 마이클 샤피로(Michale J. Shapiro)가 지적한 사회과학 연구자와 소설가의 차이, 곧 연구자는 자신의 주체적 위치가 연구와 무관하다고 생각하는 반면, 소설가는 그렇지 않다는 지점을 뒤흔든다(Shpiro, 2013: 15). 나는 이 기획의 독창성과 강점이 바로 글쓰기와 관련된 고정된 '벽들'을 문제화하는 데 있다고 생각한다. 그렇다면 이 기획물은 엘리자베스 더피니가 살짝 언급했던 글쓰기 방식들 사이의 경계에 대한 고민을 더욱 밀고 나간 것일 수 있다.[1] 나는 국제관계학에서 이와 같은 작업이 더 많이 나오길 바란다.[2]

한편 앤소니 버크(Anthony Burke)는 유연한 소설의 형식과 이론적인 비평의 형식을 혼합한 형태의 글쓰기를 국제관계학계에 소개한다(Burke, 2008, 2013). 이는 소설-비소설의 경계를 더욱 적극적으로 묻고 있는 듯하다(Muecke, 1997, 2002; Brewster, 1996; Kerr, 2001 등). 이와는 별도로 소설을 비록 학술지가 아니지만 다른 매체에 (정기적 또는 비정기적으로) 써온 국제관계학자들이 있다는 것은 고무적이다. 예컨대 스티븐 찬(Chan, 2012 등)은 인터넷 잡지에 몇 편의 소설을 발표했다.[3]

---

1 이 책에 대한 다양한 논의와 관련해서는 *Security Dialogue*(2013).
2 국제관계학에서 주목되는 다른 작업으로는 Ling(2014), Zalewski(2013) 등 참조. 다른 분야에서는 훨씬 이전부터 자문화기술지 연구자들과 인류학자/사회학자들이 글쓰기의 경계를 더 자주 넘나들었다고 할 수 있다. Behar(1993, 1996); Visweswaran(1994); Ellis(1995, 2004); Richardson(1997); Grossman and Kimball (2011) 등 참조.

종합하면, 나는 위에서 논의한 글쓰기들 사이에 건설적인 대화가 있기를 바란다. 이와 관련해 주목할 만한 소식이 있는데 2012년 캐나다에서 특별한 학술 집담회가 열렸다고 한다. 제목은 "비판적 방법론, 서사적 목소리 그리고 정치적인 것에 대한 글쓰기: 언어의 한계"였다. 집담회와 관련된 글들을 읽으며 (기획자의 표현을 따르자면) "서사적 국제관계학"이 떠오르고 있다고 느꼈다.[4] 하지만 다른 분야 학자로서 참여했던 이의 말대로, 이 흐름은 국제관계학 안에서 많은 의심과 저항에 부딪히고 있다. 서사적 국제관계학이 어떻게 헤쳐 나갈지 기대된다.

3. 젠더-고통-진실의 교차적 정치학

이 책은 어느 철학자가 제안한 '본질적으로 경합적인 개념'에 적극적으로 동의한다(Gallie, 1995 - 1956). 젠더, 고통, 진실. 각 개념은 경합적이다. 뚜렷하게 정의되어 어디서나 정확하고 보편적으로 사용되는 기준이 될 수 있는 개념은 없다(Gallie, 1955 - 1956: 168). 그래서 이 책에서는 앞에 나열한 개념들을 엄격하게 정의하지 않는다. 다만 넓은 의미에서 이들이 어떤 맥락으로 사용될 것인지 간략히 얘기하고자 한다.

앞서 말했듯 젠더는 단순히 추가적 항목으로서가 아닌, 렌즈 또는 세계

---

3 잡지 ≪엔스포지션(nthposition)≫은 주로 시, 소설, 정치평론과 같은 글들을 많이 싣고 있다. http://www.nthiposition.com(검색일: 2011. 9, 2013. 8).
4 이 글들은 (특히 비판적/대안적 성향의) 국제관계학 연구자들이 많이 이용하는 인터넷 매체 ≪더 디스오더 오브 씽스(The Disorder of Things)≫에서 찾아볼 수 있다. http://thedisorderofthings.com(검색일: 2013. 3, 2013. 4).

관의 의미로 사용된다. 이는 남성됨, 여성됨 그리고 이러한 이분법 및 이성애 중심적 범주에 해당되지 않는 여러 성정체성 사이에서의 권력관계에 민감한 사유와 관련 있다. 이것이 책의 여성주의 국제관계학을 구성하고 있는 핵심 주제라 할 수 있다. 사회학자인 래윈 코넬(Raewyn Connell)에 따르면, '젠더'라는 용어는 1970년대 이후 영어권에서 널리 사용되어왔다(Connell, 2009: 9). 이 용어는 원래 '생산하다'라는 뜻을 지닌 고대어에서 유래되었다. 지금까지 젠더는 다양한 논의와 지적 논쟁을 '생산'해내고 불러왔는데 이 어원을 생각하면 이해될 만하다. 이에 대한 또 다른 이유는 용어 자체에 스며 있는 혼란스러움과 관련 있을지 모른다(Harding, 2008: 110). 래윈 코넬(Connell, 2009: 11)은 남성-여성의 이분법에 초점을 둔 흔한 개념화를 비판하며 젠더가 재생산 영역과 관련된 실천의 집합 및 사회적 관계의 구조라고 말한다. 이는 젠더를 이해하는 하나의 방식이고 용어의 정의와 사용과 관련해서는 다른 방식들이 많이 있다. 다시 말해, "다양한 여성주의자들이 젠더를 여러 방식으로 정의하고 있고, 이 용어가 여성주의를 떠나서 또는 심지어 여성주의에 반해서도 다양하게 정의되고 사용됨을 잊어서는 안 된다"(Squires and Weldes, 2007: 188).[5]

젠더 이론가이자 탈구조주의 철학자로 널리 알려진 주디스 버틀러(Judith Butler)는 젠더가 "수행적"이라고 말한다(Butler, 1990 / 2006: xv). 이 관점에 따르면, 젠더는 우리의 인식과 의지와 관계없이 수행되는 행위로 이해될 필요가 있다(Butler, 2004b: 1). 다시 말해, 행위자가 없는 행위인 것이다. 그리고 이는 해체로서의 젠더 개념으로 이어진다. "젠더는 그렇게 존재해야만 하는, 또는 그 젠더를 지녀야 하는 '나'를 해체하며, 이 해체는

---

5   또한 Carpenter(2002) 참조.

'나'에 대한 의미와 이해의 한 부분이다"(Butler, 2004b: 16). 주디스 버틀러의 기획은 젠더가 이제까지 이해되어온 방식, 곧 고정되고 안정된, 우리가 소유할 수 있는 그 무엇으로서의 젠더 개념을 재구성한다. 또한 그녀는 젠더를 역사적인 것, 다시 말해 정착된 그 무엇이 아니라 계속해서 다시 만들어지는 것으로 이해하자고 제안한다.(Butler, 2004b: 9~10). 이 책에서는 버틀러의 제안에 따라, 젠더를 수행적이고 역사적인 것으로 이해하고자 한다.

이 책에서는 고통을 다양한 형태의 괴로움이 관련돼 있는 '심적 몸' 또는 '신체적 마음'의 상태로 이해하고자 한다(Scheper-Hughes and Lock, 1987 참조).[6] 특히 우리가 고통에 의해 어떻게 영향을 받고 동시에 우리가 고통에 의해 영향을 받은 상태를 어떻게 새로 구성해내는지에 관심을 둔다. 다시 말해, 고통에는 뭔가 전환적이고 생산적인 속성이 담겨 있다고 생각한다. 이런 면에서 고통에 대한 여러 가지 논의를 살펴볼 것이다. 예컨대 인간의 조건으로서의 고통(Arendt, 1958 / 1998), 언어를 파괴하는 고통 (Scarry, 1985), 자원으로서의 고통(Butler, 2004a) 그리고 연민의 이름으로 행해지는 무심함(Berlant, 2004) 등이다. 이에 대한 자세한 논의는 5장에서 볼 수 있다.

진실의 경우 나는 끝날 수 없는, 그래서 계속되는 정치적 과정으로 이해하려고 한다. 여기에서 중요한 것은 진실이 여러 가지 해석에 열려 있다는 점이다. 달리 말하면, 핵심은 증거가 아니라, 그 증거를 둘러싼 정치와 해석이다. 무언가를 진실로 만드는 것은 증거 자체가 아니라, 증거의 정치학이라 할 수 있다(이는 증거 자체가 중요하지 않다는 말이 아니다). 이런 맥

---

6   나는 이 용어를 정희진의 강의에서 처음 들었다.

락에서 내가 관심을 두는 논의들은 담론 효과로서의 진실과 권력관계(Foucault, 1980, 1984, 1994), 진실의 결정 불가능성(Derrida, 1988, 1992) 및 국제관계학에서의 탈구조주의 논의(Ashley and Walker, 1990a, 1990b) 그리고 객관성에 대한 여성주의 논의(Haraway, 1988; Keller, 1985 / 1995; Harding, 1991) 등이다. 덧붙여 강조할 점은 사건의 공식 진실이 이른바 물증이 아닌, 김현희의 언어(자백)에 바탕을 두고 있다는 것이다. 이 맥락에서 서사이론 또는 담론분석에 관한 논의를 8장에서 살펴볼 것이다. 이는 "진실의 과잉-인정" 또는 "진실에 대한 평가와 비판의 불가능성"을 문제화하기 위한 시도의 하나다(Nietzsche, 1887 / 2003: 111). 고통의 문제와 마찬가지로 자세한 논의는 5장에서 찾아볼 수 있다.

위의 세 주제는 모두 전통적인 국제관계학에서 주변화된 위치를 차지하고 있다는 점에서 연결될 수 있다. 젠더, 고통, 진실은 국제관계학에서 다른 주제들에 비해 연구가 적었고 최근에야 관심을 받기 시작했다. 또한 이 주제들은 모두 여성주의에 기반을 둔 논의와 관련이 있는데 각각 젠더, 감정(고통), 객관성(진실)이다. 나는 대한항공 858기 사건이 이 주제들과 깊은 연관이 있다고 생각한다. 위험을 무릅쓰고 아주 단순화시켜 말하면, 일단 폭파범으로 알려진 사람이 여성이고(젠더), 사건 및 그녀에 대해 여러 가지 의문이 있으며(진실), 이에 실종자들과 그녀를 포함한 많은 사람들이 괴로움을 겪게 되었다(고통). 결국 젠더-고통-진실은 서로 떨어질 수 없다. 이 교차적 요소, 구체적으로 '젠더화된 고통' 또는 '젠더화된 진실'을 살펴볼 것이다. 주요 장들에서 각 주제와 관련된 문제들을 다룰 것이다. 이 책에서 정치학은 특히 권력관계와 관련된 것으로 이해한다. 예컨대, 왜 특정한 형태의 고통은 무시되는가 또는 왜 특정한 설명이 진실로 간주되는가 등을 둘러싼 역학관계에 주목한다. 이 역시 주요 장들에서 구체적으로 살펴보고자 한다.

이 책과 관련된 주제 및 개념 몇 가지를 좀 더 얘기할까 한다. 바로 폭력적 여성과 교차성이다. 폭력적 여성에 대한 연구는 이 책과 특별히 관련이 있는데 김현희가 여성 '테러(혐의)범'이기 때문이다. 책에서 폭력적 여성이란 정규군, 전투원, 자살 폭탄 공격자 등 다양한 형태로 국제정치 차원의 폭력 행위에 관여한 여성을 뜻한다(Elshtain, 1987 / 1995; Alison, 2004; MacKenzie, 2012; Parashar, 2014 등). 국제관계학에서 여성의 폭력은 널리 알려진 주제가 아니지만 여성주의 안보 연구 분야를 중심으로 점점 많은 관심을 받고 있다. 교차성은 젠더-고통-진실의 상호관계를 살피는 작업과 관련된다. 원래 이 개념은 흑인 여성들의 복합적 억압 상태, 곧 젠더-인종-계급과 관련된 억압을 개념화하는 과정에서 소개되었다(Crenshaw, 1989). 이후 교차성은 여성주의 사회학 연구에서 가장 널리 사용되는 개념 가운데 하나가 되었다. 책에서 교차성은 젠더, 고통, 진실의 연관관계를 이론화하는 개념적 틀로 사용될 것이다. 아울러 나는 이 개념을 특히 책의 뒷부분에서 비판적으로 검토할 계획이다. 이 문제들에 대한 자세한 논의는 감정과 객관성 논의와 더불어 5장에서 찾아볼 수 있다.

4. 왜 대한항공 858기 사건인가?

이 책에서 왜 이 특정 사건을 다루는가에 대해 이야기하자면 첫째, 앞에서 언급했듯, 탐정의 상상력과 여성주의 호기심으로 풀어낼 수 있는 많은 면들이 담겨 있기 때문이다. 곧, 젠더, 고통, 진실의 문제다. 둘째, 냉전의 맥락에서 중요한 사건이기 때문이다. 남북-북남 갈등과 냉전 동맹 정치의 중요한 사례가 된다. 셋째, 이 사건은 정치적 환경에 중대한 영향을 미쳤다. 남한의 대선과 서울올림픽 대회 그리고 미국의 북한 테러 지원국 지정 등이다. 넷째, '너무나 뜨거워 차가울 수 없는 전쟁(너무나 뜨거운 냉전)'으로서 계속되는 갈등과 논란을 일으킨 사건이기 때문이다. 이 한반도 맥락의 냉전은 또한 '경험으로서의 안보'라는 개념으로 이어질 수 있다(자세한 이야기는 2장 참조). 이는 경험이 안보를 구성하는 데 중요한 역할을 한다는 이야기다. 다섯째, 덧붙여 대한항공 858기 사건은 그동안 폭넓게 연구되지 않았다. 이와는 별개로, 앞서 말했듯 사건은 흔히 북한의 테러 정책의 예로 언급되는 수준에서 주로 이야기되어왔다.

그런데 누군가는 단일 사례연구의 정당성에 대해 의문을 제기할 수 있다. 나 역시 그 한계를 알고 있고 인정한다. 다만 중요한 것은, 내가 처음부터 일반화될 수 있는 이론적 연구를 목표로 한 것은 아니라는 점이다(나아가 '일반화'될 수 있는 지식과 연구란 존재하기 어렵다고 생각한다). 이 사건에 해당되는 이야기가 다른 사건들에도 똑같이 해당될 수는 없다. 브룩 애커리(Brooke Ackerly)와 재키 트루(Jaqui True)가 지적하듯, 단일 사례연구는 주제 및 소재가 아직 가시화되지 않았거나 거의 연구되지 않았던 경우에 특히 적절하다(Ackerly and True, 2010: 129). 이 사건은 학문 세계에서 거의 제대로 다뤄지지 않았다. 또한 이 책의 다른 중요한 주제들 역시 국제관계학에서 그동안 깊이 다뤄졌다고 할 수 없기 때문에 이런 면에서도 단일 사례연구가 적절하다고 하겠다. 동시에 나는 단일 사례연구의 정당성을 묻는 질문 자체에 어떤 문제적 전제가 담겨 있다고 생각한다. 만약 이 사건이 강대국과 직접 연관된 것이었다면, 정당성 문제는 그다지 제기되지 않았을지도 모른다. 예를 들어 미국과 구소련이 연관된 이른바 '쿠바 미사일 사태'를 생각해보자. 또는 구소련 전투기가 한국 비행기를 격추시킨 것으로 알려진 대한항공 007기 사건을 떠올려보자. 당시 많은 수의 승객들이 미국인이었고 비행 출발 장소도 뉴욕이었다. 그 때문에 부분적으로 이 사건이 미국과 구소련 사이에 큰 긴장을 불러왔다고 생각한다. 물론 쿠바 미사일 사태와 대한항공 007기 사건은 처음부터 일어나지 않았다면 가장 좋았을 것이다. 아울러 지적하고 싶은 점은, 많은 이들이 1987년 김현희-대한항공 858기 사건을 1983년 대한항공 007기 사건과 혼동한다는 것이다. 이는 부분적으로 강대국 요인과 관련되었다고 생각한다.

이 책의 심층 단일 사례연구는 아시아학 또는 한반도학의 발전에 공헌할 수 있다는 점에서도 의미가 있을 수 있다. 대한항공 858기 사건은 한반도를 둘러싼 계속되는 긴장 상태와 깊이 관련되어 있다. 이 사건은 특히 현대 남북-북남 정치를 이해하는 문제와 직접 연관된다. 예를 들면, 남한의 반북 감정/의식과 남북-북남 사이의 정당성 경쟁 문제다(어느 쪽이 '테러 국가'인가). 그러므로 나는 이 단일 사례연구가 충분히 정당한 작업이라고 생각한다. 덧붙여 레네 한센(Lene Hansen)의 표현을 빌리면, 이 책은 "사례 더하기 연구"를 추구한다(Hansen, 2006: 11). 사례연구가 단순히 이론을 특정 현상에 적용하는 것을 뜻한다면, 그녀는 자신의 기획이 단일 사례연구를 넘어선다고 말한다. 왜냐하면 그녀의 연구가 이론적·방법론적 논의를 이어갈 중재자로 활용될 수 있기 때문이다(Hansen, 2006: 11). 나 역시 이 책이 그런 연구가 될 수 있기를 바란다.

그러면 이 시점에서, 책의 '위치성' 부분을 살펴보는 것이 좋을 듯하다. 특히 여성주의에 민감한 연구에서는 위치성, 곧 연구자의 정치사회적 위치에 대한 고민이 중요하기 때문이다(Haraway, 1988; Ackerly et al., 2006; Ackerly and True, 2010; 정희진, 2005).[7] 먼저 나는 한국/남한 출신이다. 사건 자체와 관련해서는 오랜 기간 내 나름대로 연구해왔다. 가족이나 친척 또는 아는 사람이 비행기에 타고 있지는 않았다.

내가 사건과 특별한 인연을 맺게 된 것은 대학생 시절로 거슬러 올라간다. 나는 통일부가 주최한 대학생 통일논문 공모전에 참여했다. 논문에 이 사건에 관한 부분이 있었는데 사건을 둘러싼 의문들이 있기 때문에 재조사가 필요하다는 내용이었다. 고맙게도 우수상을 받게 되었는데 시상식을 며칠 앞두고 바로 이 부분에 대한 수정 요구를 받았다. 나는 이 요구를 거부했고, 상은 취소되었다. 이 처사는 학문의 자유를 침해하는 것이라고 생각했기 때문에 이에 대해 국가인권위원회에 진정을 내기도 했다. 그 과정에서 신경쇠약을 겪는 등 힘든 시간을 보냈다. 너무나 혼란스러웠던 나는 모든 일을 잊으려 했지만, 어떤 '알 수 없는 힘'에 이끌려 재조사 운동에 참여하게 되었다. 그리고 원래 쓰려고 했던 주제를 바꿔 이 사건으로 석사논문을 썼고, 또 이를 바탕으로 책도 내게 되었다(박강성주, 2007).

한편 나는 진실·화해를 위한 과거사 정리 위원회(진실 위원회)가 세워졌을 때 주위 사람들의 권유로 조사관으로 지원했다. 몇 번 지원을 했지만 계속 선발되지 않았고, 이후 몇몇 경로를 통해 내가 떨어진 이유 가운데 하나가 그동안의 글쓰기와 활동 때문이었다는 것을 알게 되었다. 그러다가 대한항공 858기 사건 실무 조사관으로부터 전문위원으로 위원회에 참여할 수 있게 해주겠다는 제안을 받았다. 하지만 당시 나는 조사에 대한 위원회의 의지가 부족하다는 점을 느끼고 있었고 이 제안을 거절했다. 그

---

7 다른 관점에서 한 여성주의 비평가는 위치성에 대해 조심스러운 물음을 던진다. 토릴 모이(Toril Moi)는 위치성의 중요함을 인정하면서도, 우리가 우리 자신의 이해의 지평을 과연 어느 정도 알 수 있는지에 대해 의구심을 나타낸다(Moi, 1985: 44). 한편 캐시 퍼거슨(Kathy E. Ferguson)은 위치성 용어에 대해 행위를 강조하는 동사로서 "위치화(positionalization)"라는 단어를 제안한다(Ferguson, 1993: 159).

러고 나서 이 사건으로 박사 논문을 쓰게 된 것이다. 이 과정 동안 나는 연구자 또는 '임시 조사관'으로서 사건에 대해 꾸준히 고민해왔다. 이러한 경험과 지적 여정이 결국 이 책으로 이어졌다.

그리고 여성주의와 관련된 나의 인식론적 긴장은 위치성의 또 다른 축을 이루고 있다(Park-Kang, 2011). 이 위치성에 대한 자각은 내가 지식 생산과 연구를 둘러싼 권력관계에 민감할 수 있도록 도와줄 것이다.

5. 구체적인 연구 방법

책에서는 구체적으로 세 가지 연구 방법이 사용된다. 면접, 참여관찰 그리고 정보공개 청구다. 나는 60명 남짓한 사람들을 면접했고, 이 가운데 절반은 실종자 가족들이었다. 가족들 외에도 재조사에 직접 관여했던 이들, 사건에 대한 글을 쓴 기자들, 재조사 운동에 함께했던 인권 활동가들과 인권 변호사 그리고 전직 정부 관리들을 만났다. 면접은 상대방이 편안해 하는 장소에서 이루어졌다. 직접 만나는 것이 어려울 경우 전화나 전자우편을 이용해 면접을 진행했다. 김현희와 관련된 몇몇 중요한 인물은 나의 면접 요청을 받아들이지 않았다. 예를 들어 김현희 수기를 써주었던 대필 작가, 김현희 재판 과정에서 변호를 맡았던 이 그리고 북한에서 김현희를 만났다고 했던 전직 정부 관리 등이다. 한편 국가정보원 과거 사건 진실 규명을 통한 발전 위원회(국정원 발전 위원회)의 조사관과도 연락이 되었지만 면접은 결국 이루어지지 못했다. 진실 위원회의 또 다른 조사관은 퇴직 후 비밀 유지의 의무를 이유로 요청을 거절했다.

앞서 말했지만, 나에게는 사건과 관련해 개인적으로 아픈 인연이 있다.

우여곡절이 있었지만, 결국 이는 사건에 계속 관심을 갖게 만들었고 적극적인 참여관찰로 이어지게 했다. 2004년부터 2008년까지 나는 실종자 가족회와 사건 대책위원회가 마련한 거의 모든 모임과 활동에 함께했다(추모제의 경우 2003년부터 2007년까지, 그리고 2012년 25주기 추모제에 참석했다). 구체적으로 나의 참여관찰은 다음을 포함한다. 예컨대 가족회와 대책위의 회의, 다양한 정부 기관 앞에서의 집회, 가족회와 진실 위원회 사이의 간담회 그리고 진실 위원회 전원회의 등이다. 나는 각 모임과 활동을 연구일지에 꾸준히 기록해왔고, 그 일부를 책에 활용했다.

정보공개 청구는 5개국을 대상으로 진행했다. 한국, 미국, 영국, 호주, 스웨덴이다. 원래 계획은 한국과 미국을 대상으로 하는 것이었는데, 한국의 경우 공식 수사 결과를 발표한 당사국이고 미국은 북한을 테러 지원국으로 지정하는 한편 사건 관련 의회청문회를 열었기 때문이다. 영국의 경우 한국/미국과 가까운 외교관계이면서도 유엔 안전 보장 이사회에서 비교적 조심스러운 입장을 취했다는 점에서 선택되었다. 호주는 당시 주한호주 대사와의 개인 면접에서 실마리를 얻어 정보공개를 청구하게 되었고, 아울러 사건과 별다른 이해관계가 없다는 점이 오히려 중요했다. 스웨덴은 특별한 경우에 해당된다. 2001년까지 평양에 대사관을 두고 있었던 유일한 '서구' 국가였고, 따라서 평양에서 생산된 자료들을 살펴보고자 했다. 대부분의 경우 청구 관련 활동은 정부 기관들과의 길고 반복적인 연락 과정이 수반되었다.[8]

---

8 원저를 준비하던 2013년 8월 기준 미국, 호주, 영국의 경우 (일부 삭제된 부분에 대한 이의 신청 등을 포함한) 청구 관련 활동이 계속 진행 중이었다. 한글 번역서를 준비하고 있는 2015년 2월 현재, 호주와 영국의 경우 관련 활동이 계속 진행 중이다.

6. 책의 구성

이 장은 김현희에 대한 이야기로 시작하면서 책의 목적을 대략적으로 시사했다. 소설 쓰기 국제관계학 및 관련 글쓰기들과 젠더-고통-진실의 정치학 논의를 검토하고, 대한항공 858기 사건을 연구하는 이유와 나의 위치성에 대해 설명했다. 그러고 나서 책의 구체적인 연구 방법을 소개했다.

2장은 대한항공 858기 사건의 배경을 이루는 맥락을 살펴보고, 유럽 및 강대국 중심의 냉전 설명과 그 한계에 대해 알아본다. 전통적 의미에서의 냉전에 대비해 한반도 맥락에서의 냉전을 살펴보며 '너무나 뜨거운 냉전'이라는 개념을 제안한다. 이와 함께 개인 또는 공동체의 구체적인 경험에 의해 구성되는 안보로서, '경험으로서의 안보' 개념도 제안한다. 그런 다음 공식 수사 결과 및 관련 의문을 포함해 사건에 대한 기본적인 내용을 살펴보고 냉전 정치와 사건과의 연관성 논의로 이어간다.

3장은 국제관계학에서의 소설 쓰기 가능성과 그 정당성을 검토하며 '소설 쓰기 국제관계학'이라는 개념을 제안한다. 부족한 정보의 문제를 방법론적으로 어떻게 다룰 것인가가 제안의 핵심이다. 중요한 것은 국제관계학 분야에 이미 소설적 또는 상상적 설명의 전통이 있었다는 점이다. 짧게 예를 들면, 쿠바 미사일 사태와 관련된 책, 널리 활용되고 있는 가설 검증과 반사실적 주장, 모의실험, 냉전 시기의 소련학 또는 중국학 등이다.

4장은 대한항공 858기 사건에 대한 짧은 소설이다. 내가 직접 쓴 것으로 각각 고통, 젠더, 진실 문제에 초점을 둔 세 부분으로 구성되어 있다. 첫 번째 부분에서는 858기 사건으로 쌍둥이 언니를 잃은 그레이스 한이라는 인물이 소개된다. 두 번째 부분에서는 김현희가 긴급히 호출되어 비행기를 폭파하라는 지령을 받는다. 마지막 부분에서는 그레이스 한과 김현희가 서로 만나게 된다. 이 소설은 책의 다른 부분에서 각 주제를 다룰 때 간략하게 다시 살펴보게 된다.

5장은 여성주의 국제관계학이 교차적 정치학의 방향으로 진전할 전망을 살펴본다. 초기의 여성주의 국제관계학은 기존 국제관계학에 자리 잡아가는 과정에서 국가, 전쟁, 안보 등의 개념에 주된 관심을 두었다. 이 장에서는 여성주의 국제관계학을 폭력적 여성에 초점을 맞춰 살펴본다. 그러고 나서 이 책에 원용할 수 있는, 다시 말해 여성주의 국제관계학을 진전시킬 수 있는 여러 가지 논의를 검토한다. 예를 들어 감정, 고통, 객관성, 진실, 교차성 등이다.

6장은 사건을 다룬 4장의 소설을 느슨하게 되짚으며, 주로 젠더에 대해 다룬다. 기본적으로 사건이 젠더화되었다는 내용이다. 첫째 부분은 아름다운 테러리스트의 이미지를 다룬다. 사건 자체와 그 이후 과정에서 미모가 어떤 의미를 지니는지 살펴본다. 둘째 부분은 처녀 테러리스트 담론을 다루면서 왜 이와 같은 젠더화된 용어가 사용되었는지 살펴본다. 셋째 부분은 결혼 문제에 초점을 둔다. 김현희와 결혼하고 싶어 했던 남성들과 김현희 결혼 자체에 대한 것이다. 이 논의의 과정에서 한반도 맥락의 오리엔탈리즘에 기반을 둔 타자로서의 북한을 뜻하는 '노더(the Nother)'라는 개념을 제안한다.

7장은 사건을 다룬 4장의 소설을 고통을 중심으로 다시 살핀다. 이 사건에 존재하는 복합적인 측면의 고통과 이 고통의 젠더화된 특징을 살펴본다. 첫째 부분은 비행기에 타고 있던 실종자들을 다루는데, 이와 관련해 죽은 것으로 확증되지 않았고 따라서 살아 있을 가능성이 있지만 제도적 측면에서는 살아 있지 않은 존재라는 뜻의 '살아 있지만 살지 않는 존재'라는 개념을 제안한다. 둘째 부분은 실종자 가족들에 대해 이야기한다. 그들의 고통스러운 삶과 이 고통을 행동의 자원으로 전환시키는 부분을 살펴본다. 셋째 부분은 폭파범(김현희)에 대한 것이다. 김현희가 진짜 폭파범이든 아니든, 나름의 고통이 있을 것이므로 이에 대해 고민해본다.

8장은 사건을 다룬 4장의 소설을 진실을 중심으로 다시 살핀다. 사건을 둘러싼 경합적인 진실들에 대한 내용으로, 이 과정에서 여성주의 사유가 어떻게 연결될 수 있는지도 살펴본다. 첫째 부분은 사건의 공식 수사 결과를 다루는데, 특히 공식 결과가 절대적 진실로 자리 잡는 과정에 관심을 둔다. 그리고 이와 관련해 '고백 서사'라는 개념을 제안한다. 고백 서사란 사죄와 자발성에 기반을 둔 말하기로 진정성을 느끼게 하고 동정심을 불러일으키는 서사를 말한다. 둘째 부분은 공식 수사 결과에 대한 풀리지 않는 의문들을 다룬다. 이 의문들은 재조사 요구 운동으로 이어졌다. 셋째 부분은 사건에 대한 재조사를 다룬다. 지금까지 있었던 두 번의 재조사 시도를 살펴보고자 한다.

9장은 국제관계학 연구를 위해 연구자가 공감적 탐정이 되어본다. 그리고 소설 쓰기 국제관계학과 여성주의 국제관계학을 비롯해 이 책에서 진행된 연구의 결과를 살펴본다. 이는 책을 전체적으로 되짚어보는 작업으로 이어질 것이다. 그리고 앞에서 말했던 국제관계학에서의 공감적 탐정-연구자가 어떤 의미를 지니는지 다시 살펴본다.

10장은 앞의 공감적 국제관계학 탐정 개념을 뒷받침한다. 내가 직접 쓴 또 다른 짧은 이야기이다. 이 이야기는 대한항공 858기 사건을 연구하는 '올라이트 정'이라는 인물이 나오면서 시작한다.

02

너무나 뜨거운 냉전과
대한항공 858기 사건

4장의 소설에 김현희가 존 르 카레(John le Carré)의 『은밀한 순례자(The Secret Pilgrim)』(1991 / 1999d)를 읽는 장면이 나온다. 냉전이 '끝'나고 바로 출간된 이 소설은, 한 비밀요원이 자신의 냉전 시절을 돌아보는 내용이다. 이 장에서는 기존의 냉전 이야기/연구를 돌아보고, 이 이야기가 모든 이들에게 똑같이 호응을 얻을 수 있는지 살펴보고자 한다. 만약 지배적 또는 권위 있는 설명이 어떤 면에서 맞지 않는다면, 이는 다시 쓰일 필요가 있다. 이런 맥락에서 먼저, 대한항공 858기 사건의 정치사회적 배경이라 할 수 있는 냉전에 대해 살펴볼 것이다. 나는 기존 냉전 연구를 재구성하는 과정에서 '너무나 뜨거운 냉전'과 '경험으로서의 안보'라는 개념들을 제안하고자 한다. 그런 다음 대한항공 858기 사건에 대한 기본적인 내용을 살펴본다. 이는 냉전 정치와 사건에 대한 논의로 이어진다.

1. 냉전 연구 위치시키기

그럼 용어 자체에 대한 검토로 시작할까 한다. 역사학자 오드 웨스타드 (Odd Arne Westad)에 따르면, 냉전이라는 용어를 만든 이는 영국의 작가 조지 오웰(George Orwell)이다(Westad, 2007: 2). 1945년 당시 조지 오웰은 초강대국인 미국과 구소련이 갖고 있던 세계관과 신념에 의문을 제기하면서, 그리고 두 국가 사이에 있을지도 모를 전쟁과 관련해 이 단어를 만들어냈다. 오드 웨스타드가 지적하듯, 이 용어는 초강대국이 세상을 어떻게 지배하고 있는지에 대한 비판적 맥락에서 소개되었다. 1950년대 미국에서 이 용어는 직접적 무력 충돌 없는 공격적 견제 정책을 뜻하게 된다 (Westad, 2007: 2). 하지만 구소련의 경우 미하일 고르바초프가 지도자가 된 뒤에야 이 용어를 사용하기 시작했다.

학계에서는 이보다 더 경합적인 논의가 있었다. 1980년대 '두 번째 냉전'이라는 용어가 나왔는데, 이는 1940년대 말부터 1950년대 초를 첫 번째 냉전이라 부르고 1970년대 말부터 1980년대를 두 번째 냉전으로 구분하는 것이었다(Halliday, 1983). 냉전은 대체로 1989년 베를린 장벽이 무너지고 구소련이 붕괴되면서 끝났다고 인정된다. 몇 년 뒤 신시아 인로 (Enloe, 1993: 3)는 비정부 행위자들에 의한 '냉전의 다양한 끝'에 대해 말한다. 그녀는 지배적 관점을 넘어 냉전과 이른바 그 '끝'을 어떻게 이해할 것인지 다시 생각해보자고 제안한다. 그녀에게 냉전의 끝은 보통 사람들의 삶에 변화를 가져오는 것과 관련 있다(Enloe, 1993: 3). 나아가 그녀는 냉전이 여성과 남성에게 다른 의미가 있다고 말한다. 젠더와 관련된 면이 있다는 얘기다. 예컨대 '어머니됨'이 그렇다. "40년의 냉전 경쟁 시기 동안 그 어떤 주요 국가들이나 그 동맹국들도 어머니들의 큰 지지가 없었다면 충분한 수의 징집병 또는 자원병을 모을 수 없었을 것이다"(Enloe, 1993: 11).

냉전의 시작과 끝에 관한 연구들을 살피며 권헌익(Kown, 2011: 82)은 누구의 냉전과 어떤 차원의 냉전이 끝났는가를 물어야 한다고 말한다. 이는 신시아 인로의 말과도 통하는 듯하다. 국제관계학 및 관련 분야에서 냉전의 '끝'은 다양한 논의를 불러왔다. 간단히 예를 들면, 이어지는 사건들을 통해 냉전의 끝을 어떻게 설명할 것인가(Suri, 2002), 냉전이 끝날 것을 예상하지 못한 국제관계학의 실패(Gaddis, 1992/93), 또는 냉전 기간 동안의 해외 정보 활동(Garthoff, 2004) 등에 관한 연구다. 그리고 역사학자 마이클 호간 (Michael J. Hogan)과 공저자들은 냉전의 끝에 대한 다양한 의미와 해석을 검토한다(Hogan, 1992). 노암 촘스키(Noam Chomsky)는 냉전을 제3세계의 경험을 통해 살펴보며(Chomsky, 1992: 12) 냉전을 '동-서' 관계가 아닌 '남-북' 관계에 놓는다. 이처럼 냉전은 복잡한 문제라 할 수 있다. 그러면 이 절의 목적에 맞게 먼저 냉전을 개념화하는 (동시에 문제가 있다고 생각되는) 시도 두 가지를 살펴보고자 한다. '기나긴 평화'와 '상상적 전쟁'이다.

존 루이스 개디스(John Lewis Gaddis)는 냉전을 '기나긴 평화'로 규정한다. 그의 말대로 평화는 냉전의 역사를 생각했을 때 첫 번째로 떠오르는 이미지가 아니다. 하지만 1987년 기준으로 지난 수십 년 동안 큰 전쟁이 없었다는 점에서 그는 냉전이 평화로운 기간이었다고 말한다(Gaddis, 1987: 216). 곧, 제3차 세계대전이 없었기 때문에 평화의 시기라고 할 수 있는 것이다.[1] 이 제3차 세계대전이란 무엇인가? 미국과 구소련 같은 초강대국들

---

1 한편으로 나는 이 말이 '전쟁과 평화'라는 이분법적 구분에 대한 논의로 이어질 수 있다고 생각한다. 얼핏 반대인 것 같은 전쟁과 평화는 자신이 어떤 위치에 있느냐에 따라, 어떤 경험을 하느냐에 따라 달리 해석될 수 있다. 위치성의 문제인 것이

사이의 전쟁을 말한다. 이는 그가 제2차 세계대전 이후 국제 체제의 안정성에 대해 논의할 때 재확인된다. 그에게 안정성의 가장 확실한 증거는 또다른 전쟁이 일어나지 않았다는 것이다(Gaddis, 1987: 219). 이 때문에 그가 기나긴 평화 개념을 뒷받침하는 과정의 하나로 전쟁 이후 미국-구소련 관계가 지닌 주요 규율을 제시하는 것은 놀랄 일이 아니다. 각자의 영향력이 미치는 지역들의 존중, 직접적 군사 충돌 회피, 오직 최후의 수단으로서의 핵무기 사용, 상대방 시도부 깎아 내리지 않기 등을 포함한다(Gaddis, 1987: 238~243). 아울러 존 루이스 개디스가 자신의 책을 러시아-미국 관계에 대한 내용으로 시작하는 것도 주목할 만하다. 그런데 다음과 같은 질문이 나올 수 있다. 이 기획이 초강대국이 아닌 다른 나라들의 경험에도 적용될 수 있는가? 물론 그도 이 문제를 인식하고 있는 듯하다. 그는 냉전 기간이 세계의 다른 편에서 일어났던, 길고 파괴적이며 제한적인 전쟁들을 포함한다고 지적한다(Gaddis, 1987: 216). 그래도 냉전은 큰 틀에서 비교적 평화로웠던 유럽을 상징하는 메테르니히나 비스마르크 체제처럼 기나긴 평화의 시기였다(Gaddis, 1987: 245).

메리 칼도(Mary Kaldor)는 냉전(의 가장 길었던 기간)을 '상상적 전쟁'이라고 부른다. 그녀는 유럽에서의 이른바 동-서 갈등을 설명하려고 이 용어를 사용한다(Kaldor, 1990: 4). 그녀는 1990년 기준으로 유럽 사람들이 지난 수십 년 동안 평화를 누려왔다는 생각에 반대한다. 다시 말해, "군사 훈련에서, 군 작전관들의 각본에서, 첩보활동에 대한 게임과 이야기에서 …… 정

다. 그리고 '전쟁'과 '평화'를 구체적으로 어떻게 정의하느냐에 따라서도 달라질 수 있다. 그렇다면 어떤 이에게는 냉전이라고 했을 때 평화의 이미지가 떠오를 수 있겠다. 한편 조지 오웰(Orwell, 1949 / 2003: 6)은 "전쟁은 평화"라고 말하기도 했다.

치인과 신문의 적대적 말들에서, 우리는 동-서 사이의 상상적 전쟁을 치러 왔다"(Kaldor, 1990: 4). 두 개의 진영이 자본주의와 사회주의라는 서로 다른 체제로 규정된다는 점을 바탕으로, 그녀는 각 체제를 "대서양주의(Atlanticism)"와 "스탈린주의(Stalinism)"라고 부른다. 이 체제들은 자본주의와 사회주의의 구체적 형태로 제2차 세계대전 이전과 도중 각각 미국과 구소련에서 만들어졌다(Kaldor, 1990: 5). 이 설명 틀에서 세계대전의 경험이 중요해진다. 상상적 전쟁은 이 경험을 그대로 되풀이했고 양 진영의 체제들을 다른 나라에 주입하는 기제를 제공했다(Kaldor, 1990: 5). 그렇다고 했을 때 냉전은 이 상상적 전쟁에서 갈등이 가장 심한 상태를 뜻하고, 긴장 완화(détente)는 좀 더 협력적인 상태를 뜻한다(Kaldor, 1990: 33). 다시 말해, 냉전과 긴장 완화는 상상적 전쟁을 치르는 서로 다른 방식인 것이다. 그런데 메리 칼도는 스스로 이 틀의 한계를 인지하고 있는 듯하다. 그녀는 상상적 전쟁이 유럽의 경험에 바탕을 두고 있다고 말한다(Kaldor, 1990: 7). 그녀가 인지한 한계 외에도 그녀의 기획에는 문제가 있다고 생각한다. 예를 들어 각 진영을 동구와 서구라고 부를 때, 제3세계 국가들은 유럽 중심의 관점에 흡수되어버리기 쉽다. 이를 비롯해 상상적 전쟁 개념의 일반화를 피하기 위해 그녀가 좀 더 주의를 기울였다면 좋았을 것이다.

이와 같은 초강대국/유럽 중심 관점의 기나긴 평화와 상상적 전쟁을 상대화하는 기획으로, 권헌익은 '또 다른 냉전'이라는 개념을 제안한다. 출발점은 냉전을 인간 경험의 측면에서 다루는 것이다(Kwon, 2010: xiv). 그에 따르면, "20세기의 양극 체제화된 인간 공동체는 사회에 따라 근본적으로 다른 방식으로 정치적 분기를 경험했다 ― 단일하고 일관된 개념적 전체로 통합될 수 없는 방식들로"(Kwon, 2010: 6). 결국 단 하나의 냉전은 없었다는 이야기다. 이런 맥락에서 또 다른 냉전은 전쟁을 둘러싼 "의미론적 투쟁과 재현적 위계 해체"의 영역이라 할 수 있다(Kwon, 2010: 157). 그렇다면 냉전이 주로 유럽과 북미 국가에서만 기나긴 평화였다는 점이 분명해진다. 당시 새롭게 독립했던 다른 나라에서는 그렇지 않았다(Kwon, 2010: 6). 상상적 전쟁과 관련해서는 이 용어가 역사적으로 알려진, 또는 경험된 전쟁에 반해서 정의되었다고 할 수 있다(Kwon, 2010: 7). 다시 말해, 냉전에 대한 주류적 사유는 세계라는 추상적 개념에 바탕을 두고 있고, 이는 정치적 실재들과 다양한 공통의 경험들을 무시하는 것이나(Kwon, 2010: 7). 이런 면에서 권헌익에게 냉전의 역사는 인류학적 탐구의 문제다. 또 다른 냉전 기획은 냉전 기간에 있었던 주변부 타자들의 경험을 이해하는 문제, 그리고 세계와 그 다른 지역들에 대한 재현 사이의 투쟁을 이해하는 것에 관심을 갖는다(Kwon, 2010: 8). 실제로 그가 책의 앞부분에서 지적하고 있듯, 이는 지역 정치와 세계 정치의 분명한 또는 임의적 경계를 문제시했던 현대 인류학의 전통과도 통한다(Kwon, 2010: x). 이 전통은 냉전을 좀 더 공정하게 이해하는 데 도움이 될 수 있다.

2. 코리아/들(Korea/s)[2]: 너무나 뜨거운 냉전

이 책의 목적에 따라, 권헌익의 연구와 비슷한 맥락에서, 한반도 차원

---

2 이 용어는 분단된 한반도에 있는 두 개의 코리아, 곧 남한과 북한을 가리킨다. 또한 이는 한반도 갈등이 일본, 중국, 러시아, 미국을 포함한 주변국과도 관련 있다는 의미다. 다시 말해, 코리아는 '너무나 뜨거운 냉전'의 맥락에서 단수가 아닌 '복수' 형태로 존재한다고 할 수 있다.

의 냉전을 이해하는 방식의 하나로 '너무나 뜨거운 냉전'이라는 개념을 제안하고자 한다. 부분적으로 암시했듯 냉전은 보통, 실제의 전투가 없는 전쟁을 의미한다. 여기에는 군사적 힘의 균형이나 초강대국 갈등과 관련된 상호 확증 파괴(Mutually Assured Destruction)에 대한 두려움으로 실질적 군사 충돌이 얼어붙은, 춥고 냉각된 상태라는 맥락이 담겨 있다. 나는 냉전에 대한 '기나긴 평화'와 '상상적 전쟁' 같은 기획들이 이 전제를 같이 나누고 있다고 생각한다. 그러나 한반도의 경우 이 맥락의 '냉전'은 거의 없었다고 할 수 있다.

먼저 (관련국들을 비롯해) 남한과 북한은 1953년 7월 27일 이후 전쟁이 끝나지 않은 휴전 상태에 있다. 그리고 한반도 갈등은 군사 정전 위원회와 중립국 감독 위원회에 의해 관찰·감시되고 있다(Jonsson, 2009). 곧, 한반도는 공식적으로 아직 전쟁 상태이다. 그리고 이 전쟁은 일반적으로 1950년 6월 25일에 시작되었다고 알려져 있다(Morgenthau, 1948 / 1978: 424).[3] 수많은 이산가족들이 오랜 시간 동안 고통받고 있는 것은 이 끝나지 않은 전쟁 때문이다(Lee, 2006). 그러므로 전통적 의미의 냉전은 한반도 상황에 맞지 않다. 다음으로, 남한과 북한 모두 여러 가지 형태의 실질적 군사 공격 및 행동에 가담해왔다. 예컨대 1961년 북한의 특수 요원들은 남한의 박정희 대통령을 암살하기 위해 청와대 근처까지 접근했다가 거의 모두 사살되었다. 남한 당국도 북한에 대해 여러 가지 비슷한 행동을 계획했거나 실행했다(김성호, 2006). 이러한 충돌은 베를린 장벽과 구소련이 무너진 뒤에도 계속되었다. 2010년에 있었던 연평도 사건은 그 많은 충돌 가운데 하나다. 그런데 냉전에 대한 주류 설명 방식에 따르면, 위와 같은 상황이

---

3 한반도 전쟁 시작 시기와 관련된 논쟁에 대해서는 Kwon(2010: 2~3, 2011: 80).

제대로 다뤄지기 어렵다. 한반도는 냉전 시기에 그리고 이후에도 결코 차갑지 않았고 뜨거웠다.

이처럼 냉전은 한반도 맥락에서 '너무나 뜨거운 냉전'으로 읽혀야 한다. 다시 말해, 한반도는 사실상 그리고 가상의 군사적 충돌이 '끝나지 않은 전쟁'의 이름으로 계속되고 있는 상태다. 2013년은 평화협정으로 이어지지 못했던 휴전협정 체결 60주기였다. 그리고 일상적 전쟁 상태는 60년 넘게 한반도에서 정상 규범으로 제도화되었다. 달리 말하면 한반도는 거대한 '전쟁 면역 공동체'가 되어버린 듯하다. 일상적 전쟁 상태가 (한반도 밖에서 보기에) 실질적 전쟁 상황에 대한 사람들의 감각을 약화시킨 것이다.

이것은 심각한 군사적 갈등이 일어났을 때 외국 언론에서 남한 사람들이 특별히 침착해 보인다고 전하는 이유를 부분적으로 설명해줄 수 있다. 여기에서 나는 한반도 맥락의 냉전이 가져온 결과를 해석하는 방식의 하나로 '경험으로서의 안보'라는 개념을 제안하려 한다. 이는 국제관계학에서 안보를 특정한 초점에 맞춰 연구하는 몇몇 시도와 맥을 같이 한다. 예를 들면, 서사(Wibben, 2011), 디자인(Lacy, 2008), 실천(Hansen, 2006) 등을 강조하는 안보 연구다.

3. 경험으로서의 안보

이 개념을 본격적으로 제안하기에 앞서 안보와 경험에 대한 논의를 각각 살펴볼 필요가 있다. 배리 부잔(Barry Buzan)과 레네 한센은 『국제 안보 연구의 발전(The Evolution of International Security Studies)』(2009)에서 안보의 개념과 안보 연구의 지적 역사를 깊이 있게 검토한다. 국제 안보 연구가 발전해온 역사와 관련해 그들은 "안보의 개념을 사용했던 이들이 그 개념을 충분히 발전시키거나 문제시하지 않았다"라고 지적한다(Buzan and Hansen, 2009: 13). 예를 들어 (오랫동안 안보 연구의 지배적 위치를 차지해왔던) 전략 연구를 비판하는 이들은 안보 개념이 아니라 평화와 같은 개념을 바탕으로 논의에 참여했다. 이러한 흐름은 구소련이 무너지고 냉전이 끝나면서 바뀐다(Buzan and Hansen, 2009: 13). 이 역사적·지적 맥락에서 그들은 안보를 세 가지 종류의 개념을 통해 연구할 것을 제안한다. 보완적 개념(전략, 억제 등), 유사적 개념(힘, 정체성 등), 그리고 반대적 개념이다(평화, 위험 등). 이 개념적 틀을 통해 냉전 시기와 관련된 논의들 대부분을 검토할 수 있다고 한다. 이는 안보 개념에 대한 연구가 역사적 맥락을 바탕으로 진행될 필요가 있다고 일러준다.

배리 부잔과 레네 한센(Buzan and Hansen, 2009: x)의 연구는 '1990년 이전과 이후'를 기준으로 분명히 다른 구조가 있다는 국제 안보 연구의 가정을 부분적으로 문제시한다. 냉전이 끝나면서 모든 것이 변했다는 가정 말이다. 국제 안보 연구의 지적 역사를 검토하면서 그들은 이것이 하나의 신화라고 말한다. 또한 그들도 인정하듯, 연대기순 검토가 그들이 비판한 가정 자체를 오히려 강화시킬 위험이 있지만, 그렇더라도 이 기획은 의미가 있다고 생각한다. 한 가지 지적할 점은, 국제 안보 연구는 그 탄생부터 앵글로-아메리카 중심이었다는 것이다. 다시 말해, 서구 중심의 개념이라는 말이다(Buzan and Hansen, 2009: 19). 이 기획에서 돋보이는 점 가운데 하나는 국제 안보 연구가 냉전의 맥락에서 논의되고 있다는 것이다. 흔히 냉전 시기에는 그 초점이 외부 위협에 있었을 것으로 가정하기 쉽다. 하지만 이 연구에 따르면, 그렇지 않다. 내부 응집력도 초점이었다는 얘기다. 그러면 왜 잘못된 가정이 받아들여졌는가? 이는 내부적 요인들이 당연한 것으로 간주되었기 때문이다. 이 논의를 통해 배리 부잔과 레네 한센(Buzan and Hansen, 2009: 39)은 국제 안보 연구의 발전과 관련된 다섯 가지 항목을 정한다. 강대국 정치, 기술, 주요 사건, 학문적 논쟁 그리고 제도화다. 이를 바탕으로 그들은 전략 연구 및 평화 연구부터 탈구조주의 및 여성주의까지 다양한 지적 흐름을 추적한다. 이 기획의 강점은, 안보 연구 및 안보의 개념이 여러 가지 정치사회적 요인들에 의해 형성된 역사적 결과물임을 보여주는 점이 아닐까 한다. 대한항공 858기 사건에서의 안보와 관련해, 이 기획은 냉전의 맥락을 검토하고 있다는 점에서 도움이 될 수 있다. 이는 안보를 역사적으로 맥락화된 방식으로 이해할 수 있는 지적 기회를 마련해준다.

그러면 경험 문제로 옮겨가도록 하자. 조안 스콧(Joan W. Scott)에 따르면, 규범적 역사의 문제점 가운데 하나는 "경험의 권위" 또는 "절대적 증거로서의 경험에 기반을 둔 호소"를 통해 정당성 주장을 하는 것과 관련 있다(Scott, 1992: 37). 이는 한편으로 지식 생산과 유통에서 경험이 지닌 힘과 중요성을 일러준다고 생각한다. 여성주의자들은 이 경험의 힘을 잘 인식했다. 무엇보다 그들은 전통적 설명들 안의 객관성이라는 개념을 문제화하는 데 이 힘을 활용했다(Scott, 1992: 30). 조안 스콧이 말하듯, 경험은 결국 우리 일상 언어의 한 부분으로 해석이 필요한 것이다. 경험은 언제나 경합적이고 따라서 정치적이다(Scott, 1992: 37). 여성주의자들이 경험의 개념에 적극적으로 주목했던 것은 이 때문이다. 주디스 그랜트(Judith Grant)가 암시하듯, 여기에는 억압에 대한 공통적 느낌들이 여성들을 단결시킬 것이라는 생각이 바탕에 있었다(Grant, 1993: 31). 하지만 이 생각은 한계를 안고 있었다. 많은 여성주의 학자들이 지적했듯 백인 중산층 여성들이 그들의 특정한 경험을 보편적 경험으로 구성해냈던 것이다(Grant, 1993: 31).

넓은 의미에서 위의 논의는 경험의 가치를 진리/지식과 동일한 것으로 보는 문제와 연결된 듯하다(Jacoby, 2006: 161). 이처럼 경험은 정치적 속성이 깊이 스며 있는 중요한 개념이다.[4]

국제관계학에서 경험에 대한 연구로는 예를 들어 크리스틴 실베스터의 공동 작업이 주목된다(Sylvester, 2011a, 2012, 2013). 그녀는 경험들로 이루어진 (신체적) 집합으로서의 전쟁을 살펴본 '전쟁 만지기(경험하기)'라는 연구 과제를 수행했다(Sylvester, 2011a: 3). 그녀는 "경험을 갖기 위해서는 경험이 필요한가?"와 같은 중요한 물음들을 던진다(Sylvester, 2011a: 125). 공동 작업의 몇 가지 구체적 사례로 먼저 시에라리온 여자 군인들의 경험을 살펴보자. 이 경험에 대한 연구를 통해, 메간 맥켄지(Megan MacKenzie)는 조르조 아감벤(Giorgio Agamben)의 예외 상태라는 개념이 전쟁과 관련된 젠더의 맥락을 놓치고 있다고 비판한다(MacKenzie, 2011: 65). '새로운 전쟁' 이론과 관련해 아프리카 국가들의 경험을 살펴본 사례도 있다. 스티븐 찬(Chan, 2011: 100)은 앙골라, 르완다, 우간다, 콩고 민주공화국 등과 같은 아프리카에서의 갈등과 전쟁을 검토하며 새로운 전쟁 같은 것은 없다고 말한다. 이처럼 경험의 중요성에 주목하면 기존 이론들을 다른 관점에서 구성해낼 수 있다.

'전쟁' 경험에 대한 논의를 이어가자면, 한반도 전쟁과 관련된 소설을 하나 언급할 필요가 있다. 그동안 중국 전쟁 포로들의 경험이 무시되어온 면이 있었다. 이와 관련, 영문학 교수이자 소설가인 하 진(Ha Jin)은 중국 장교로 전쟁에 참여했다가 남한의 미국 전쟁 포로수용소에 갇혔던 인물의

---

4 경험에 대한 더 많은 논의에 대해서는, 예컨대 De Lauretis(1984); Mohanty (1992); Mulinari and Sandell(1999) 등.

이야기를 소개한다(Jin, 2004). 소설 속 인물은 말한다. "우리 중국인들은 단지 국경에서 불길을 막아내기 위해 여기에 왔지만, 한반도 사람들은 이 전쟁이 가져온 파괴에 가장 크게 타격을 받았다. …… 그들 자신이 전쟁을 시작한 것은 맞지만, 한반도와 같은 작은 나라는 결국 큰 나라들의 전쟁터가 될 뿐이다"(Jin, 2004: 302~303). 여기에서 전쟁에 대한 또 다른 사유를 가능하게 하는 것은 전쟁 포로의 경험이다. 이는 냉전에 대한 다음 말과도 통한다. "사람들이 양극 체제의 역사를 어떻게 생각하느냐는 그들이 그것을 어떻게 경험했느냐에 영향을 받고, 이는 다시 그들이 미래를 어떻게 생각하느냐에 영향을 준다"(Kwon, 2010: 150).

그러면 이제 '경험으로서의 안보'를 살펴보고자 한다. 오랜 기간 계속되고 있는 (집단적 경험으로서의) 전쟁 상황은 안보에 대한 특별한 의식을 만들어낸 듯하다. 안보가 일상생활에 스며들게 된 것이다. 남한의 경우, '반북 감정/의식'이라는 말이 있다.[5] 평화협정으로 전쟁을 끝내지 못하고 휴전협정 아래에서 계속되는 전쟁 상태와 여러 차례의 크고 작은 군사적 충돌들은, 남한에 특정한 안보 환경을 만들었다. 북한은 주적이며, 북에 대한 거의 모든 것은 악이며 거부되고 물리쳐야 할 무엇이 된 듯하다. 이 안보 의식을 재생산해온 가장 강력한 제도 가운데 하나는 (남성에 한해 징병제가 실시되고 있는) 군대라고 할 수 있다. 이런 환경에서 북한과 관련된 많은 것들은 쉽게 안보 의제, 더 정확히는 국가 안보 문제가 된다. 이는 1948년 '국가보안법'이 만들어지면서 제도화되기 시작했다. 이 법의 기본적 전제는 북한은 반국가단체라는 것이다. 이 법의 뿌리는 일제 강점기로 거슬

---

5 북한에도 북한 맥락의 비슷한 무언가가 있을 수 있다. 여기서는 '경험으로서의 안보' 논의를 남한에 한정시키고자 한다.

러 올라간다. 일본은 정치적 반대자들을 억압하고 통제하려는 목적에서 '치안유지법'을 조선에 적용했다. 이후 남한은 이와 비슷한 맥락의 국가보안법을 만들었고(Neary, 2002: 80), 특히 군사정권들은 이 법을 자신들에 대한 반대자를 통제하는 데 이용했다. 국가보안법은 마치 이렇게 말하는 듯하다. '정권에 대항하는 것은 다른 쪽에 있는 우리의 적을 이롭게 할 수 있다. 북한이 우리의 주적이기 때문에, 너 역시 주적이 된다.' 나는 대한항공 858기 사건이 이러한 반북 감정/의식을 강화했다는 점을 나중에 더 얘기하려 한다.

여기에서 경험으로서의 안보와 관련해 '안보화 이론'을 살펴보면 어떨까 한다. 이는 코펜하겐 학파 이론이라고도 하는데 안보 개념 자체를 직접 문제화하려는 시도다. 핵심 이론가 가운데 한 명으로 알려진 올리 베버(Ole Wæver)에 따르면, 안보를 '말하는 행위'로 여길 필요가 있다(Wæver, 1995: 47). 그는 국가와 엘리트가 안보 문제를 주로 규정한다고 지적한다(Wæver, 1995: 54). 또한 그는 언어 관련 이론을 참고하는데, 말 자체가 행위이고 그렇다면 안보라는 단어 자체도 행위라고 암시한다. "말을 함으로써 무엇인가가 된다"라는 이야기다(Wæver, 1995: 55).[6] 안보에는 담론적이고 정치적인 힘이 담겨 있다. 곧, 안보는 동사로서 존재하고 따라서 '안보화'가 된다(Buzan and Hansen, 2009: 214). 이 이론에서 중요한 것은 안보라는 개념이 기본적으로 국가 안보 담론과 깊이 연결되어 있다는 점이다. 다시 말해, 위협과 적을 구성해내고 이들과 대치하는 것이 강조된다(Buzan and Hansen, 2009: 213). 이 문제의식은 한반도 상황과 맞닿아 있다. 곧, 두 국가는 서로를 어떻게 '주적'으로 구성해내는가. 이 맥락에서 안보화 이론

---

6 올리 베버가 참고하고 있는 언어철학자와 그 작업에 대해서는 Austin(1975).

은 정치 지도자, 관료 기구, 정부 같은 행위자들이 안보를 어떻게 정의하고 특정 사안을 어떻게 안보 문제로 만드는지 살피는 데 쓸모가 있다(Buzan et al., 1998: 40~41). 그러므로 젠더에 대한 무지(Hansen, 2000), 엘리트 중심의 접근(Booth, 2007)이라는 한계에도 불구하고, 안보화 이론에는 참고할 부분이 있다고 하겠다.[7]

나는 '경험으로서의 안보'와 '말하는 행위로서의 안보'가 보완적이라고 생각한다. 내 입장에서 더 강하게 말하면, 안보화 이론은 행위자와 청자 사이에 특정 '경험'이 공유되고 있다는 전제 아래 가능해진다. 안보화를 시도하는 행위자가 특정 사안을 위협 또는 적으로 만드는 과정에서 만약 청자가 그 특정 사안이 지닌 맥락과 경험을 모르고 있다면 어떻게 될까. 아마 그 사안은 안보 문제로 쉽게 구성되지 않을 것이다. 다시 말해, 안보화 기획은 특정 대상에 대한 경험이 공유되고 있을 때 가장 효과적이고 성공적이라 할 수 있다. 이처럼 경험은 안보와 관련해 중요한 의미를 지닌다.

4. 대한항공 858기 사건

이 사건을 한반도 맥락의 냉전에 위치시키고 당시 정치적 환경이 어땠는지 알아보기 위해 1980년대로 돌아가는 것이 필요하다. 남한의 경우, 1980년대는 광주 민주화 운동과 함께 시작되었다고 할 수 있다. 광주 시민들은 당시 전두환 장군에 의해 전국적으로 내려졌던 계엄령에 맞섰고,

---

7 안보화 이론에 대한 더 자세한 논의와 비판에 대해서는, 예컨대 Buzan and Wæver(1997); Huysmans(1998); Gad and Petersen(2011) 등.

정부군은 1980년 5월 수많은 광주 사람들을 죽였다. 그리고 얼마 뒤, 전두환은 남한의 대통령이 되었다. 정당성이 없던 이 군사정권 동안 여러 가지 민주화 운동이 이어졌다. 많은 사람들이 잡혀가고 고문당했으며, 때로는 의문의 상황에서 죽기도 했다. 1987년은 남한의 역사에서 중요한 순간을 기록했다. 1987년 1월 한 대학생이 경찰의 고문에 의해 죽었다. 당국은 이 사건을 은폐하려 했지만 실패했고, 이는 전국적 시위로 이어졌다. 민주화 운동은 몇 개월 뒤인 6월 또 다른 대학생이 경찰의 최루탄에 맞아 사망하면서 최고조에 이르렀다. 이른바 '6월 항쟁'이다. 이 항쟁으로 군사정권은 결국 대통령 직접선거를 비롯한 민주적 조치들을 내놓기에 이른다. 대선은 12월 16일로 예정되었고 대한항공 858기 사건은 이와 같은 중대한 선거 직전에 일어났다.

북한의 경우 1980년대는 지도부의 권력 이양 과정과 함께 시작되었다고 할 수 있다. 1980년 조선로동당은 당대회를 열고 김정일을 김일성 주석의 후계자로 인정했음을 내비쳤다. 1983년 10월 북한은 버마 랑군(아웅산) 폭파 사건으로 남한 정부 관료들을 죽였다는 혐의를 받았다. 폭파 사건은 전두환 대통령을 노린 것으로 보인다. 이 사건은 이미 갈등으로 가득했던 남북-북남 관계를 악화시켰다. 한편 북한은 1980년대에 몇 가지 (특히 경제 분야의) 개방정책을 조금씩 펼쳐가고 있었다. 예컨대 북한은 외국 자본을 유치하기 위한 목적으로 1984년 관련 법을 만들었다. 1987년은 북한의 또 다른 경제개발계획이 시작되던 해이기도 했다. 이와는 별개로, 88 서울올림픽 개최 일정이 가까워지면서 북한은 올림픽 대회의 일부 경기를 북에서 치르기 위해 남한과 협상 중이었다. 협상은 좋게 끝나지 않았다. 그리고 한반도는 다음과 같은 비극적 상황을 맞게 된다.

1987년 11월 29일, 대한항공 858기가 115명의 사람들과 함께 안다만 해에서 사라졌다. 비행기는 바그다드를 출발해 방콕을 거쳐 서울에 도착할 예정이었다. 실종 직후 남한 당국과 대한항공사는 이 사건이 북한의 테러가 아닌지 의심하기 시작했다. 당국은 일본인 아버지와 딸로 위장했던 2명의 용의자들(하치야 신이치와 하치야 마유미)을 추적했다. 12월 1일 바레인에서 용의자들이 자살을 시도했는데, 남성은 죽고 여성은 살아났다. 이 자살 시도를 근거로 남한은 858기 실종이 북한의 테러라고 확신하게 된다. 여성 용의자는 12월 15일 서울로 압송되있는데, 이날은 내동령 선거가 있기 하루 전이었다. 약 일주일 뒤인 12월 23일, 용의자는 범죄를 자백했다. 그녀는 자신이 북한의 비밀공작원이며 대한항공 858기를 폭파했고 이름은 김현희라고 했다. 김현희는 북한 지도부(2011년 사망한 김정일 위원장)가 서울올림픽을 방해하기 위한 목적으로 비행기를 폭파하라는 지령을 내렸다고 진술했다.

공식 수사 결과에 따르면, 김현희는 1962년 1월 27일 북한 외교관의 첫째 딸로 태어났고 어렸을 때부터 미모로 주목을 받았다. 북한 영화 몇 편에 출연했다고도 한다. 그녀는 북한 최고의 대학인 김일성 대학에 들어갔고 그 뒤 평양외국어대학으로 옮겨 일본어를 전공했다. 그곳에서 김현희의 삶은 바뀌었다. 그녀의 지능, 미모, 출신 성분 덕분에 공작원으로 발탁된 것이다. 김현희의 자백은 1988년 1월 15일 공식 수사 결과와 함께 기자회견을 통해 공개되었다. 북한은 이 내용이 거짓이라고 했다. 실제로 북한은 1987년 12월 초부터 남한이 사건을 북한과 연결시키기 시작하자 강하게 항의했다. 예를 들어, 전영진 당시 스웨덴 주재 북한 대사는 12월 9일 스웨덴 외무부를 방문해 북한에 대한 혐의를 부인한다. 이 사건은 오히려 "남한 지도부가 북한에 혐의를 씌우기 위해 내린 지령으로 일어났을 수 있다"라고 했다(UD, 1987). 남한이 수사 결과를 발표한 뒤인 1988년 2

월 9일, 전영진 대사는 스웨덴 외무부를 방문한 자리에서 자백의 신빙성에 대한 의문을 드러낸다. 만약 그녀가 북한으로 이송된다면, "사건에 대해 완전히 다른 이야기를 할 것이 분명하다"는 것이다(UD, 1988d). 이를 떠나서 북한은 남한이 사건과 북과의 연관성을 계속 제기하자 이에 대한 대응으로 성명서들을 내기도 했다(UD, 1988a, 1988b).[8]

이후 몇몇 국가들(주로 남한의 동맹국들)은 북에 제재 조치를 내렸다. 가장 중요하게는 미국이 1988년 1월 20일 북한을 테러 지원국으로 지정했고, 일본도 비슷한 조치를 했다. 북한의 동맹국들의 경우, 당시 스웨덴 대사가 평양에서 작성한 비밀문서에 따르면, 북한을 변호하는 데 적극적으로 나서지 않았다(UD, 1988c). 수사 발표 한 달 뒤인 1988년 2월 16일부터 17일까지 유엔 안전 보장 이사회는 사건에 대한 긴급회의를 열었다. 다만 이 회의에서 특별한 결의문 채택은 없었다. 한편 김현희는 재판을 거쳐 1990년 3월 27일 사형선고를 받았다. 그런데 약 보름 뒤 남한 당국은 그녀를 사면했다. 그리고 약 1년이 지난 시점에 그녀는 국가안전기획부(이하 안기부, 현 국정원)의 촉탁 직원으로 채용되었고(≪한겨레≫, 1991), 여러 가지 활동에 나서게 된다. 김현희는 수기를 출판하고 강연을 하며 언론에 자주 보도되었다. 공개 활동을 통해 그녀는 범행을 고백하면서 북한 정권을 비판했다. 그러던 중 1997년 12월 그녀는 안기부 직원과 결혼을 하고 사라졌다. 야당 정치인 김대중이 사상 처음 정권 교체를 이루어내며 대통령

---

8 한 탈북자는 이러한 북한의 성명서를 언급하자 "성명을 발표했나?"라며 들어본 적이 없다고 했다(면접, 익명, 2009년 8월 19일). 하지만 자료의 출처에서도 알 수 있듯, 나는 북한이 성명서를 냈다는 것을 확인할 수 있었다. 아울러 또 다른 탈북자에 따르면, 북한에 있을 당시 ≪로동신문≫에서 이와 같은 내용을 봤다고 한다(면접, 이 아무개, 2009년 8월 19일).

으로 당선된 직후였다.

한편 사건과 관련해 풀리지 않는 질문들이 제기되어왔다. 그 질문들은 크게 세 가지 부류로 나눌 수 있는데 수색, 수사 그리고 수습이라 할 수 있다. 먼저 당국은 비행기가 실종된 뒤 수색 작업을 적극적으로 펼치지 않은 듯하다. 무엇보다 정부는 공식 수색을 열흘 정도밖에 하지 않았다. 블랙박스도 발견하지 못했고 유해도 마찬가지였다. 또한 '제대로 된' 비행기 잔해 역시 찾지 못했다.[9] 둘째, 공식 수사 결과는 주로 김현희의 진술에 의존했다. 엄격히 말하면, 그 진술/수사 내용을 뒷받침할 만한 '물증'이 부족했던 것이다. 아울러 그녀의 진술에 많은 모순점이 있었다는 점도 지적할 필요가 있다(밑에서 관련된 논의를 잠깐 하려고 한다). 셋째, 무슨 이유에서인지 정부는 사건 수습을 서둘러 마치려 했다. 실종자 115명 대부분이 정부에 의해 사건 발생 두 달 만에 일괄적으로 사망 처리가 되었다. '실종'의 경우 관련 법에 따라 사고 1년 후 개별 가족들이 실종 선고 신청을 하고 법원이 공식적으로 선고해야만 사망으로 인정되는데, 이 사건의 경우 그러지 않았다. 또한 1987년 12월 말 보상금이 가족들에게 거의 강제적으로 지급되었다. 이는 1988년 1월 15일 수사 결과가 발표되기도 전이다. 김현희 재판과 관련해서는, 1988년 1월 12일 기준 정부는 벌써부터 김현희에 대한 사면을 논의하고 있었다(DFAT, 1988a). 재판 자체는 물론, 수사 발표도 이루어지지 않은 시점이었다. 이와 같은 문제들은 당시 정부가 사건을 철저하고 공정하게 다루지 않았다는 점을 암시한다.

---

9 정부는 구명보트를 비롯한 잔해를 발견했다며 이를 공개한 바 있다. 그러나 그것이 대한항공 858기에서 나왔는지에 대해서는 의혹이 있었다. 이 의혹과 반박에 대해서는, 예컨대 KBS(2004); 국정원 과거 사건 진실 규명을 통한 발전 위원회(2007).

더 심각한 것은 공식 결과의 핵심을 차지하는 김현희의 진술에 문제가 많다는 점이다. 이 모순들을 중요하게 생각할 필요가 있는데, 왜냐하면 김현희의 '고백 서사'가 진실에 대한 객관적이고 절대적인 증거 역할을 했기 때문이다(이 부분은 8장에서 더 다룰 것이다). 예를 들어, 김현희 고백록이 영어로 출판되었는데, 한국어판과 비교하면 여러 가지 의문점이 발견된다. 첫째, 누가 시한폭탄을 작동시켰는지의 문제다. 한국어판에 따르면, 김현희와 함께 임무를 수행했던, 또 다른 공작원 김승일이다(김현희, 1992: 261). 하지만 영어판에 따르면, 김현희 자신이다. 김승일이 다음과 같이 말했다고 한다. "폭탄을 여자 화장실로 가져가서 직접 작동시켜야만 하오"(Kim, 1993: 104). 이 문제는 중요한데, 비행기 폭파와 관련된 가장 핵심적인 내용으로 일관되고 믿을 만한 설명이 필요하기 때문이다. 둘째, 그녀가 오스트리아 빈행 비행기 표를 어떻게 구했는지에 관한 부분이다. 한국어판에 따르면, 그녀는 김승일과 함께 표를 직접 샀다(김현희, 1992: 244). 하지만 영어판에 따르면, 두 사람은 어느 공원에서 또 다른 여성 공작원을 만나 "나카야마"라는 암구호를 사용해 표를 건네받는다(Kim, 1993: 96). 이와 같은 차이가 왜 생겼는지 알기 어렵다. 셋째, 평양에서 모스크바로 가는 비행기와 관련된 부분이다. 한국어판에 따르면, 표를 구하기가 굉장히 어려웠는데, 왜냐하면 이 노선의 첫 번째 개통 운항이었기 때문이다. 다시 말해, 비행기가 승객들로 꽉 찼다(김현희, 1992: 224). 그러나 영어판에 따르면, 비행기 안은 "거의 비어 있었다"(Kim, 1993: 90). 이 문제 역시 중요한데, 김현희가 임무를 구체적으로 수행하는 첫 번째 단계였기 때문이다. 이외에도 여러 부분에서 차이가 발견되는데, 짧게 예를 들면, 바레인에서 김현희 일행을 찾아온 한국 대사관 직원은 몇 명인지(김현희, 1992: 274; Kim, 1993: 110), 그리고 바레인에서 조사를 받을 당시 그녀가 폭력을 사용했는지(김현희, 1992: 66; Kim, 1993: 130) 등에 관한 문제다.

자백을 바탕으로 쓰여졌다는 점에서 김현희의 영어판 수기뿐만 아니라 공식 수사 결과에 대한 문제로 이어진다.[10] 덧붙이면, 공식 수사 결과를 그대로 받아들이는 이도 수사 내용에 "일부 내적 모순들"이 있다고 말한다(Bermudez, 1998: 273). 물론 위와 같은 문제들이 있다고 해서 공식 수사 내용 전체가 잘못되었다고 하기는 어렵다. 내가 이 문제를 다루는 것도 그런 의도가 아니다. 영향력 있는 비평가 테리 이글턴(Terry Eagleton)이 말하듯, "복잡한 일이 일어났을 경우 언제나 이상 현상, 비일관성, 모순 등이 있기 마련입니다. …… 만약 어떤 특정한 방식으로 접근한다면, 큰 사건들 거의 모두가 모호하고 이해하기 어렵게 보일 수 있습니다"(편지 교환, 2011년 10월 27일). 중요한 것은, 이런 문제들에 대한 답이 어떤 형태로든 제시될 필요가 있다는 점이다. 실종자 가족들의 경우 이 풀리지 않는 질문들 때문에 결국 재조사 운동을 하게 되었다.

2001년은 특히 중요한 해였다. 그 이전에는 가족회 집행부가 공식 수사 결과를 인정하면서 주로 정부의 배상금을 받는 데 관심을 두었다. 따라서 가족회는 북한에 대한 정부의 강경하고 공격적 입장을 공유하던 반북 단체들과 깊은 유대 관계를 맺고 있었다. 하지만 2001년, 가족회 집행부가 철저한 재조사를 바라던 가족들로 바뀌게 된다. 이러한 집행부의 변화에 따라 가족회는 그동안의 질문들과 새로운 의혹들을 바탕으로 다양한

---

10 더 넓은 맥락에서 이야기하자면, 사건에 관한 의문과 관련해 공식 수사 결과와는 다른 가능성을 시도한 작품들이 소설, 만화, 영화, 드라마 등의 형태로 나타났다. 가장 많이 얘기되는 다른 가능성이란, 이 사건이 당시 남한 안기부의 자작극이라는 내용이다. 서현우(2003); 백무현(2007); 박인제(2011) 등. 또한 MBC(2005) 참조.

재조사 요구 활동을 하게 된다(그 이전에도 이런 요구가 있었지만 조직적으로 이루어지지는 않았다).

재조사 운동이 계속되자 정부는 마침내 응답하기에 이른다. 두 번의 시도가 있었는데, 먼저 국정원 발전 위원회의 재조사다. 2005년 출범한 이 위원회는 과거 정권 동안 일어났던 대표적 의혹 사건들 몇 개를 자체 조사했는데, 그 가운데 하나가 대한항공 858기 사건이었다. 위원회는 2007년 활동을 마치면서 사건의 조사 결과를 발표했는데 기본적으로 공식 결과를 인정하는 내용이었다. 이 재조사는 여러 가지 비판을 받았다. 무엇보다 가장 중요한 증거이자 인물인 김현희를 조사하지 못했기 때문이다. 또 다른 재조사는 진실 위원회가 시도했다. 이 조사는 가족들의 신청을 받아 2007년 시작되었는데 조사 권한 등 처음부터 많은 한계를 지니고 있었다. 예컨대 국정원 발전위의 경우처럼 김현희를 조사하기에는 역부족이었는데, 왜냐하면 강제적인 조사권이 없었기 때문이다. 결국 2009년 가족들이 재조사 신청을 철회하기로 결정했고, 이 재조사는 중단되기에 이른다.[11] 한편 김현희는 2009년 대중 앞에 다시 나타났는데, 당시는 (과거 10년의 김대중·노무현 정부와는 성격이 다른) 비교적인 보수적 정부가 출범한 뒤였다. 그녀는 과거 정부가 '친북' 정책을 추진했고 그 때문에 그녀의 삶이 어려워졌다고 했다. 나아가 김현희는 그들이 정치적 목적으로 공식 수사 결과를 뒤집으려 했다고 주장했다. 나는 그녀의 말을 조심스럽게 살펴볼 필요가

---

11 이 위원회는 2010년 12월 활동을 끝냈고 관련 자료들은 국가기록원으로 이관되었다. 나는 정보공개를 청구하려고 2011년 8월 국가기록원을 방문했다. 하지만 기록이 아직 이관 중이라는 이유로 청구 시도 자체가 거부되었다. 이에 실종자 가족회의 변호사에게 상황을 알렸고, 국가기록원으로 이관된 자료와 관련해 아직까지 특별한 진전은 없다.

있다고 생각한다. 그녀가 사면 이후 안기부 직원 신분으로 반북 선전 활동에 적극적으로 나섰던 점을 고려하면, 그녀의 우려가 어느 정도 이해될 만도 하다. 하지만 이 '친북' 논리 자체는 얘기가 더 필요한 논쟁적 사안이다. 또한 과거 정부가 수사 결과를 뒤집으려 했다는 말도 문제가 있다고 생각한다. 사건의 재조사가 있긴 했지만, 이것이 공식 결과를 뒤집기 위한 '정치 공작'은 아니었다(아울러 그 결과가 뒤집어지지도 않았다). 아마도 그녀는 사건을 재조사한다는 사실에 대한 불편한 심정을 드러내시 않았나 싶다. 결국 김현희는 재조사를 계속 거부하며 협조하지 않았다. 2015년 현재, 사건에 대한 논란은 계속되고 있다.

5. 너무나 뜨거운 냉전 속 대한항공 858기

위의 논의들을 바탕으로 지금부터는 이 사건을 '너무나 뜨거운 냉전'의 맥락에서 구체적으로 살펴볼까 한다. 진실에 대한 논란을 떠나, 115명의 사람들이 순식간에 사라졌다는 점이 중요하다. 이는 한반도가 분단되었기 때문에 일어난 일이다. 115명의 몸 또는 시신은 발견되지 않았고 그 가족들은 30여 년이 되어가는 지금까지 불확실한 상황에 있다. 사건은 남북-북남 갈등이 한창이던 1980년대 중후반에 일어났는데, 그 관련 과정은 이 시기를 훨씬 지나 계속 이어지고 있다. 이 사건의 관점에서 보면, 흔히 냉전이 끝났다고 생각되는 '1989년' 이전과 이후에 커다란 변화는 없었다고 할 수 있다. 그리고 '기나긴 평화' 또는 '상상적 전쟁' 같은 틀로는 사건을 설명하기 어렵다. 오히려 대한항공 858기 사건은 한반도 맥락에서 '기나긴 고통' 또는 '지속적 전쟁'의 하나라고 하겠다. 이 말은 신시아 인로

(Enloe, 1993)가 말했던 냉전의 다양한 끝과도 맥을 같이 한다. 달리 말하면, 이 사건은 '또 다른 냉전' 또는 '너무나 뜨거운 냉전'의 한 부분이다. 이 지점을 (특히 반북 감정/의식과 관련된) '경험으로서의 안보'라는 측면에서 좀 더 얘기해볼까 한다.

대한항공 858기 사건은 여러 가지 면에서 반북 감정/의식을 강화시키고 재생산하는 데 이용되어왔다. 무엇보다, (특히 권위주의적 정권 동안) 공식 결과에 질문을 제기하는 사람들은 국가보안법에 의해 처벌받았다. 예를 들어, 사건의 의혹에 대한 대자보를 붙였던 대학생이 체포되었다(《동아일보》, 1988). 그리고 사건 관련 의혹을 책으로 펴낸 출판인 또한 국가보안법으로 체포되기도 했다(신연숙, 1989). 정부의 논리는 간단했다. 공식 결과에 의문을 제기하는 행위는 북한을 이롭게 하는 행위였던 것이다. 왜냐하면 북한은 부인했지만 공식 수사에 따르면, 이 사건은 북한이 저지른 것이 틀림없기 때문이다. 그러므로 의문을 제기하는 것은 북한에 동의하는 것이 된다. 다시 말해, 남한이 발표한 결과를 의심하는 것은 북한이 부인한 주장에 동조하는 것이다. 국가보안법은 사건에 대해 공개적으로 질문을 제기하는 어떤 시도도 효과적으로 차단했고 국가 주도의 반북 관련 활동은 강화되었다. 결국 국가의 공식 서사에 의문을 품는 이는 친북주의자, 따라서 국가 안보에 위협이 되는 존재로 낙인찍히기 쉬웠다. 비슷한 맥락에서, 실종자 가족들 입장에서 충분히 가질 수 있는 의문들도 정치적 의도가 있는 친북 논리로 간주되었다(국정원 과거 사건 진실 규명을 통한 발전 위원회, 2007: 210).

이와 같은 강력한 반북 의식 체계는 공식 수사 결과가 발표되기 전부터 조직적으로 강화되고 있었다. 당시 군사정권은 1987년 12월 2일 '무지개 공작' 문건을 작성한다. 이 문건은 대한항공 858기 사건을 대통령 선거에 유리하게 활용할 계획을 담고 있었다. 다시 말해, 대대적인 반북 선전을 통해 여당 후보가 대통령으로 당선되는 데 사건을 이용한다는 내용이다(김치관, 2007). 이 활동의 하나로 사건에 대한 북한의 책임을 묻는 대규모 반북 집회들이 열렸다. 예컨대 1987년 12월 14일 서울에서는 10만 명 정도가 참여한 집회가 조직되기도 했다(최진섭, 1990). 이때는 김현희가 자백을 했다고 알려진 12월 23일 전이었다. 더불어서 김현희도 반북 의식 확산 활동에 적극적으로 나섰다. 이미 언급했듯 그녀는 수기 출판과 다양한 강연을 통해 북한을 비난했다. 예를 들어 그녀는 비행기 폭파가 북한 지도부의 지령에 따라 이루어졌다는 점을 분명히 하면서 자백 내용을 매우 구체적으로 적었다(김현희, 1991a: 47). 아울러 북한에 대한 남한의 "우월성을 똑똑히 알 수 있었습니다"라고 했다(김현희, 1991a: 173). 그녀의 책은 영어와 스웨덴어[12]를 비롯한 외국어로도 출판되었고, 책과 관련된 미국 방문 강연이 계획되기도 했다. 그러나 이 미국 방문은 그녀가 공식적으로 '테러범' 신분이므로 입국 허가를 받을 수 없어 취소되었다(≪경향신문≫, 1993). 이처럼 대한항공 858기 사건은 특히 남한 맥락에서 '경험으로서의 안보'와 관련되어 있다.

동시에 지적할 점은, 이 사건이 전통적 냉전 정치의 요소, 곧 미국 주도 세력들과 구소련 주도 세력들 사이의 동맹(경쟁)관계와도 연관된다는 것이다. 이 냉전 정치는 유엔 안전 보장 이사회 회의에서 잘 드러났다. 남한이 긴급회의 소집을 요청하자, 미국이 곧바로 이에 동의했다. 하지만 구소련은 북한을 대변하며 이 회의 소집에 반대했다. 일단 회의가 열리자, 냉

---

12 김현희 수기의 스웨덴어판은 『내 가슴은 흐느낀다(Mitt Hjärta Gråter)』(1994)로 나왔다.

전 동맹 정치가 그대로 재현되었다. 일본이 포함된 남한-미국 주도 세력들은 중국이 포함된 북한-구소련 주도 세력들과 충돌했다. 한편에서 남한 세력들은 이 사건이 북한의 테러이며 다른 나라들도 북한을 비난하는 데 함께해야 한다고 주장했다. 예를 들어, 남한은 "북한이 인류의 평화와 화합을 위한 진정한 축제가 될 서울올림픽 대회를 방해하기 위한 시도의 하나로 [사건을] 저질렀습니다"라고 했다(UNSC, 1988a: 11). 미국은 이런 남한을 적극적으로 지지했다. "우리는 모든 문명국가가 이러한 반문명적 행위가 되풀이되어서는 안 된다는 점을 북한에게 확실히 하는 것이 특히 중요하다고 생각합니다"(UNSC, 1988b: 67). 다른 한편에서 북한 세력들은 공식 수사 결과에 대해 의문을 제기하며 이 회의가 남한의 정치적 목적에 의해 소집되었다고 주장했다. 예를 들어 북한은 남한이 "아무런 과학적 근거 없이 새해 초부터 우리와 대한항공기 사건을 연관시키려는 이 모략의 …… 목적은 분명합니다"라고 했다(UNSC, 1988a: 55). 구소련은 회의가 시작될 때 다음과 같이 말했다. "그 편향성과 근거 없는 주장들 때문에 …… 남한이 제출한 문서는 위원회 논의를 위한 자료로 삼을 수 없습니다"(UNSC, 1988a: 3~5).

이미 지적했듯 유엔 안전 보장 이사회는 특별한 결의안 채택 없이 회의를 마쳤다. 그 대신에 의장 성명이 채택되었다(Park, 2009: 210). 성명은 기본적으로 이 사건과 같은 비극이 또 일어나서는 안 된다는 대체로 모호하고 일반적 내용이었다. 나는 남한이 처음부터 결의안 채택을 목표로 회의에 적극적으로 나서지는 않았다고 생각한다. 안전 보장 이사회에서 거부권을 갖고 있는 구소련과 중국의 거센 반대가 충분히 예상되었기 때문이다. 다만 남한은 이 회의를 통해 국제 무대에서 북한을 비난할 수 있는 기회를 얻으려 했다고 생각한다. 이 지점은 박근 당시 유엔 주재 대사도 확인해주었다(면접, 2011년 8월 9일). 남한이 결의안 채택을 계획하지는 않았다는 말이다. 그보다는 북한을 국제적으로 비난할 수 있는 기회를 최대한 살리는 데 더욱 큰 관심이 있었다. 이는 남한과 북한 모두 국제 무대에서 지지를 얻기 위해 치열히 경쟁해야 했음을 뜻한다. 그도 그럴 것이, 호주의 외교관은 이 회의가 남한과 북한을 중심으로 한 양쪽 사이의 "험악한 싸움"이었다고 기록한다(DFAT, 1988e: 406). 결국 사건과 관련해 유엔 안전 보장 이사회는 전통적이고 험악한 냉전 정치가 펼쳐진 곳이 되었다.

6. 슬픈 이론

냉전의 개념은 구체적 경험과 조건을 바탕으로 위치 지어지고 맥락화될 필요가 있다. '너무나 뜨거운 냉전'의 관점에서 대한항공 858기를 살펴보았듯, 일반화된 개념에는 한계가 있기 때문이다. 그런데 더 중요한 점은 이 전쟁이 계속되고 있기 때문에 비슷한 사건이 일어날 가능성이 있다는 것이다. 많은 이들이 2010년 3월 26일, 이 불길한 가능성을 확인했다고 생각한다. 46명이 죽은 천안함 사건이다. 어떤 면에서 대한항공 858기 사건과 비슷한 점들이 보인다. 사건이 일어나자 남한 당국은 바로 북한의 연관성을 의심했다. 공식 조사 결과는 이 의심이 맞았다고 결론 내렸다. 북한은 곧바로 아니라고 반박했다. 이런 부인과는 별개로 여러 가지 풀리지 않는 질문들이 제기되었다. 사건은 중요한 선거를 앞두고 일어났다. 그리고 사람들은 재조사를 요구하기 시작했다. 이 천안함 사건은 '슬프고 불행하게도' 너무나 뜨거운 냉전의 또 다른 증거가 될 수 있다. 대한항공 858기 사건과 비슷한 점들이 되풀이되고 있는 것이다. 그리하여 김현희 사건과 천안함 사건, 또는 비슷한 다른 사건들은 기나긴 평화와 상상적 전쟁 이론에 대한 비판의 의미를 지닌다. 이런 면에서 나의 책은 이론적으로 유효할 수 있지만, 동시에 슬픈 기획이라고 할 수 있다. 나는 이 연구가 단지 이론적으로 정당화될 수 있다고 말하는 데서 멈출 수 없다. 관련된 존재들의 고통이 이론의 정당화 이전에 고려되어야만 한다.

그럼 다음 장에서는 소설 쓰기 국제관계학에 대해 살펴보도록 하겠다.

03 정보와 상상력: 소설 쓰기 국제관계학

소설 쓰기가 국제관계학의 연구 방법이 될 수 있을까? 이 책은 "그렇다"라고 답한다. 한 비행기가 이륙하면서 이 이야기는 시작된다. 적지 않은 이들에게 대한항공 858기 사건은 의문으로 남아 있는 듯하다. 책 시작 부분과 앞 장에서도 언급했지만, 정부의 공식 수사 결과는 여러 의문을 불러왔고 결국 재조사가 시도되었다. 뭔가 있는 듯한 이 상황은 사건이 소설로 재구성될 수 있다고 암시한다. 어떤 특정 의미가 도전받지 않고 유지되면 이는 문화 속에서 진실로 받아들여질 수 있다. 이 과정에서 소설이 중요하다(Moore, 1995: 83). 그렇다면 소설 쓰기는 대한항공기 사건에 다른 의미를 부여할 수 있게 해줄 것이다. 이 장은 또한 사실-허구 관계에 대해 물음을 던진다. 우리는 특정한 것이 사실이라고 어떻게 알 수 있는가? 더 구체적으로는, 어떤 맥락에서 사실은 허구적이며 허구는 사실적인가? 현실이 믿기 어렵거나 소설 같은 일로 가득하다면, 우리는 현실을 어떻게 해석하고 이론화할 수 있는가? 이 물음들은 사실과 허구의 경계를 의심하게 한다.

테리 이글턴(Eagleton, 1983: 1)에 따르면, "16세기 말부터 17세기 초 잉글랜드[영국]에서 '소설(novel)'이라는 말은 실제적 그리고 허구적 사건 모두에 대해 사용되었던 듯하다".

그러면 소설 쓰기 국제관계학에 대한 예비적 논의의 하나로, 이 경계에 대한 문제를 더 살펴볼까 한다. 17세기부터 과학적 글쓰기와 문학적 글쓰기의 경계가 만들어졌는데, 여기서 과학은 사실과 소설은 허구와 연계되었다(Richardson, 2000: 925). 다시 말해, 이 당연하게 보이는 사실-허구의 이분법은 역사적 구성물이다(Brinkmann, 2009: 1388). 흥미로운 점은, 사실이라는 단어가 라틴어 동사인 'facere'에서 유래했는데 이는 '하다', '만들다' 또는 심지어 '상상하다', '발명하다'를 뜻했다(Ramsden, 2000: 17; Brinkmann, 2009). 그래서 학자들이 사실과 허구의 구분을 문제 삼는 것은 놀랄 일이 아니다. 예컨대 질적 연구의 영역에서 이 경계는 끊임없이 도전을 받았고 (Denzin, 1996), 언론학에서는 객관적 기사와 상상적 허구가 혼합된 글쓰기가 '새로운 저널리즘'이라는 이름으로 나타나기도 했다(Hollowell, 1977). 나는 넓은 의미에서 소설 쓰기 국제관계학은 사실-허구의 경계가 흐릿해질 수 있고, 흐릿해져왔다는 점, 또는 최소한 사실(현실)과 허구(상상)가 연관되어 있다는 점을 인식할 때 잘 이해될 수 있다고 생각한다.[1]

---

1 사실과 허구에 대한 더 많은 논의에 대해서는, 예컨대 Davis(1983); Fishkin (1985); Bill(1994); Denzin(1997); Banks and Banks(1998); Rosenblatt(2002). 진실을 알거나 규명하기 위한 방법으로서의 소설/문학 관련해서는, 예컨대 Jehlen (2008).

1. 소설 쓰기 국제관계학 소개[2]

내가 제안하려는 '소설 쓰기 국제관계학'이라는 개념에 중요할 수 있는 논의들이 그동안 있어왔다. 크리스틴 실베스터(Sylvester, 2002: 307)는 소설이 '우리가 누구인가'의 한 부분이며 또한 국제정치의 한 부분이라고도 말한다. 특히 그녀는 소설 읽기를 국제관계학의 방법론에 추가하자고 제안한다. 그녀가 열거하는 사례 가운데 하나는 첩보 소설을 국제관계학 글쓰기의 중요한 시작점으로 삼고 있는 제임스 데 데리안(James Der Derian)의 작업이다. 실제로 그는 전직 영국 정보기관 공작원 존 르 카레와 전직 미국 중앙정보국 첩보원 찰스 맥캐리(Charles McCarry)의 작품들을 비중 있게 다룬다(Der Derian, 1989). 하지만 내가 제안하는 소설 쓰기 국제관계학은 소설을 자료 또는 분석을 위한 수단으로 읽거나 활용하는 것 이상이다. 이는 사실, 현실 또는 진실 같은 개념들에 대해 더 깊이 고민하려는 노력들을 도와줄 수 있다. 이뿐만 아니라 소설 쓰기를 국제관계학 연구의 하나로 끌어들일 수 있다. 이것의 장점 가운데 하나는 민감하고 복잡한 문제들을 좀 더 유연하게 풀어낼 수 있게 해준다는 것으로, 학계 너머의 독자에게도 다가갈 수 있는 가능성을 열어준다.

하지만 더 중요하게, 소설 쓰기는 국제관계학에서 다음과 같은 이론적 의미를 지닌다. 소설적 또는 상상적 설명의 전통은 이미 국제관계학 분야에 있어 왔다.[3] 이는 정보의 부족과 관련해, 방법론적으로 이 문제를 어떻게 다루느냐와 관련 있다. 구체적으로, 이는 사회과학 분야 고전이자 베스

---

2 이 부분은 다음 글을 수정·보완한 것이다. Park-Kang(2012).
3 이 논의의 일부는 크리스틴 실베스터와의 대화에서 실마리를 얻었다.

트셀러 중 하나로 여겨지는 그래엄 앨리슨(Graham T. Allison)의 『결정의 본질(Essence of Decision: Explaining the Cuban Missile Crisis)』(1971)에서 부분적으로 관찰된다. 1962년 10월에 있었던 이른바 쿠바 미사일 사태에는 "수수께끼"와 의문들이 많았다(Allison, 1971: v, 35, 39, 109, 112, 252 등). 무엇보다 그래엄 앨리슨은 사태에 대한 존 에프 케네디 대통령의 조심스러운 발언을 소개한다. "**최종 결정의 본질**은 관찰자에게 이해 불가능한 것으로 남는다 ― 가끔은 결정 당사자 자신에게도. …… 의사결징 과정에는 언제나 어둡고 뒤얽힌 어려운 과제들이 있을 것이다 ― 심지어 가장 직접적으로 관여한 이들에게조차 의문스러운"(Allison, 1971: vi). 그렇다면 이 "의문스러운" 일을 어떻게 다루어야 할까?

그래엄 앨리슨은 미사일 사태를 세 가지 개념적 모델을 통해 연구하고 해석한다. 이 과정의 하나로, 그는 이용 가능한 정보를 바탕으로 상상력을 활용하자고 제안한다. 예를 들어 합리적 행위자 모델 부분에서 그는 방법론의 측면에서 "[추론·상상에 기반한] 대리적 문제해결"에 주목한다(Allison, 1971: 35). 왜냐하면 특권적 정보에 완전히 접근할 수 있더라도 책임 있는 판단은 내리기 어렵기 때문이다. 다른 모델 부분에서도 그는 정보의 부재가 오히려 추측을 하는 데 좋게 작용할 수 있다고 인정한다(Allison, 1971: 102). 달리 말하면, 정보의 부족과 사태의 의문스러운 점들을 생각할 때 연구 과정에서 "상상적 분석가"가 될 필요가 있는 것이다(Allison, 1971: 35, 273). 그의 기획은 결과적으로 상상력, 또는 그의 표현을 따르면, 추론과 가정을 학문 작업의 한 부분으로 받아들일 것을 제안한다는 점에서 아주 흥미롭다. 게다가 그는 그의 연구물이 "시나리오(들)"에 관한 것이라고 말한다(Allison, 1971: 17~18, 84). 옥스퍼드 사전에 따르면, 시나리오는 미래 일들에 대한 "상상적" 작업과 관련 있다(Crowther, 1996: 1085). 곧, 불확실한 가정들을 통해 구성된 이야기가 중요해진다.

그럼 이번에는 제임스 데 데리안의 『고결한 전쟁(Virtuous War: Mapping the Military-Industrial-Media-Entertainment Network)』(2009)을 살펴보자. 그는 자신의 책을 탐정 이야기라고 부른다. "이 책은 조심스러운 이야기만큼이나 탐정 소설이다. 학자들과 기자들은 이 전쟁 이야기를 다루는 데 더뎠는데, 왜냐하면 분명한 증거를 찾을 수 없기 때문이다"(Der Derian, 2009: xxxviii). 그는 "분명한 증거"에 대해 말하고 있는데, 직접적인 자료 또는 증거를 확보하는 것이 어렵다는 뜻이다. 이 때문에 연구자들과 언론인들이 이 문제를 조사하는 것을 꺼려했다. 그의 말을 더 들어보자. "나는 실제로 그리고 가상으로 사막들을 기꺼이 방황했다. 왜냐하면 발터 베냐민(Walter Benjamin)이 바이마르 공화국이 기울어가던 시기 그랬듯이, 나는 '모두가 공모자 비슷한 존재가 되는 테러의 시기에는, 모두 탐정을 연기해야만 하는 상황에 놓이게 될 것이다'라고 믿기 때문이다"(Der Derian, 2009: xxxviii). 그는 또한 테러 활동을 분석하는 과정에서 탐정이 되는 것과 용감해지는 것의 중요성을 강조한다(Der Derian, 2009: 229). 국제관계학에서 접근이 어려운 정보에 대한 그의 문화기술지 연구, 곧 조사를 위해 관련 시설이 있는 사막들과 연구소들을 방문하며 많은 것을 겪었다는 점에서, 이 기획은 결국 "좋은 문화기술지 글은 추리 소설이다"는 것을 말해준다(Richardson and Lockridge, 1998: 335).

위의 작업들과 더불어, 국제관계학 및 정치학에서 널리 활용되고 있는 반사실적 가정과 가설 검증을 살펴보도록 하자. 영향력 있는 학술지 ≪월드 폴리틱스(World Politics)≫에 실린 논문에서 제임스 피어론(James D. Fearon)은 다음과 같이 말한다. "반사실적 가정은 실제로 일어나지 않은 일들에 대해 주장하는 것이다"(Fearon, 1991: 169). 어떻게 실제로 없었던 일에 대한 주장을 할 수 있는가? 그가 암시하듯, 이 과정에는 "상상"하는 일이 포함된다(Fearon, 1991: 171). 리처드 레보(Richard Ned Lebow)는 『금지된 과일(Forbidden Fruit: Counterfactuals and International Relations)』(2010)에서 연구의 도구로 반사실적 가정을 적극적으로 활용한다. 예를 들어 그는 제1차 세계대전의 원인 같은 문제들의 불확실성을 설명하기 위해 이 방법을 활용하는데, 그에 따르면, "이러한 연습은 …… 이론과 가설 형성에서의 상상적 도약을 가능하게 한다"(Lebow, 2010: 5). 나아가서 그는 "'사실적' 역사 또는 국제관계를 구성해내는 작업은 대체로 상상적 연습이며, 또 이런 식으로 생각되어야 한다"라고 말한다(Lebow, 2010: 37). 중요하게 지적할 점은, 쿠바 미사일 사태 연구에서 그래엄 앨리슨이 그랬던 것처럼, 리처드 레보도 "시나리오들"이라는 용어를 곳곳에서 사용한다는 것이다(Lebow, 2010: 24, 88, 115, 143, 169 등). 이처럼 반사실적 분석도 국제관계학에서 상상과 관련된 또 다른 전통이라 할 수 있다.[4]

여기에서 제임스 피어론(Fearon, 1991)에 따르면, 반사실적 가정은 가설 검증의 한 부분이라 할 수 있다. 나 역시 가설이란 기본적으로 계획된 연구를 진행하기 위해 '제한적' 증거나 관찰을 바탕으로 구성한 가정을 뜻하므로, 그 설정/검증 과정에는 상상적 요소가 포함될 수밖에 없다고 생각한다. 달리 말하면, 가설은 임시적으로 만들어진 진술문이라 할 수 있다. 개리 킹(Gary King), 로버트 커해인(Robert O. Keohane), 시드니 버바(Sidney Verba)는 사회과학 분야 베스트셀러라 할 수 있는 『사회연구 설계(Designing Social Inquiry: Scientific Inference in Qualitative Research』(1994: 12)에서 다

---

4 반사실적 가정에 대한 더 많은 논의를 살펴보기 위해서는, 예컨대 Tetlock and Belkin(1996); Tetlock et al.(2006).

음과 같이 말한다. "가설은 경험적으로 평가되고 몇 번의 힘든 검증을 거치기 전까지는 어느 정도 확실한 설명이라고 여겨지지 않는다." 곧, 가설 자체는 부분적으로 미래 연구에 대한 상상적 진술이라 할 수 있다. 따라서 이 역시 위에서 말한 상상과 관련된 전통의 하나라고 하겠다.

모의실험도 비슷한 맥락을 지니고 있다고 생각한다. 이 방법을 학문 세계로 들여온 개척자 가운데 한 명인 해롤드 구에츠코(Harold Guetzkow)는 모의실험이란 현실의 핵심 특징들에 대한 재현이라고 말한다(Guetzkow, 1959: 183). 이 정의는 모의실험이 현실을 상상적으로 재구성하는 것이라고 일러주는 듯하다. 그는 전쟁 게임의 역할 연기(role-playing)에서 부분적으로 영감을 얻었는데, 이 연기 과정에서 "행위자들은 군사 상황의 많은 특성들을 상상해야만 한다"(Guetzkow, 1959: 184). 몇 개의 나라로 구성된 가상적 세계를 만들어냄으로써 그는 모의실험을 "뚜렷한 이론을 세우기 위한 연구 수단"으로 제시한다(Guetzkow, 1959: 190). 이 실험은 나중에 해롤드 구에츠코 외의 『국제관계학에서의 모의실험(Simulation in International Relations: Developments for Research and Teaching)』(1963)에서 확장되고 정교화되었다. 이 책에 대한 서평에서 제임스 로즈나우(James N. Rosenau)는 특히 기록 자료들에 대한 '접근 불가능'이나 '부족함'과 관련해, 모의실험이 가진 이론 형성의 가능성에 대해 조심스럽게 얘기한다(Rosenau, 1965: 203). 정보 문제의 맥락에서 모의실험의 핵심은 과거, 현재 그리고 심지어 미래의 세계를 만들어내는 것으로, 이는 상상력과 분명히 연결된다(Singer, 1965: 73, 79). 게임 이론 사례 가운데 하나인 죄수의 딜레마를 비롯해 정치학 분야에서의 모의실험 기획들을 검토한 폴 존슨(Paul E. Johnson)이 지적하듯, 모의실험은 연구자들이 임의적으로 구체화된 시나리오들을 만들 수 있도록 도와준다(Johnson, 1999: 1512). 다시 말해, 이 방법도 사회과학/국제관계학의 상상과 관련된 전통적 흐름에 속한다고 하겠다.

종합하면, 나는 소설 쓰기를 연구 방법의 하나로 도입하는 것이 방법론적으로 더 의미가 있고, 지적으로 더 정직한 일이라고 생각한다. 앞서 말했듯, 여기에서 소설 쓰기는 정보, 자료, 증거의 부족과 이를 둘러싼 불확실성을 다루는 것과 관련 있다. 그렇다면 이른바 '소련학'과 '중국학'에 대해서도 비슷한, 심지어 더 설득력 있는 논의가 가능하다. 왜냐하면 냉전 시기 당시 이 분야에서 외부인들은 모스크바와 베이징에서 어떤 생각을 하고 있었는지 알기 어려웠기 때문이다(Allison, 1971: 20~23). 이 맥락에서 '북한학'도 비슷한 면이 있지 않을까 싶다. 대부분의 북한 연구자들은 소련학과 중국학의 영향을 받아왔기 때문이다(Kim, 1980: 282). 핵심은 정보의 부족 문제 때문에 국제관계학에서 상상력을 활용한 연구를 해왔다는 점이다. 그런데 이 부분이 그동안 주목을 못 받았다. 다시 말해, 흔히 생각하는 것과 달리 소설 쓰기 국제관계학이라는 개념이 어떤 면에서 그렇게 새로운 것이 아니라는 말이다. 여기에서 핵심은 소설을 직접 쓰는 작업이다. 소설에 '대해서' 쓰는 것이 아니다. 소설을 쓰는 것과 소설을 논의하는 것은 다르다.[5]

실제로 소설을 쓰는 문제와 관련해서, 나는, 특히 영국 작가 존 르 카레와 그의 작품들에서 영감을 받았다. 몇 가지 이유가 있다. 첫째, 그는 영국 정보기관에서 직접 일했다. 그가 탁월한 첩보 소설 작가 가운데 한 명으로 꼽히는 이유를 알 수 있는 대목이다. 그는 2011년 권위 있는 영국 문학상인 맨 부커 국제상 수상 후보에 올랐으나, 자신은 상을 받기 위해 경쟁하

---

5 소설을 논의하는 것 관련해서는, 예컨대 Weldes(1999, 2003); Neumann and Nexon(2006); Moore(2010); Hutchison(2010).

지 않으므로 후보자에서 제외해달라고 요청하기도 했다. 그의 첩보 소설 형식은 내 연구와 잘 맞는데, 비밀공작원을 다룬다는 점에서 그렇다. 둘째, 그의 작품들 대부분은 냉전을 배경으로 하고 있다. 그가 이 시기에 정보기관에서 일했던 것이다. 앞 장에서 논의했듯, 대한항공 858기 사건 역시 냉전 정치와 관련 있다. 셋째, 그의 작품에는 젠더화된 행위자성[6] 요소들이 있다고 생각한다. 몇몇 작품들을 읽어가는 과정에서 나는 여성들이 대체로 행위자성이 그다지 없는 인물들로 그려지고 있다고 느꼈다. 그녀들은 국가의 일을 하면서 스트레스 받는 남성들을 위로하는 존재이며 경쟁하는 남성들이 만들어낸 긴장 국면에서 완충지대 또는 경쟁자 쪽을 속이기 위한 사랑의 미끼 역할을 하는 편이다(Le Carré, 1963 / 1999a: 200, 1965 / 1999b: 67, 1974 / 1999c: 378, 1991 / 1999d: 18 등).[7] 이런 맥락에서 김현희를 여성 비밀공작원으로 다루는 것은 의미가 있다. 제인 무어(Jane Moore)가 말했듯, "적어도 여성주의에서 소설은 현대 문화에서 여성이 되는 것이 무엇을 의미하는지 탐구하는 역할로서 특별한 중요성이 있었다"(Moore, 1995: 79).

그리하여 나는 이 책에서 사건에 대한 짧은 소설을 쓰려고 한다. 기본적으로 두 인물이 나오는데, 먼저 김현희는 공식 수사 결과에 바탕을 둔 실제 인물이다. 이에 반해 그레이스 한은 수사 결과와는 다른 관점에서 만들어진 가상 인물이다. 김현희는 대한항공 858기의 폭파(혐의)범으로 나

---

6 (젠더화된) 행위자성 논의 관련해서는, 예컨대 Gardiner(1995); Hirschmann(1998); McNay(2000); Youngs(2006); Briones(2009) 등.

7 그의 작품 가운데 하나는 여성 공작원을 주인공으로 다루고 있는 듯하다. Le Carré (1983 / 2000).

오고, 그레이스 한은 실종자 가족으로 나온다. 여기에서 가상 인물의 이름은 사건이 지니고 있는 경합적 속성과 관련 있다. 회색, 흐릿한 등을 뜻하는 영어 '그레이(grey)'에서 가져온 그레이스(Greys)는, 서로 경합하는 진실들을 둘러싼 불확실한 상황을 의미한다. 그리고 응어리, 한이 많다 할 때의 한에서 가져온 한(Han)은, 가족들의 고통스러운 삶을 상징한다. 아울러 그레이스 한이 비행기 승무원의 '쌍둥이' 동생으로 나온다는 점을 강조할 필요가 있다. 이는 실종된 또는 죽은 존재(언니)와 살아 있는 존재를 이어 주는 중개자 역할을 상징한다. 앞에서 말했듯이 국제관계학에서 그동안 소설에 대한 논의가 있어 왔다. 하지만 내가 아는 한, 연구물에서 소설을 직접 쓰는 것은 드문 일이다. 크리스틴 실베스터(Sylvester, 2000: 1~16)가 예외적으로 짐바브웨에서의 현지 조사 경험을 바탕으로 소설 형식의 글을 쓴 적이 있다(또한 Dauphinee, 2013 참조). 그렇다고 했을 때 넓은 맥락에서 나의 작업은 방법론 측면에서 국제관계학에 공헌할 수 있다.

소설을 쓰는 구체적 방법과 관련해, 나는 면접, 기록문서 그리고 김현희 수기를 활용했다. 면접은 실종자 가족회 회장 차옥정, 한반도 관련 역사학자 브루스 커밍스(Bruce Cumings), 익명으로 남길 바라는 사건 재조사 참여자와 실시했다. 기록문서의 경우 미국 정부에 정보공개 청구를 해서 받은 문서이다. 김현희 수기는 두 가지 면에서 중요하다. 이 고백록은 한편으로 정부의 공식 결과를 담고 있지만, 또 한편으로 안기부가 고용한 작가가 대신 썼던 것이다. 다시 말해, 수기 내용이 진실이냐는 점에서 주의가 필요하며 이는 사건을 둘러싼 또 다른 물음으로 이어진다. 이 모든 자료들은 (사건에 대한 공식 설명과 더불어) 인물들 사이의 대화 또는 소설적 서사 형태로 반영되었다. 다만 글의 흐름상 자료 출처 표기는 대부분 생략했다.

이 시점에서 한 가지 조심스러운 얘기를 해야겠다. 바로 소설을 쓸 수 있는 나의 '역량'에 관한 문제다. 나의 글은 과연 소설처럼 읽힐 수 있을까? 나는 직업 소설가처럼 '좋은' 글을 쓸 수 있을까? 비록 내 자신이 학문-비학문 또는 소설-비소설적 글쓰기의 경계를 재구성하려 하지만, '진짜 소설'로 읽히는 글을 쓸 수 있는지에 대해 신경을 쓸 수밖에 없다. 왜냐하면 누군가 소설을 쓴다고 했을 때, 자신이 바라지 않더라도, 그 사람은 갑자기 "질적으로 '진짜' 소설가와 경쟁하게" 되기 때문이다(Richardson and Lockridge, 1998: 331). 나는 이 글의 경우 초점이 이야기의 질이 아닌, 소설 쓰기 국제관계학이라는 개념 자체에 맞춰져야 한다고 생각한다. 이 작업은 '좋은' 소설을 쓰는 일에 관한 것이 아니다. 이는 넓은 의미에서 학문적-소설적 글쓰기의 경계를 묻는 일에 관한 기획이다. 곧, ('과학적'이고 '객관적'이라고 간주되는) 학문 세계에서 그다지 좋은 대접을 받지 못하고 있는 '소설 같다'라는 말을 새롭게 해석하려는 시도다.

2. 소설적 정보 이해하기

누군가는 이런 물음을 던질 수 있다. 어떤 면에서 소설을 통해 제공된 정보가 국제관계학 연구자들이 세계를 이해하는 데 도움이 될 수 있는가? 두 가지가 있다고 생각한다. 첫째, 소설적 정보는 국가 중심의 자료 생산과 그에 따른 국가 중심의 세계 해석을 상대화한다. 이는 누가, 누구를 위해 자료를 생산하는지와 관련된 문제다. 동시에 이는 국제관계학에서 정보 수집이 국가 주도의 비밀스러움과 왜곡에 전통적으로 노출되어 있었다는 점을 생각하면 더욱 중요해진다(Singer, 1965: 69). 비판적 국제관계학자로버트 콕스(Robert Cox)의 말을 바꿔 표현하면, 정보는 "언제나 누군가를 위한 그리고 특정한 목적을 위한 것이다"(Cox, 1981: 128). 그렇다면 국가가 생산한 정보와 관련해, 국가 자신이 정보에 관한 해석 작업에서 권위자가 될 가능성이 많다. 아울러 그 권위에 도전하는 이는 주변화되기 쉽다. 예를 들어, 대한항공 858기 사건에서 국가의 정보와 그 해석에 물음을 제기한 실종자 가족들은 국가의 감시와 넓은 의미에서 '빨갱이 몰이'를 포함한 인권침해를 당해왔다. 나는 내 글에서, 국가 중심의 세계를 '평범한' 사람들의 이야기를 통해 문제화하려 한다. 물론 이 작업은 전통적/학문적 글쓰기를 통해서도 할 수 있다. 그러나 소설 쓰기 국제관계학은 이 작업을 상상력을 활용해 좀 더 유연하게 시도하려 한다.

둘째, 더 중요하게는, 소설적 설명은 정보 개념 자체를 확장시키려는 목적을 지니고 있다. 이 소설적 기획은 예컨대, '사람'과 '감정'을 정보 자체로 다루려 한다. 이는 다시 누가 정보를 생산하느냐와 관련 있다. 나는 (평범한) 사람과 감정이 바로 국가가 놓치고 있는 정보라고 생각한다. 이는 국가가 특정 이익을 위해 사람과 감정을 '착취' 또는 '활용'하는 행위와는 다른 맥락이다. 예컨대 심리전이나 첩보원 세계에서 사람과 감정은 국가 이익에 철저히 종속된 존재 및 도구로 전락한다. 중요한 것은, 정보의 개념을 다른 관점에서 구성하는 것이다. 만약 사람과 감정을 정보로 여기게 되면, 이는 기존 연구들과는 다른 방식의 연구로 이어질 수 있다. 나는 소설 쓰기 국제관계학이 바로 이러한 다른 방향의 연구를 추구한다고 생각한다. 이 점에서 최근 몇 년 사이 국제관계학에서 주목되는 기획들이 있었다. 예를 들어 2장에서 소개한 크리스틴 실베스터(Sylvester, 2011a, 2012, 2013)의 전쟁에 대한 기획은 비국가적 경험, 사람, 감정 등에 주된 관심을 둔다. 소설 쓰기 국제관계학은 이런 연구들을 더욱 진전시키고자 한다. 구체적으로, 나의 소설 기획은 인물들 사이의 대화를 통해 감정을 ('논의'하는 것이 아니라) '표현'하는 데 초점을 두려 한다. 곧 소설적 정보는 국제관계학 연구자들이 정보의 개념과 범주를 어떻게 구성할지에 대해 다시 생각해볼 것을 제안한다.

그러면 내 소설에서의 정보와 관련해 그 배경을 잠깐 얘기하고자 한다. 대한항공 858기 사건을 둘러싼 민감함과 비밀스러움 때문에 사건 연구는 자료/정보의 측면에서 많은 어려움을 동반했다. 나의 계획 가운데 하나는 김현희를 직접 만나는 것이었다. 그녀는 사건의 유일한 생존자이자 폭파범으로 알려졌기 때문에, 당연히 면접을 하는 것이 중요하다. 문제는 그녀에게 어떻게 연락을 하는가였다. 김현희는 관련 기관의 보호 아래 있는 것으로 알려져 있다. 2009년 그녀는 북한의 일본인 납치 문제에 대한 기자회견을 열었다. 당시 기자들을 포함한 많은 사람들이 그녀를 둘러싼 철통같은 경호와 보안 조치에 놀라움을 나타냈다. 나와 같은 일반 시민이 그녀에게 접근하기란 거의 불가능했다. 그래도 나름대로 여러 방법으로 노력을 했는데, 먼저 기자로서 김현희를 처음 인터뷰했고 몇 년 전 그녀와 직접 만나기도 했던 언론인에게 그 가능성을 물어봤다. 그는 그 역시 김현희에게 연락할 방법을 모른다고 했다. 유일한 방법은, 그녀가 그에게 연락을 해올 때까지 기다리는 것이라 했다. 내가 고민했던 다른 방법은 그녀에게 언론을 통해 공개편지를 쓰는 것이었다. 하지만 그 실효성에 의문이 들어 결국 그렇게 하지는 않았다.

이러한 어려움이 부분적으로 나의 소설에 반영되었다고 해야 할 것이다. 이 이야기에는 김현희가 어둡고 조용한 공원에서 또 다른 인물과 대화를 나누는 장면이 있다. 그 인물이란 그레이스 한인데, 그녀는 실종자 가족들, 재조사를 지지하는 이들 그리고 조사관을 포함한 많은 이들이 궁금해하는 것들 중 일부를 대화 과정에서 언급한다. 내가 만약 그녀와 면접할 기회가 있었다면 비슷한 질문들을 했을 것이다. 이런 맥락에서 이 장면은 부분적으로 그녀와 나와의 가상 면접이라고 할 수 있겠다.

북한으로 현지 조사를 가서 관련인들을 면접하는 것 역시 중요하고 어려운 문제였다. 김현희는 북에 있는 자신의 집 주소, 대학교 그리고 어린 시절을 포함해 중요한 사항들을 진술했다. 그러므로 이를 직접 확인할 필요가 있었다. 또한 공식석으로 이 사건은 북의 테러라고 알려졌기 때문에 관련 있을 법한 이들을 면접하는 것도 중요하다. 그런데 북한을 방문하는 것 자체가 어려운 문제다. 남한 시민권자는 북한에 자유로이 갈 수 없기 때문이다. 일단 국가보안법 문제가 있다. 이 법은 남한 정부가 정치적 반대자들을 통제하는 데, 또는 '빨갱이'로 몰아붙이는 데 광범위하게 활용되어왔다. 설사 남한 정부가 방문을 허용하더라도, 북한 쪽이 방문에 호의적으로 나올 가능성이 높지는 않을 듯했다. 이 사건처럼 민감한 문제에 대한 연구를 방문 목적으로 한다면, 북한은 어떻게 나올까? 그렇더라도 시도는 해볼 필요가 있다고 생각했다. 그래서 나는 외국 시민권자들을 통해 나의 편지를 북에 전달하고자 했다. 하지만 이 시도들은 뜻대로 되지 못했다. 이와는 별개로, (영국이나 스웨덴 같은) 해외 주재 북한 대사관에 편지를 전달할 계획도 세웠다. 그런데 이 계획의 경우 부분적으로 국가보안법에 따른 복잡한 법적 문제들이 우려되었기 때문에 실행에 옮기지 않았다. 비슷한 이유에서 관련인들 또는 기관들에 전자우편으로 연락하는 계획도 실행하지 않았다.[8]

---

8 넓은 의미에서 이는 (나의 연구 문제를 떠나) 국가보안법이 자유로운 연구 활동을 제약하고 강력한 자기 검열의 기제로 작동한다는 점을 확인해준다.

나의 짧은 소설에서는 이 문제들을 부분적으로 김현희에 관한 공식 자료를 살펴보고 그녀의 공작을 그대로 따라가보는 형태로 다루고자 했다.

3. 방법론으로서의 상상력

학계에서 상상력과 관련해 가장 많이 알려진 출판물은 아마도 C. 라이트 밀스(C. Wright Mills)의 『사회학적 상상력(The Sociological Imagination)』 (1959 / 2000)과 베네딕트 앤더슨(Benedict Anderson)의 『상상된 공동체 (Imagined Community: Reflections on the Origin and Spread of Nationalism)』 (1983 / 2006)일 것이다(또한 White, 1973 등 참조). 국제관계학에서도 연구자들이 예컨대, "국제적 상상(international imagination)"의 이름으로 상상력의 중요성을 이야기했다(Rosenburg, 1994; 또한 Adler, 1997 참조). 나의 질문은 이것이다. "국제적 상상"도 좋지만, '상상적 국제(imaginative international)' 라고 하면 어떨까? 다시 말해, 상상적 국제관계학 글쓰기다. 상상력이 할 수 있는 일은 기존 생각과 정보로 채워지지 않는 공간을 창의적으로 메꾸는 것이다. 이는 역설적으로 이 부족과 결핍이 상상적 사유의 자원이 될 수 있다는 뜻이다. 이미 너무 많은 것을 알고 있으면 상상력을 활용할 공간이 없다(Muecke, 2002: 109). 바로 이 역설적 생산력이 소설 쓰기 국제관계학을 가능하게 한다.

그러면 소설을 쓰기에 앞서, 이 작업이 학문적 글쓰기 또는 국제관계학의 형태로 이루어지는 일이 매우 드물기 때문에 그 정당성에 대해 좀 더 얘기하고자 한다. 먼저 쿠바 미사일 사태에 대한 그래엄 앨리슨(Allison, 1971)의 연구로 돌아가 보자. 케네디 대통령은 결정 당사자도 결정의 본질을 이해하기 어렵다고 했다. 이 불확실성은 사건에 대한 외부 관찰자의 경우 더욱 커질 수밖에 없다. 상상력이 중요해지는 대목이 여기다. 다시 말해, 앨리슨은 외부인으로서 사건에 대해 상상적 서사를 이용한 것이다. 이를 통해 그는 자료의 부족과 불확실성을 다루려 했다고 할 수 있다. 하지만 그는 이 시도를 간접적으로 했다. 인물을 만들지도 않았고 그의 책을 소설이라 부르지도 않았다. 그럼에도 나는 그의 작업이 소설과 거의 같은 기획으로 해석될 수 있다고 생각한다. 예컨대 다음을 보자. "상상적 분석가는 행동 또는 연속되는 행동들의 가치를 극대화하는 정부의 선택에 대해 설명해낼 수 있다"(Allison, 1971: 35). 그는 미래 연구 계획에 대한 후기에서 이 "상상적 분석가" 부분을 다시 언급한다(Allison, 1971: 273). 만약 얼핏 보기에 과학적이고 가치중립적인 '분석가'라는 단어를 떼어내면, 그가 자신을 '상상적 저자'로 생각하고 있다는 것을 알 수 있다. 다만 이 지점이 '사회과학적' 표현과 가치로 위장되었을 뿐이다.

따라서 나의 제안은 '시나리오'를 계속 구성해내기보다는, 좀 더 적극적이고 직접적으로 상상적 글쓰기를 도입하자는 것이다. 이것이 방법론적으로 더 건설적이라고 생각한다. 최소한 이는 방법론적 측면에서 다른 관점의 논의를 불러올 수 있다. 그러면 대한항공기 사건으로 돌아가서, 정보가 극히 부족한 외부인으로서 이 사건을 어떻게 다룰 수 있는가? 사건에 대해 가장 많이 알고 있는 이는 김현희라고 할 수 있다. 공식 발표에 따르면, 그녀가 당사자로 임무를 직접 수행한 폭파범이기 때문이다(그렇더라도 케네디 대통령의 말을 떠올리면 그녀 역시 자신의 사건에 대해 확실히 모르고 있을 수 있다). 그러면 이것은 김현희만이 자신의 (진실된, 하지만 때로 당사자도 이해하기 어려운) 경험을 바탕으로 사건에 대해 말할 수 있다는 뜻인가? 소설 쓰기 국제관계학은 바로 이 질문을 다루려 한다.

정보에는 다양한 종류가 있다고 할 수 있다. 기록문서, 관련인들의 진술, 연구자의 직접적 경험, 또는 소리, 색깔, 냄새 같은 감각들이다. 문제는 이 정보에 대한 접근이 불가능하거나 그 정보의 신빙성이 의심될 때 일어난다. 불확실성이 커지는 것이다.[9] 예를 들어, 앞에서 지적했듯 (주로 이른바 '냉전' 시기 '서구'의 관점에서) 소련학, 중국학, 북한학도 이 경우에 해당될 수 있다. 다시 말해, 정보의 부족과 불확실성이 국제관계학 분야에 이미 존재하고 있었다. 그러면 정보가 충분하지 않은 상태에서 연구자들은 어떻게 작업을 했을까? 그들은 대체로 아마 2차 자료에 기대거나 '제한적' 정보에 근거해서 추측 또는 상상을 했다고 할 수 있겠다. 예를 들어 북한학의 경우, 남한 및 서구 학자들 사이에서 김일성에 대해 그가 실제 인물인지를 둘러싼 논쟁이 있었다(Suh, 1988). 당시 관련 정보가 매우 부족했기 때문에 김일성이 가짜라거나 가상의 인물이라는 주장들이 나왔다. 그도 그럴 것이, 북한과 관련된 경우 정보의 부족 문제가 특히 심하다고 할 수 있다. 구성주의 국제관계학자 알렉산더 웬트(Alexander Wendt)는 다음과 같이 말한다(Wendt, 1999: 222). "오늘날 극소수의 국가들이 [그 의도와 행동을 예측하기 힘든] 완전한 블랙박스로 남아 있다(북한은 사람 마음만큼이나 '속'을 알기 어려운 소수의 국가들 가운데 하나다)." 이는 다른 나라들의 경우와 비교했을 때 북한과 관련된 정보와 해석에 훨씬 많은 불확실성이 있다는 것을 보여준다. 미국의 국가안전보장회의에서 일하기도 했던 국제관계

---

9 이는 정보에 접근하는 것이 가능하거나 충분히 믿을 수 있는 정보가 있을 경우 불확실성이 없다는 뜻이 아니다. 다시 말해, 똑같은 정보에 대해 다양한 관점의 평가나 해석이 언제나 있을 수 있다. 또 다른 측면의 불확실성이 내재된 것이다. 핵심은, 정보에 대한 접근과 신빙성 자체가 문제가 될 때 이 불확실성의 정도는 훨씬 커진다는 점이다.

학 교수 빅터 차(Victor Cha)도 이 부분을 확인해주고 있다(Cha, 2012: 6).

그러면 제임스 데 데리안(Der Derian, 2009)의 기획으로 돌아가보자. 그는 학자들을 포함한 많은 이들이 관련 사안을 다루는 것을 어려워했다고 말한다. 정보가 부족했기 때문이다. 이 문제를 다루기 위한 시도의 하나로 그는 탐정이 되고자 했다. 대한항공기 사건 관련해서도 탐정 같은 연구자가 필요할지 모른다. 사건에 대해 모순적이고 경합적인 말들이 있어 왔다. 에컨대, 남한의 통일부는 사건과 관련된 (북한의) 동기를 이해하지 못했다. 미국의 중앙정보국도 비슷한 어려움을 겪었다(자세한 내용은 8장 참조). 한편 그 동기에 대한 설명을 제공한, 사건의 증거로서의 김현희에 대해 여러 가지 의문이 제기되었다. 이러한 점들을 고려하면 연구자로서 탐정이 될 필요가 있을 것이다.

이 맥락에서 다음 장에서 소개될 짧은 글은 추리소설이라 할 수 있다. 특히 방법론 면에서 그러한데, 불확실한 정보와 경합적 진실을 다루기 위해 상상적-탐정 서사가 활용되었기 때문이다. 핵심은 정보의 부족을 상상력의 자원으로 전환시키는 것이다. 예를 들어, 실종자 가족들의 고통을 어떻게 다룰 수 있을까? 가능한 방법 가운데 하나는 그들의 상황에서 생각해 보는 것, 내가 그들의 입장에 있다고 '상상'하는 것이라 하겠다. 물론 이러한 작업을 통해 뭔가를 꼭 더 잘 알게 된다는 보장은 없다(한편 소설에는 등장인물이 정보공개를 청구하는 대목이 있는데 이는 부족한 정보와 관련된 상징적 장치라 하겠다). 그렇더라도 특정 소재가 어느 정도의 불확실성을 안고 있다면 소설 쓰기를 의미 있는 방법론으로 활용할 수 있다고 생각한다. 덧붙이자면, 이러한 글쓰기는 '재현'의 문제에서 오는 긴장감을 동반한다. 나는 사건과 관련된 사람들의 상황(특히 고통)을 글로 잘 표현해낼 수 있다고 생각하지 않는다. 사람은 때로 자신의 문제와 고통조차 표현해내지 못할 때가 많다. 다만 이 기획은 사건을 둘러싼 복잡한 상황을 기존 방식과는 다르게 접근하고자 하는 고민의 결과라 하겠다.

4. 소설 쓰기 국제관계학이 젠더, 고통, 진실을 만났을 때

다음 장에서는 대한항공 858기 사건에 대한 짧은 소설을 소개할 것이다. 비록 (이제까지의 논의를 포함한) 나의 설명이 독자들 고유의 해석과 상상을 제약할 수도 있겠지만, 소설 쓰기 국제관계학의 정당성을 뒷받침하기 위해, 아래와 같이 소설에 대한 전반적 그림을 그려볼까 한다.

이야기의 첫 부분에서는 쌍둥이 언니가 비행기에 타고 있던 실종자 가족 그레이스 한이 등장한다. 그녀는 1987년 사건에 대한 소식을 처음 들었을 때의 순간을 기억한다. 그녀는 언니를 어떻게 애도해야 할지 모른다. 괴로운 시간을 보내던 그녀는 재조사 운동에 함께하기로 한다. 이는 주로 고통의 문제와 관련된 내용이라 하겠다. 두 번째 부분에서는 해외에 있던 김현희가 갑자기 호출되어 비행기를 폭파하라는 지령을 받는다. 그녀의 임무 수행은 다섯 단계로 나뉘어 묘사된다. 곧, 임무 전달-준비-시작-전개-이후의 과정이다. 이 부분은 대체로 젠더와 관련되었다고 할 수 있다. 마지막 부분에서는 김현희와 그레이스 한이 만나게 된다. 두 사람은 긴장된 상태에서 진실에 대한 이야기를 조금씩 나눈다. 이 대화 과정을 통해 사건을 둘러싼 경합성이 드러난다. 나중에 책의 나머지 장들에서 이 짧은 소설을 (젠더-고통-진실의 정치학에 초점을 맞춰) 느슨하게 되짚어볼 것이다. 아울러 이 소설 뒤에 곧바로 이어질 장에서는, 책 전체의 맥락에서 관련된 주제들에 대한 논의를 살펴볼 것이다. 그 가운데 일부는 소설

에서도 살짝 다루고 있다. 그러면 지금부터 그녀들의 이야기를 들어보도
록 하자.

04

언니 미안해

1.

1987년 11월 29일, 남한의 비행기가 안다만 해에서 사라졌다. 115명이 타고 있었고, 아무런 흔적 없이 증발했다. 그 뒤 김현희라는 북한의 비밀 공작원이 비행기를 폭파한 것으로 발표됐다.

2012년 11월 29일, 어느 여성이 국정원 앞에 나타났다. 그레이스 한으로, 비행기에 타고 있던 승무원의 쌍둥이 동생이었다. 그녀는 어디선가 들려오는 목소리에 시달려왔다. "나 이제 지쳤어. 나 좀 땅에 내려줘."

긴 기다림 끝에, 하지만 큰 희망 없이, 그레이스는 정보공개 청구를 하기로 했다. "나에겐 25년 전 공항에서 왜 내 가슴이 무너져야 했는지 알 권리가 있어." 물론 그녀는 정부의 공식 설명을 많이 들어왔다. 그녀는 하늘을 바라보며 눈을 감는다.

김현희는 어렸을 때부터 예뻤고, 아버지가 외교관인, 좋은 집안에서 자랐다. 그녀는 영화에도 몇 번 출연했다. 미모와 지성 그리고 출신 성분 덕에 그녀는 공작원으로 발탁되었다. 훈련 과정에서 그녀는 공작원의 자질을 유감없이 보여줬다. 그리고 그날이 왔다. 그녀와 공작조장은 지령을 받았다. "대한항공 858기를 제끼라."

충성스러운 그녀는 지령을 따랐다. 먼저 평양에서 모스크바로 떠났고, 그곳에서 몇몇 유럽 국가를 거쳐 오스트리아로 갔다. 두 사람이 대한항공 858기에 오른 곳은 이라크 바그다드였다. 일본인 아버지와 딸로 가장한 그들은 아부다비에서 내리기 전, 시한폭탄을 장착했다.

그날 밤, 대한항공 858기가 사라졌다는 소식을 접했다. "임무 완수. 이젠 공화국으로 돌아갑시다." 그들은 바레인으로 향했다. 그런데 김현희가 비행기에 타려는 과정에서 문제가 생겼다.

"실례합니다. 잠깐 기다려주시겠습니까? 당신의 일본 여권에 문제가 있습니다."

선택의 순간이 왔고, 그들은 가지고 있던 독극물로 자살을 시도했다. 하지만 김현희의 시도는 성공하지 못했다. 그녀는 살게 되었지만 살고 싶지 않았다. '이제 어떻게 하지?' 김현희는 체포되었고 대통령 선거 하루 전 서울로 압송되었다.

그녀는 신분을 속이기 위해 중국인 행세를 하며 사건과의 관련성을 부인했다. 하지만 남한 당국은 신중하고 치밀했다. 예상과 달리 안기부는 그녀를 잘 대해줬다. 김현희는 뜻밖의 호의와 친절에 마음을 열기 시작했다. 그리고 마침내 여수사관에게 말했다. "언니 미안해."

남한 대중은 이 아리따운 젊은 여성이 테러를 저질렀다는 것에 충격을 받았다. 그녀는 사형을 선고 받았지만 곧바로 사면 조치가 내려졌다. 이제 그녀는 자유로운 남한 시민이 되었다. 그리고 1997년, 김현희는 안기부 직원과 결혼해서 어디론가 사라졌다. 마치 대한항공 858기처럼.

'미스터리야……' 눈을 뜨며 그레이스가 한숨을 쉰다. 질문이 많았다. 1987년, 그녀는 언니가 희생되었다는 소식을 듣고 병원 신세를 졌다. 아니, 희생이 아니라 실종되었다는. 언니는 그저 실종되었고 곧 구조될 것이라는 게 그녀가 가졌던 유일한 희망이었다. 하지만 정부는 겨우 열흘 만에 수색팀을 철수시켰다. '말도 안 돼!'

블랙박스는 또 어떤가. 언니가 비행기 승무원이라서 그녀는 이 오렌지색 기록장치의 중요성을 잘 알고 있다. 그런데 왜 이것이 발견되지 않았는지 이해하기 힘들었다. 게다가 정부는 블랙박스 위치탐지기도 없이 수색을 했다. 유해의 경우는 더 그렇다. 비행기에는 95명의 승객과 20명의 승무원이 타고 있었다. 하지만 그레이스는 언니의 시신을 보지 못했다. 그녀는 어떻게 애도를 해야 할지 몰랐다. 블랙박스도 없고, 시신도 없는…… 그러면 비행기 잔해는? 그녀는 다시 한 번 고개를 흔든다. 정부와 언론에 따르면, 북쪽의 개입을 입증하는 강력한 증거가 발견되었다. 그런데 놀랍게도 국립과학수사연구소의 분석에 따르면, 잔해에는 폭파 흔적이 없었다. 비행기가 폭파되었다는데 아무런 흔적도 없다? 더군다나 그 잔해는 폐기 처분되었다고 한다. 그녀는 수사 결과에 의문을 가질 수밖에 없었다.

'뭔가 잘못된 게 틀림없어…….' 이 의문은 그레이스가 김현희 진술에 모순이 많다는 것을 알게 된 뒤 더 굳어졌다. 김현희는 북쪽으로 돌아가기 위해 바레인을 빨리 떠나야 했다. 하지만 그녀는 이틀 밤을 머물렀다. 그녀는 당시 바레인이 일요일이라 항공표 사무소가 문을 닫아 떠날 수 없었다고 했다. 그러나 바레인을 포함한 이슬람 국가의 휴일은 일요일이 아닌 금요일이다. 그리고 1988년 1월 15일 안기부에서 열린 기자회견에서 중요한 사진 한 장이 제시되었다. 1972년 남북회담 당시 남쪽 대표단을 환영하는 소녀 김현희의 사진이었다. 그런데 북쪽 정부가 이 사진에 있는 인물이 김현희가 아니라고 반박했다. 이 말대로 사진 속 소녀는 그녀가 아니었다. 안기부는 김현희를 변호했다. "헷갈렸던 것 같다."

그레이스와 다른 실종자 가족들도 헷갈리기는 마찬가지. 그들은 공식 수사 결과를 믿을 수 없었고 진상 규명 운동을 시작했다.

"우리에게는 정확히 어떤 일이 일어났는지 알 권리가 있습니다. 시신을 볼 수 있다면 수사 결과를 인정하겠습니다. 김현희 씨를 만나고 싶습니다. 우리는 그녀에게 물어볼 것이 많습니다."

그러나 가족들은 김현희를 볼 수 없었다. 정부는 그들의 말을 듣지 않았다. 오히려 감시를 당했고, 언론은 그들에게 무관심했다. 친북 세력으로 매도되기도 했다. 그레이스는 고심했다. '이제 무엇을 할 수 있을까? 누구를 믿어야 할까?' 그녀는 절박했다. 언니가 어디에 있는지 알고 싶었다. 오직 언니가 돌아왔으면 하는 바람이었다. 시신으로라도 ……

2005년, 정부는 드디어 가족들 목소리에 귀를 기울였다. 안기부에서 이름을 바꾼 국정원이 내부 위원회를 통해 사건을 재조사하기로 한 것이다. 그렇지만 가족들은 또 실망했다. 무엇보다 위원회는 김현희를 조사하지 못했다. 2007년, 이번에는 진실 위원회가 또 다른 재조사를 시도했다. 하지만 김현희 조사는 또 실패했고 가족들은 재조사 신청을 철회했다. 김현희 없는 재조사는 의미가 없었다. 그레이스는 몸을 떨며 읊조린다. "도대체 김현희는 어디에 있을까?"

2.

"바로 복귀하시오." 급박하게 전달된 명령. 김현희가 해외에 있던 때였다. 1987년 10월 7일, 그녀는 평양으로 돌아갔다.

"어서 오시오. 자, 갑시다. 시간이 없소."

짧고 밋밋한 환영. 그녀는 좀 더 따뜻한 인사를 바랐다.

"여기 김승일 동무는 기억할 거라 믿소. 명령은 부장 동무가 직접 전달할 것이오."

별다른 설명이 없었다. 부장이 도착했다.

"이번에 수행해야 할 임무는 남조선 비행기를 제끼는 것이오. 이유는 88 서울올림픽을 암두고 남조선 괴뢰들이 두 개의 조선을 책동하고 있어 이것을 막고 적들에게 큰 타격을 주기 위한 것이오."

놀랐다. 뭔가 무거운 임무가 주어질 것이라고는 예상했다. 그렇지 않다면, 왜 그렇게 급한 복귀 명령을 받았겠는가. 그렇더라도 생각보다 훨씬 큰 임무였다. 언젠가 중요한 임무를 맡으리라 예상은 했다. 공작원 훈련 첫 날부터 그녀는 실력을 유감없이 발휘했다. 동료들 가운데 최고였다. 그녀 역시 뭔가 중요한 일을 해내고 싶었다. 하지만 경험이 없는 공작원으로 이런 날이 이리도 빨리 올지 몰랐다. 영광스러웠다. 하지만 혼란스럽기도 했다.

"김 동무, 준비됐소?"

고요하면서도 긴장되는 아침. 드디어 때가 왔다. 마침내 조국이 그녀를 불렀다. 방으로 들어간다. 김승일이 기다리고 있었다. 그는 말없이 고개를 숙여 그녀를 맞이한다.

"동무들, 앞으로 나오시오. 선서 시간이오."

선서, 아니 정확히 말해 죽음에 대한 서약.

"적후로 떠나면서 다지는 맹세문. 지금 온 나라가 80년대의 속도로 사회주의 대건설에 들끓고 있고, 남조선 혁명이 고조에 있으며 적들의 두 개 조선 조작 책동이 악랄해지고 있는 조건에서, 전투 임무를 받고 적후로 떠나면서 우리는 맹세합니다. 우리는 적후에서 생활하는 동안 언제나 당의 신임과 배려를 명심하고, 3대 혁명 규률을 잘 지키고, 서로 돕고 이끌어서 맡겨진 임무를 훌륭히 수행하겠습니다. 그리고 생명의 마지막까지 친애하는 지도자 동지의 높은 권위와 위신을 백방으로 지켜 싸우겠습니다. 1987년 11월 12일."

이것은 그녀의 첫 번째이자 마지막 최대의 임무일 수 있다. 그녀가 실패하면, 조국도 실패한다. '어면, 다른 길이 있을까?' 그녀는 고민했다. '당의 명령을 거역할 수 있을까?' 그럴 수 없을 거라는 걸 알았다. '어찌 됐든 이건 내가 원하는 거야. 조국이 나를 부르고 있어. 모두 통일을 위한 것이야.' 그렇다. 선택의 폭이 좁긴 했지만 그녀는 선택을 했다.

"이게 마지막이 될 수도 있겠구나."

떠나기 전 그녀가 속삭인다. 작전 행로는 복잡했다. 먼저 평양에서 모스크바로 간 뒤, 부다페스트, 베오그라드, 바그다드, 아부다비 그리고 위장 행로인 바레인을 포함해, 로마, 비엔나를 거쳐 다시 평양으로 돌아오는 계획. 그리고 비엔나에서는 하치야 마유미라는 이름이 적힌 일본 여권을 사용해야 했다. 바그다드에서 그녀는 대한항공 858기에 폭탄을 설치하고 아부다비에서 내리기로 했다. 그리고 아부다비-바레인행 비행기표는 혹시 있을지 모르는 수사를 피하기 위한 위장용으로 소지했다. 비행기가 폭파되면 수사는 아부다비나 바레인에서 시작될 것이다. 그렇게 되면 그녀는 더 안전한 행로를 통해 평양으로 돌아올 수 있으리라.

그녀가 이 행로를 계획한 건 아니었다. 경험 많은 공작원 김승일과 작전부가 최종 행로를 정했다. 처음에 그녀는 소외된 느낌이었다. 그녀도 행로 토론에 참여하고 싶었다.

"이 작전은 대단히 중요하오. 토론은 우리에게 맡기시오."

우리? 누가 우리일까? 나는 우리의 일원이 아닌가? 하지만 동의했다. 어쨌거나 그녀는 김승일의 딸로 위장하기로 되어 있었고, 그래서 '착한' 딸이 되기로 했다. 비행기가 모스크바로 떠난다. 창밖을 바라본다. 구름이 가득하다.

"그래, 성공했어."

대한항공기가 사라졌다는 소식. 그녀는 안심했다. 그런데 이상한 감정이 몰려왔다.

"내가 …… 사람들을 죽였어."

물론 그녀는 임무를 완수하고 싶었다. 하지만 사람들을 죽인다는 것에 대해선 생각하지 못했다. 이것이 바로 공작원의 세계. 사람이 아니라, 임무를 생각하라. 그녀는 처음으로 미안함을 느꼈다. 하지만 감정에 휘둘릴 순 없었다. 평양으로 최대한 빨리, 안전하게 돌아가야 했기에. 그전까지는 무슨 일이든 일어날 수 있었다. 아나나 다를까, 위기가 찾아왔다. 김현희는 비밀을 지키려 독극물을 삼켰다. 기적적으로, 그녀는 살아났다. 서울로 압송된 그녀는 조사를 받았다. 그리고 자신의 서약을 떠올렸다. '생명의 마지막까지 친애하는 지도자 동지의 높은 권위와 위신을 백방으로 지켜 싸우겠습니다.'

그녀는 중국인 행세를 했다. 훈련 과정에서 중국어를 배웠던 터. 하지만 길게 끌지 못했다. 1987년 12월 23일, 자백을 시작했다. 안기부에게 이보다 더한 크리스마스 선물이 있었을까. 그녀는 왜 마음을 바꿨는가? 그냥 포기한 것인가? 조국을 배신한 것인가?

"제가 북한에서 배운 모든 것은 거짓이라는 걸 깨달았습니다. 저는 이 임무가 통일을 위한 것이라 생각했습니다. 죄송합니다. 전 이용당했습니다." 그녀는 '아버지'에게 속은 딸의 심정이었다.

"이제 여자가 되고 싶어요."

특별사면을 받은 그녀는 책을 냈다. 여자가 되고 싶다니 무슨 말인가. 이세까지는 여사가 아니었단 말인가.

"북한의 현실을 봐야 합니다. 북한을 믿지 마세요."

그녀는 안기부가 주선한 강연에 나섰다. '나는 남한에게 보답을 해야 해. 북한에 대한 환상에서 나를 구해주었으니.' 그녀는 신문, 텔레비전, 라디오, 잡지 그리고 시민회관에 등장했다. 반공 투사가 되었다. 원칙적으로 그녀는 사면을 받은 자유 시민이었다. 그런데 자유로웠을까? 1997년 그녀가 결혼했다. 갑작스러운 일. 남편은 그녀를 수사했던 전직 안기부 직원.

"우리는 서로 사랑하고 아낍니다."

전직 북한 공작원과 전직 남한 공작원과의 결혼 …… 그녀는 죽음의 선서를 기억하고 있을까?

"이제 여자가 되고 싶어요."

김현희는 속삭였다.

3.

11시 29분.

"심문이 벌어지는 동안, 누구도 정상적으로 행동하지 않는다. 바보들은 지적으로 행동한다. 지적인 사람들은 바보가 된다. 유죄인 사람은 굉장히도 무죄인 것처럼 보이고, 무죄인 사람은 끔찍이도 유죄인 것처럼 보인다."

김현희가 존 르 카레의 책을 읽고 있다. 그리고 밖으로 나간다. 소설에서 조지 스마일이 자신의 비밀을 돌아보듯, 그녀도 자신의 비밀을 돌아보려 한다. 고개를 흔든다. 쉽지 않은, 언제나 긴장되는 일.

"김현희 씨?"

그녀가 멈춘다.

"실례해요. 혹시 김현희 씨 아닌가요?"

뒤를 돌아본다. "어떻게 아시죠?"

"텔레비전에서 봤으니까요."

"아마 다른 분과 착각하신 것 같습니다. 죄송하지만 이만 가볼게요." 걸음을 재촉한다.

"저는 당신이 누군지 알아요."

계속 걷는다.

"당신이 김현희라는 걸 알아요."

멈추지 않는다.

"오랫동안 만나보고 싶었어요."

더 빨리 걷는다.

"제 언니가 대한항공 858기에 타고 있었어요!"

침묵.

"어떻게 …… 저를 찾으신 거죠?"

"그게 중요한가요?" 여성이 되물으며 말한다. "저는 그레이스 한이라고 합니다."

어둠은 비밀스러운 얘기를 하기에 좋다. 그들은 공원으로 간다.

"정말 …… 김현희 씨인가요?"

"네?"

"폭파범 맞나요?"

"저를 아신다고 하셨잖아요."

"김현희 씨, 제가 무슨 말 하는지 아시잖아요."

침묵.

"대답하지 않으셔도 되요."

침묵.

"괜찮아요. 제 언니가 …… "

"잠깐만요." 김현희가 말을 막는다. "그냥 생각하시는 걸 말씀하세요."

"그럴게요 그럼 ……. 전 저 자신한테 화가 나요. 어떻게 언니를 애도해야 할지 모르겠어요. 시신을 못 봤잖아요. 다른 가족들도 그렇고요. 아무도. 그래서 말인데요 …… . 정말 비행기에 폭탄을 놓고 내렸나요? 정말 제언니를 죽였나요? 아니면 …… 사람들이 말하는 것처럼 가짜인가요?"

그레이스는 목소리가 높아지고 있음을 느낀다.

김현희가 묻는다.

"왜 …… 그렇게 생각하시죠?."

그레이스는 머뭇거린다. 김현희와 말을 할 수 있으리라고는 생각하지 못했다. 비록 이 순간을 오래 기다려오긴 했지만.

"네 …… 사람들은 당신이 거짓말을 했다고 해요. 평양에 있는 주소도 모르고. 아버지가 앙골라에서 외교관으로 일했다는데 그 이름은 대사관 명단에 없었다고 하고. 또 임무 수행 동안 머문 호텔방도 틀리게 기억하고. 진술문에는 북에서 쓰지 않는 단어들이 있다고도 하고. 게다가 문제가 되니 나중에는 그 단어들을 고쳤고요."

그레이스가 멈춘다. 김현희는 계속 듣는다.

"그리고 서울에 온 시기가 민감했잖아요, 대선 하루 전에. 몰랐을 수도 있지만, 당시는 군사정권에서 처음으로 치르는 민주적 선거였어요. 당신은 선거에 중요한 영향을 미쳤어요. 미국 중앙정보국 비밀문서에 대한 기사도 봤어요. 12월 16일 대선에 영향을 주려는 시도로 보이지만, 오히려 평양에게는 불리한, 여당의 노태우 후보에게 유리한 사건이라고요. 서울 올림픽도 그래요. 문서에 따르면 이 공작이 올림픽을 방해하기에는 그 시기가 너무 빨랐다는 것이죠. 어떤 사람이 그러더라고요. 올림픽을 방해할 수 있을 거라는 건 바보 같은 생각이라고요." 그레이스가 또 멈춘다.

김현희는 눈을 감고 있다. 그녀는 고개를 두 번 끄덕이며 더 듣고 싶다는 신호를 보낸다.

"진실 위원회에서 재조사에 참여했던 책임자를 만났어요. 그분이 말하길, '물증이 있어야 뭐 어떻게 ……. 말만 남은 사건이 됐죠.' 그럼 누가 진실을 말하고 있는 거죠? 가족회 회장님이 말했어요. '아무 일도 밝혀진 게 없고. 다만 밝혀졌다 그러면은 돌아오지 않은 115명이고.' 전 모르겠어요. 혼란스러워요. 정말 모르겠어요 ……. 제가 바라는 건 제 언니가 돌아오는 거예요. 오직 그거예요. 그러니 부탁할게요, 김현희 씨. 진실을 말해주세요, 네? 진짜 폭파범인가요? 그런가요? 아니면 ……."

1시 15분.

그녀가 두통으로 잠에서 깨어난다. 존 르 카레의 『은밀한 순례자』가 손에 쥐어져 있다. 김현희는 꿈에 나타난 여성을 기억해내려 애쓴다.

'진짜였나 ……?'

책장을 넘겨 한 구절 소리 내 읽어본다. "'니모'는 라틴어로 '누구도 아닌 자(nobody)'를 뜻한다, 만약 모르고 있었다면."

"누구도 아닌 자." 그녀가 단어를 한 번 더 읽는다. 그리고 눈을 감는
다……. 창문 사이로 새벽이 고개를 내민다. 신문이 도착한다. 그녀가 읽
기 시작한다. 그러다 멈춘다.

"대한항공 858기 실종자 가족이 정보공개를 청구했다. 실종자의 쌍둥
이 동생인 그레이스 한 씨는……."

김현희가 나직히 말한다.

"언니 미안해……."

05 교차적 정치학: 여성주의 국제관계학

이 장에서는 여성주의 국제관계학 및 이와 관련된 논의들을 살펴보고 자 한다. 다시 강조하건대, 여기서 젠더는 렌즈 또는 세계관의 맥락을 지 닌다. 여성주의 국제관계학의 출발 지점은 국제관계학 및 관련 핵심 개념 들이 젠더화되었다고 지적하는 것이라 할 수 있다. 주류 관점을 비판하고 주변화된 목소리를 강조하기 위해 여성주의 국제관계학자들은 (늘 그런 것 은 아니지만 흔히) 심층 면접, 담론 분석 그리고 현지 조사 등과 같은 질적 방법론을 사용한다(Ackerly et al., 2006; 또한 Caprioli, 2004 참조). 여성주의 국 제관계학은 등장 초기부터 국가, 전쟁, 안보 같은 개념들을 젠더에 민감한 관점에서 재구성함으로써 주류 학계를 비판해왔다(Elshtain, 1987 / 1995; Enloe, 1989 / 2000; Grant and Newland, 1991; Peterson, 1992; Tickner, 1992; Sylvester, 1994b; Whitworth, 1994 / 1997; Zalewski and Parpart, 1998 등). 이러 한 경향은 곧 살펴볼 여성주의 안보 연구에서도 볼 수 있듯 지금도 강한 편이라고 하겠다(또한 Lobasz and Sjoberg, 2011; Shepherd, 2013 참조).

나는 이것이 여성주의 연구가 국제관계학에 자리 잡는 과정에서 일어
난 불가피한 현상이라고 생각한다. 어떤 면에서 이는 여성주의 국제관계
학의 주변화된 위치에 대한 논의들과 관련 있다(Peterson, 1998; Sylvester,
2002, 2007; Steans, 2003; Squires and Weldes, 2007 등). 이 위치를 뛰어넘기 위
해 여성주의 국제관계학은 무엇보다 먼저 주류 개념과 가치를 비판적으로
재구성해야 했을 것이다. 그리고 이는 여성주의 연구에서 중요하게 생각
되는 다른 개념들이 비교적 큰 주목을 받지 못하는 결과로 이어진 듯하다.
이 책이 개입하는 지점이 바로 여기다. 예컨대 이 책은 감정/고통의 문제
와 이들의 젠더 및 진실 그리고 안보와의 관계를 여성주의 국제관계학 연
구로 위치시킨다. 그렇다고 내가 여성주의 국제관계학이 그동안 이 작업
을 소홀히 했다고 말하는 것은 결코 아니다. 핵심은 이와 같은 작업이 책
에서는 여성주의 국제관계학의 일부로 더 적극적으로 진행된다는 것이다.
넓은 맥락에서의 여성주의 국제관계학에 대해서는 책의 뒷부분에서 다시
살펴보려 한다.[1] 이 장에서는 이 책과 (따라서 대한항공 858기 사건과) 비교
적 직접 연결되고 동시에 여성주의 국제관계학을 교차적 정치학의 방향으
로 더욱 끌고 갈 수 있는 몇몇 주제들에 대해 살펴보려 한다. 바로 폭력적

---

1 여성주의 국제관계학을 구체적으로 살펴보기 위해서는, 예컨대 Tickner(1988,
   2001); Peterson and Runyan(1993); Pettman(1996); Steans(1998); Sylvester
   (1993, 2002); Silver and Giodarno(1993); Aggestam et al.(1997); Odysseos
   and Seckinelgin(1998); Steans(2003); Shepherd(2010) 등. 여성주의가 아닌 관
   점 또는 이른바 '젠더 구성주의' 관점과 이를 둘러싼 논쟁에 대해서는 Carpenter
   (2002); Carver(2003); Zalweski(2007). (남성) 국제관계학자들의 저항과 이를 둘
   러싼 논쟁에 대해서는 Keohane(1991); Weber(1994); Wibben(2004); Jones
   (1996, 1998); Carver et al.(1998); Weber(2005). 또한 Carpenter(2002); Steans
   (2003); Park-Kang(2011) 참조.

여성, 감정, 고통, 객관성, 진실 그리고 교차성이다.

1. 폭력적 여성

김현희-대한항공 858기 사건은 기본적으로 여성주의 안보 연구의 핵심을 이뤄온 폭력적 여성 연구와 맞아 떨어진다. 이는 젠더에 대한 다음과 같은 질문들과 통한다. 대한항공 858기 사건에서 젠더는 어떻게 작동하는가? '여성 테러리스트'가 된다는 것의 의미는 무엇인가? 금지된 폭력 행위에 가담하는 여성 관련 문제를 어떻게 다룰 것인가?

진 엘슈타인(Elshtain, 1987 / 1995: 179)은 그녀가 1986년 트랜스월드항공 840기 폭파 사건 소식을 듣던 순간을 기록하고 있다. 미국 에이비시 방송사의 뉴스 진행자 피터 제닝스(Peter Jennings)는 용의자가 여성이라고 말하는 대목에서 "여성"을 강조하며 놀라워했다. 이 경험 많은 진행자는 만약 용의자가 여성이 아니었다면 놀라지 않았을 것이다. 그러면 이 진행자가 1987년 대한항공기 사건 소식을 전했다고 상상해보자. 그는 아마도 다시 한 번 놀랐을 것인데, 왜냐하면 용의자가 김현희(여성)이기 때문이다. 진 엘슈타인(Elshtain, 1987 / 1995: 167)이 지적한 대로 여성의 폭력은 비정상적으로 여겨진다. 곧, 이는 "형태 없음", "무-질서" 등을 상징한다. 그렇다면 오늘날 위의 진행자가 비슷한 소식을 전한다고 하면 어떨까. 그는 어떤 표정을 지을 것인가? 여성의 폭력은 아직까지 국제관계학에서 흔히 연구되고 있는 소재는 아닌 듯하다. 하지만 여성주의 국제관계학, 특히 여성주의 안보 연구가 등장한 뒤로 점점 관심을 받아오고 있다.

아닉 위벤(Annick Wibben)은 여성주의 안보 연구의 핵심 질문이 여성은 선천적으로 평화로운가와 관련 있다고 말한다(Wibben, 2009: 88). 이 분야 학자들에 따르면, 그동안 여성의 폭력 또는 테러 문제에 대한 연구가 있었지만 대부분은 여성의 행위자성을 부정하는 맥락에서 진행되었다(Sylvester and Parashar, 2009: 192). 시간이 지날수록 이런 흐름에 반하는 연구들이 나왔다. 예를 들어 북아일랜드 갈등과 평화의 맥락에서 여성 무장 단체를 살펴본 연구가 그렇다. 산드라 맥어보이(Sandra McEvoy)는 자신의 목적이 안보 연구와 국제관계학에 존재하던 경향, 곧 정치적으로 폭력적인 여성을 연구의 대상에서 배제하려는 것의 비판이라는 점을 분명히 한다(McEvoy, 2010: 129). 시에라리온 여성 군인에 대한 연구도 있다. 메간 맥켄지(MacKenzie, 2010: 153)는 군인으로 활동했던 여성 50여 명의 면접을 통해 여성주의 문화기술지가 안보 연구에서 의미 있는 흐름이 될 수 있다고 시사한다. 좀 더 넓게 말하면, 여성주의 학자들은 기존의 안보 이론을 재구성함으로써 안보 연구를 진전시킬 수 있다. 예컨대, 레네 한센(Hansen, 2000: 295)은 파키스탄에서의 명예 살인을 살펴보면서 이른바 코펜하겐 학파의 안보화 이론이 젠더에 무지했다고 비판한다.

여성과 테러라는 소재와 관련해서, 아일린 맥도널드(Eileen MacDonald)의 책은 비교적 초기에 나온 작업물이라 할 수 있다. 그녀는 폭력/테러 행위와 관련해 알려진 여성들, 예컨대 비행기 납치에 관여했던 팔레스타인의 레일라 칼리드(Leila Khalid), 이탈리아 붉은 여단 구성원 수산나 론코니(Susanna Ronconi) 등을 비롯해 스페인 에타, 아일랜드 공화국군, 독일 적군파(바더-마인호프) 등의 단체에서 활동한 여성들을 소개한다. 김현희도 여기에 포함되었다. "김 씨의 이 독특한 사건은 여자는 그 어떤 수준의 폭력도 저지를 수 있다는 것을 의심 없이 보여준다"(MacDonald, 1992: 231). 이런 점에서 아일린 맥도널드가 '여성을 먼저 쏴라'라는 부분에 대해 말하는 대목이 주목된다. 이는 원래 서독의 대테러팀에서 사용되던 지시였다고 알려진다. 그녀는 여성 테러리스트가 남성에 비해 더욱 강한 힘과 성격을 지녔다는 독일 정보기관장의 말을 전한다(MacDonald, 1992: 4). 만약 여성의 정체성이 "맹렬한 소수"와 "비전투적 다수"로 나뉠 수 있다면(Elshtain, 1987 / 1995: 178), 여성 테러범은 아마 맹렬한 극소수에 해당될 것이다. 한편 그녀는 여성의 폭력이 정신 문제와 관련 있을 수 있다는 점을 암시하는데 이는 논란의 여지가 있다(MacDonald, 1992: 233~235). 왜냐하면 폭력 행위에 관여한 여성의 정치적 동기와 행위자성을 평가절하할 수 있기 때문이다.

나는 남성적 안보 연구와 여성 학자들의 연구물 배제를 논의하고 있는 미란다 앨리슨(Miranda Alison)의 작업이 중요하다고 생각한다(Alison, 2004: 447). 그녀는 스리랑카와 북아일랜드에서 활동한 여성 전투원들의 경험을 다루고 있다. 이 과정에서 그녀는 여성이 남성보다 덜 폭력적이고 더 평화적이라는 고정관념을 문제시한다. 연구의 핵심 내용 가운데 하나는 젠더 역할에 대한 기대 측면에서 여성의 폭력이 남성의 경우보다 충격적으로 받아들여진다는 점이다(Alison, 2004: 457). 폭력적인 여성은 안보 위협이 되는 동시에 기존 정치사회적 이념에 대한 위협이 된다(Alison, 2004: 461). 미란다 앨리슨 외에도 여성주의 관점에서 중요한 연구를 수행한 이들이 있다. 로라 쇼버그(Laura Sjoberg)와 캐론 젠트리(Caron Gentry)는 금지된 폭력에 관여하는 여성에 대해 세 가지 서사가 있다고 말한다(Sjoberg and Gentry, 2007: 12). 엄마, 괴물 그리고 창녀. 이 서사들은 모두 여성을 '타자'로 재현한다. 쇼버그와 젠트리는 이 점을 뒷받침하기 위해 예컨대 중동의 자살 폭탄 공격, 체첸의 검은 과부들 및 각종 고문 행위에 관여한 여성들 이야기를 분석한다.

한편 이러한 폭력 행위들은 '남성성'과 관련해 논의되기도 하는데 여기에서 남성성 연구에 대해 잠시 살펴보고자 한다. 많은 남성성/여성주의 학자들이 논의했듯, 국제정치는 남성성이 생산되는 주된 영역으로 얘기돼 왔다(Hooper, 1998: 38). 이 책이 다루는 사례와 같은 이른바 '테러' 사건에서는 이 남성성의 문제가 더 중요해질 수 있다. 더군다나 범인이 여성일 경우에는 그렇다. 수사 결과에 따르면, 김현희는 대표적인 남성화된 사회 조직 가운데 하나라 할 수 있는 군대 또는 관련 기관에서(Petersen, 2003: 64) 공작원이 되기 위한 훈련을 받았다. 구성주의 및 비판적 남성성 연구의 관점에서 기존의 남성과 남성다움 관련 개념은 재구성되기 마련인데, 이 책도 이런 방향의 연구를 하려 한다. 남성성을 정의하기란 쉬운 일이 아니다. 하지만 생각해볼 만한 지점들이 몇 가지 있다. 래윈 코넬(Connell, 1995: 68)에 따르면, 남성성은 "개별적 차이와 개인의 행위자성에 대한 믿음을 전제로 한다." 다시 말해 근대 초기 유럽에서 발전한 개인성이 남성성 개념에서 핵심 요소다. 잊지 말아야 할 것은, 남성성 개념이 관계적이라는 것이다(Connell, 1995: 68). 곧, 개인성과 관계성이 남성성 개념에서 중요하다. 그러므로 남성성을 이해하려는 시도는 반드시 사회적 관계에서의 남성 개입 문제를 출발 지점으로 삼아야 한다(Carrigan et al., 1987: 89). 이 점에서 남성성 문제를 고민한다는 것은 젠더가 사회에서 어떻게 구성되고 젠더 규범이 어떻게 작동하는지 성찰한다는 의미를 지닌다.

여성의 폭력에 대한 위의 논의들을 종합하는 맥락에서, 김현희 사건의 경우 이를 '여성 테러범'의 차원에서만 다룬다면 위험할 수 있다. 책에서 이미 말해왔듯, 이 사건은 '진실'의 측면에서 민감하고 논쟁적인 사안이기 때문이다. 만약 위에서 논의한 내용들만을 가지고 사건을 연구한다면, 다시 말해 김현희를 확실하고 절대적인 테러범으로 간주한다면, 이는 그녀를 둘러싼 복잡한 정치학을 놓치는 것이다. 따라서 여성주의 안보 연구 관점으로 대한항공 858기 사건을 살피는 작업은 특별히 주의 깊게 진행될 필요가 있다.

2. 감정

감정의 종류에는 고통과 기쁨을 비롯해 여러 가지가 있고, 고통을 연구하기 위해서는 감정에 대해 어떤 식으로든 얘기할 필요가 있다. 국제관계학에서는 감정에 초점을 맞춘 연구가 드물었다고 할 수 있다. 이 때문에 다음과 같이 관련 논의를 잠깐 살펴볼까 한다.

먼저 흥미로운 점은 감정이라는 용어가 "움직이다, 움직이게 하다"(또는 들어내다) 등으로 해석될 수 있는 라틴어 'emovere'에서 왔다는 것이다(Ahmed, 2004a: 11). 감정이란 기본적으로 움직임과 관련이 있고 특정 주체/물체를 변화시키는 속성을 지닌다. 하지만 이 감정이 학문 세계는 그다지 많이 움직이지 못했던 듯하다. 여성주의 철학자 앨리슨 재거(Alison Jaggar)에 따르면, 감정은 지식 생산 또는 학문 연구와는 거리가 먼 것으로 여겨져왔다(Jaggar, 1989: 129). 하지만 그녀는 감정이 지식을 탐구하고 구성해내는 데 도움이 된다고 말한다(Jaggar, 1989: 132). 논의 과정에서 그녀는 사회에서 관습적으로 수용되지 않는 감정을 뜻하는 "범법자 감정(outlaw emotions)"이라는 개념을 소개하는데, 이는 간혹 무시 받는 사람들과 여성주의자들이 경험한다고 한다(Jaggar, 1989: 144). 이 범법자 감정과 여성주의 감정은 새로운 탐구에 대한 정치적 동기를 제공하기 때문에 중요하다(Jaggar, 1989: 145). 다시 말해, 감정을 중요하게 생각하면 기존 흐름과는 다른 새로운 또는 대안적 연구가 가능해진다.

캐서린 루츠(Catherine Lutz)는 감정 개념에 내포된 고정된 인식들을 검토하는데, 그녀는 "그 고정관념들이 사회과학에서 사람들 삶에 대한 연구를 결정짓는다"라고 한다(Lutz, 1986: 287). 이른바 사회과학도 결국 사람들의 인생에 대한 것이고 국제관계학도 예외일 수 없다. (적어도 서구 맥락에서) 감정이 사회적으로 낮게 평가받아왔다는 점을 고려하면 감정을 조절하지 못하는 개인들이 약하다고 생각되는 것은 놀랄 일이 아니다(Lutz, 1986: 293). 그런데 한 가지 지적할 점은, 어떤 감정들에 대해서는 젠더에 따른 특별한 사회적 기대가 존재한다는 것이다. 예를 들어 미국 문화에서 남성이 분노를 경험하고 표출하는 것은 대체로 정상적인 것으로 받아들여진다. 하지만 여성의 경우는 그렇지 않다(Lutz, 1986: 299). 분노와 관련해 엘리자베스 스펠만(Elizabeth V. Spelman)은 중요한 이야기를 한다. 이성적이라고 여겨져온 지배층과는 달리, 낮은 계층의 이들은 주로 감정적이라고 생각되는데, 그렇더라도 분노한 상태로는 간주되지 않는다는 점이다(Spelman, 1989: 264). 그녀는 분노에 대한 인식적 측면을 언급하면서 화가 난 상태는 누군가 또는 무언가에 대한 부정적 판단을 포함하고 있다고 지적한다(Spelman, 1989: 266). 따라서 낮은 계층의 사람들이 분노를 표현하는 것은 지배층이 그들의 판단 대상에 포함됨을 뜻하고, 이는 지배층에게 위협으로 다가온다(Spelman, 1989: 267). 이 점에서 오드리 로드(Audre Lorde)가 "분노는 정보와 에너지로 가득 차 있다"라고 말한 대목은 굉장히 의미 있다고 하겠다(Lorde, 1984: 129).

국제관계학에서는 감정 연구가 많이 이루어지지 않았지만 그래도 주목되는 작업들이 있다. 네타 크로포드(Neta C. Crawford)는 국제정치와 안보 관련 이론들이 감정에 대한 그릇된 관념에 바탕을 두고 있다고 말한다

(Crawford, 2000: 116). 여러 사례를 검토하면서 그녀는 감정이 국제관계학 이론에 이미 존재해왔다고 지적한다. 예컨대 토마스 홉스와 케네스 왈츠 (Kenneth N. Waltz)의 현실주의 작업들의 경우 '공포'라는 감정이 이론의 중요한 부분을 차지한다(Crawford, 2000: 120~123). 문제는 국제관계학계에서 이런 부분에 큰 관심을 갖지 않았고 전반적으로 감정을 무시해왔다는 것이다. 그녀에 따르면, 이는 방법론적 문제와 관련 있다. "감정은 금방 사라지고 아주 내부적인 듯하다; 어떻게 측정해야 할지 분명하지 않다; 그리고 '진짜' 감정과 겉으로만 보여주는 감정을 구분하는 것이 어렵다"(Crawford, 2000: 118). 아울러 그녀는 감정이 개입된 여러 가지 국제적 사안들을 살펴본다. 전쟁 뒤 평화 구축 과정으로서의 진실 위원회 활동의 경우 그녀는 진실 위원회가 전쟁의 심리학적이고 감정적인 측면을 다루려는 시도라고 말한다. 과거의 상처를 치유하고 피해자의 고통을 인정한다는 면에서 그렇다(Crawford, 2000: 152). 이는 대한항공기 사건을 고려했을 때 의미 있는 지적이라 할 수 있다. 사건을 둘러싼 논란에서도 진실 위원회의 재조사가 중요하기 때문이다. 이처럼 비록 간접적인 형태지만 감정은 국제관계학에 이미 포함되어 있는 영역이라 할 수 있다.

그렇다고 했을 때 국제관계학 맥락에서 진행되고 있는 '전쟁 경험하기'라는 기획이 주목된다. 이 작업의 초점은 전략, 무기 체계 또는 전쟁을 둘러싼 국가들의 이해관계 정치가 아니다. 그보다는 평범한 사람들의 삶과 다양한 개인들의 이야기가 다뤄진다. 여기서 중요한 것은 "인간의 몸, 바로 전쟁을 만질 수 있는 감각적인 물리적 실체이며, 또한 전쟁에 의해 수없이 다양한 방법으로 만져진 감정적이며 생각하는 몸이다"(Sylvester, 2011a: 1). 기존 방향의 연구와 초점이 다르기 때문에 연구 방법 역시 달라진다. 이런 종류의 기획에서는 감정과 몸이 중심이 된다. 그래서 권장되는

"방법론은 연구자의 삶에서 불쑥 나타날 수 있는 감정적 부조화를 규명하고 생각하며 이를 연구하는 것을 포함한다"(Sylvester, 2011a: 1). 이 작업을 이끌고 있는 크리스틴 실베스터(Sylvester, 2011a: 127)에 따르면, 감정을 어떻게 연구하느냐의 문제가 경험으로서의 전쟁을 연구할 때 최우선이 되어야 한다. 계속 진행되고 있는 이 기획은 국제관계학 차원에서 감정을 진지하게 다룬다는 점에서 중요하다. 국제관계학 분야 학술지에 게재된 어느 공동 작업물도 주목된다(Sylvester, 2011b). 대부분의 글은 여성주의 국제관계학자들이 썼는데 자신의 직접적 경험을 다루고 있고 감정이 연구 과정에 어떻게 영향을 미쳤는지 이야기한다. 국제관계학자가 아닌 연구자의 경우 그녀가 살펴본 대다수의 여성주의 국제관계학 기획들을 돌아봤을 때 연구자들이 감정이 없는 것처럼 보였다고 말한다(Sylvester, 2011b: 689). 이러한 지적을 고려하면 이 공동 작업은 (여성주의) 국제관계학 분야에서 연구자들의 감정을 적극적으로 탐구한다는 점에서 흥미롭다고 할 수 있다.[2]

앞에서 살펴본 것처럼 감정은 학문 연구에서 중요한 부분이 될 수 있다. 그동안 감정은 과학이 대체로 지배해왔던 지식 공동체 안에서 주변화되었다고 할 수 있다. 이 때문에 특히 최근 국제관계학에서 감정에 대한 관심이 점점 늘고 있는 것은 고무적이라 하겠다.

---

2   국제관계학/정치학 분야에서 감정에 대해 더 참고할 만한 논의는, 예컨대 Marcus (1991, 2000); Bleiker and Hutchison(2008); Mercer(2010) 등. 한편 감정과 관련된 다른 차원(특히 affect 이론)의 논의 관련해서는, 예컨대 Massumi(1995, 2010); Ahmed(2004b, 2010); Clough(2007, 2010); Connolly(2002, 2011); Manning (2007); Butler(2010) 등.

3. 고통

이 책의 주요 주제 가운데 하나는 고통이다. 고통의 문제 및 또 다른 주제들과의 교차관계를 다루기 위해 여기서는 관련된 논의를 잠깐 살펴볼까 한다. 이는 대한항공 858기 실종자들 및 그들의 고통, 그리고 폭파범의 고통을 살펴보는 데 도움이 될 것이다.

인간의 조건에 대한 논의에서 한나 아렌트(Hannah Arendt)는 고통에 주목한다. 그녀에게 고통이란 삶과 죽음의 경계를 경험하는 문제라 할 수 있다(Arendt, 1958 / 1998: 51). 인간의 근본적인 행위들을 이야기하는 과정에서 그녀는 노동(labor)을 뜻하는 모든 유럽 지역의 용어들이 고통과 노력을 의미하고, 또 어떤 때는 출산의 진통을 상징하기도 한다고 지적한다(Arendt, 1958 / 1998: 48). 고통은 인간의 삶에 깊이 스며 있는 것이다. 성경에 따르면, 인간의 삶에 주어진, 개인과 인류 삶의 재생산과 연관된 고통스러운 노력과 관련되어 있다(Arendt, 1958 / 1998: 115). 그런데 이 고통은 굉장히 주관적인 것이라서 우리는 민감해질 필요가 있다(Arendt, 1958 / 1998: 51). 어쩌면 이것이 대한항공기 사건에서 다른 위치에 있는 이들의 고통이 서로 이해되지 못하는 이유일지 모른다. 이처럼 한나 아렌트는 고통의 문제를 인간의 존재 양식과 연관시켜 얘기하고 있다.

고통에 대한 또 다른 깊이 있는 논의는 일레인 스카리(Elaine Scarry)의 작업에서 찾아볼 수 있는 것 같다. 그녀는 세상을 만들고 파괴하는 측면에서 고통을 얘기하려 하는데 구체적으로는 신체적 고통을 표현하는 것의 어려움, 이 어려움으로 인한 정치적 복잡성 그리고 실제로 표현될 수 있는 가능성 등 세 가지 면과 관련돼 있다(Scarry, 1985: 3). 특히 그녀는 고통과 언어의 관계를 강조하는 듯한데, 바로 고통이 언어를 파괴한다고 말한다.

때로 고통에 대한 언어가 고통을 받고 있는 이들을 대변하는 사람들에 의해 구성되는 이유다(Scarry, 1985: 6). 달리 말하면 "어떤 이의 세상의 내용이 산산조각 나면서 그 사람이 지닌 언어의 내용 또한 산산조각 난다. 자신이 산산조각 나면서 그 자신을 표현할 그 무언가도 자원과 주체를 빼앗기게 된다"(Scarry, 1985: 35). 그녀는 자신이 고통 속에 있다고 확신하는 이들과 그들의 상황을 의심하는 사람들 사이의 미묘한 관계에 대해서도 말한다(Scarry, 1985: 7). 그녀의 이야기는 이 책과 관련이 많다. 대한항공기 실종자 가족들은 그들의 절망감을 언어로 제대로 표현하지 못한다. 그리고 자신들의 고통에 대한 사회적 무관심에 더 상처 받았는데, 왜냐하면 그들의 이야기가 공식 진실이 지배하는 상황에서는 충분히 받아들여지지 않았기 때문이다. 곧 고통은 사회적 의심에 시달렸다.

고통은 도의적 경험이자 정치적 문제라고 말한 신시아 할펀(Cynthia Halpern)의 작업 역시 주목된다(Halpern, 2002: 1). 그녀는 "우리가 고통의 특정 모델들과 행위자성, 권력, 원인 야기, 비난, 책임성의 개념들을 어떻게 발전시켰는지" 검토한다(Halpern, 2002: 2). 그리고 일레인 스카리와 같이 언어와 고통의 관계를 잊지 않고 지적한다. 다시 말해, 고통은 언어에 앞선다(Halpern, 2002: 7). 이와는 별개로, 고통은 앎 너머에 있는 그 무엇이다. 고통은 매우 주관적이기 때문에(Halpern, 2002: 9) 인간으로서의 우리는 다른 이의 고통을 느낄 수 없다. 우리는 자기 자신의 고통조차 제대로 설명할 수 없는 것이다. "고통은 무엇이 실재이고 무엇이 그렇지 않은지, 그리고 우리가 그 실재를 어떻게 여기는지 묻게 한다"(Halpern, 2002: 9). 곧, 일레인 스카리가 지적했듯, 고통은 우리가 사는 세상의 창조 및 파괴와 관련된 그 무엇일 수 있다.

고통이 꼭 부정적인 면과 연관된 것은 아니다. 다른 관점을 제공하고 성찰의 기회가 되며 더 나은 정치학의 자원으로 쓰일 수도 있다. 주디스 버틀러(Butler, 2004a: 149~150)에 따르면, "고통은 겸손함, 취약성, 감수성 그리고 의존성에 대한 경험으로 이어질 수 있는데, 이들을 너무 빨리 '해결하지' 않는다면 자원이 될 수도 있다." 다시 말해, 그 과정이 쉽지는 않지만 고통은 하나의 기회로 전환될 수 있다. 상처 받은 순간을 돌아봄으로써 상처의 체계 및 또 누가 고통을 어떤 방식으로 겪을 것인가에 대해 생각해 볼 수 있는 계기가 마련될 수 있다(Butler, 2004a: xii). 한편으로 이 말은 애도의 정치학에 대해 고민하게 한다. 곧, 주디스 버틀러는 고통의 예측 불가능함과 생산적인 면을 암시하는데, 이는 이 책이 대체로 관심을 두고 있는 지점이기도 하다. "그 상실로 우리가 변할 것임을, 아마도 영원히 변할 것임을 인정할 때 애도하게 된다. 아마 애도는 변화를 겪는 것에 동의하는 것과 관련이 있는 듯하다 …… 그 전체 결과를 미리 알 수 없는 변화"(Butler, 2004a: 21). 요약하면 그녀는 우리가 고통과 애도를 다른 종류의 정치학을 위한 디딤돌로 전환할 것을 제안하고 있다. 이 지점은 대한항공기 사건 재조사 운동과 관련해 다시 논의할 것이다.

만약 고통이 살아 있는 존재에게만 있다고 여긴다면 다시 생각해볼 일이다. 권헌익은 고통받고 있는 '영혼'에 대해 이야기한다. 그는 베트남-미국 전쟁에 관한 연구에서 죽은 이들, 또는 영혼/혼령에 초점을 맞추고 있다. 이는 냉전 역사 연구에 대한 그의 문제의식과 관련 있다. 그동안의 냉전 연구는 "대량 죽음의 현실"과 "사회들에서 계속되고 있는 비극"을 진지하게 다루지 않았던 것이다(Kwon, 2008: 4). 그러나 전투원들의 폭력적 죽음과 관련된 고통에 주목한다면 그들이 어느 편에서 싸우다 죽었는지는 중요하지 않다(Kwon, 2008: 26). 고통에 신음하고 있는 영혼들은 때로 살아 있는 이들의 몸을 빌려 그들의 슬픔을 표현한다(Kwon, 2008: 103~132). 권헌익(Kwon, 2008: 91)은 누군가를 절실히 그리워하면 그 신호로 장에 통증을 느끼게 된다는 베트남에서 전해져 내려오는 이야기도 소개한다. 다시 말해, 살아 있는 이가 고통을 통해 죽은 이와 연결된다. 영혼에 대한 이러한 논의는 대한항공기 사건에서 실종자들과 그 가족들의 관계를 살펴보는 데 특히 유용할 것이다.

고통은 때로 지적 여정에 영향을 준다. 앤소니 버크(Burke, 2007: 1)는 어린 시절에 대한 아픈 기억으로 그의 책을 시작한다. "내 기억 속에서 그것은 어둡다. ······ 나는 잔디 위에 누워 있고 발로 차이고 주먹으로 맞고 있다. ······ 내 세계는 검은색으로, 공포 영화를 본 뒤틀어진 얼굴로 움츠러든다." 하지만 이게 끝이 아니다. 이 경험은 그를 다른 이들이 여러 곳에서 겪어야 했던 고통들에 대해 공감하도록 이끌어준다. 예를 들어 동티모르, 이스라엘-팔레스타인, 이라크 그리고 뉴욕 등이다. 다시 말해, 그는 고통스러웠던 날들을 통해 뭔가를 배우게 되었다. 곧, 추방당하거나 괴롭힘을 당하는 것이 어떤 느낌인지 그리고 권력이 어떻게 남용될 수 있는지에 대해 민감해졌다(Burke, 2007: 1~2). 아울러 그는 누군가의 고통과 소멸이 다른 누군가의 존재와 행복의 조건이 될 수 있다고 지적한다(Burke, 2007: 13). 결국 그는 타자에 대한 전쟁이 더는 없어야 한다고 제안하며 자신의 경험을 국제사회의 맥락으로 넓힌다(Burke, 2007: 23). 조금 다른 맥락에서 앤 오포드(Anne Orford)는 이른바 '인도적 개입'과 관련, 방송을 통해 보이는 고통받는 아이들의 모습에서 자신의 아이들을 떠올린다(Orford, 2003: 218). 자신의 아이들도 어떤 위험한 상황에 놓일 수 있다는 생각이 그녀가 글쓰기를 하는 동안 계속 맴돈다.

대한항공기 사건과 관련해 한 가지 중대한 문제가 제기될 수 있다. 바로 타자의 고통에 대한 태도와 이해다(Songtag, 2004). 연구자로서의 나는 실종자들과 그 가족들의 고통에 어떻게 다가설 수 있을까. 그동안 정부는 이 고통을 어떻게 이해해왔을까. 아마 로런 벌란트(Lauren Berlant)의 연민에 대한 논의를 살펴보는 것이 좋을 듯하다. 여러 방식의 연민을 검토하면서 그녀는 "취약성의 장면이 연민적 애착을 거둬들이려는 욕망, 어떤 면에서 고통스러운 장면에 짜증을 느끼려는 욕망을 일으킨다. 우리는 소통과 공감을 거부하려는, 또는 고통받는 이에 대한 의무를 자각하지 않으려는 욕망을 되풀이해 목도하고 있다"라고 말한다(Berlant, 2004: 9). 여기에서 차가움과 연민은 서로 반대되는 것이 아니라 하나의 협상을 둘러싼 두 가지 면이라 할 수 있다. 이 협상이란 다음과 같다. "고통의 경험은 인류의 한 구성원으로서 갖는 것이고, 우리는 이에 대해 책임감을 느껴야 한다. 하지만 어떤 고통은 다른 경우보다 더 심하기 때문에 우리는 어떤 고통이 주목을 받아야 하는지 판단을 내려야만 한다"(Berlant, 2004: 10~11). 그렇다면 이 협상이 대한항공기 사건에는 어떤 식으로 적용되었는지 궁금해진다.

이처럼 고통에는 여러 가지 면이 있다. 고통은 언어를 파괴하지만 이것이 바로 인간의 조건이다. 그리고 상처와 고통을 무시해버리거나 잊는 것이 아니라 진지하게 되짚을 수 있다면, 이는 다른 차원의 정치학으로 이어질 수 있다. 책이 관심을 갖는 대목은 이러한 고통의 복합적 정치학이다.

4. 객관성

대한항공 858기 사건의 공식 수사 결과는 처음부터 절대적 권위의 지위를 부여받았다. 이것이 가능했던 이유는 객관성이라는 개념과 일정 부분 관련 있다. 수사 결과는 과학적 객관성을 지니고 있지만 다른 설명은 그렇지 않다는 논리다. 이는 수사 결과가 객관적 진실로 존재해왔다는 뜻이다. 이 때문에 대한항공기 사건을 다루기 위해서는 객관성과 관련된 논의들을 살펴볼 필요가 있다. 여기서는 특히 과학적 객관성에 대한 여성주의 관점의 논의를 살펴보고자 한다.

'객관성'과 '가치중립성'은 거의 '근대과학'과 비슷한 말로 쓰여온 듯하다. 전통적인 자연과학과 사회과학은 영원하고 중립적인 법칙을 만들어내는 전제로서의 객관성을 우선시해왔다(Harding, 1991: 138). 하지만 객관성의 개념과 권위가 비판으로부터 자유로운 것은 아니다. 도나 해러웨이(Donna Haraway)는 여성주의 연구가 바로 이 회피 불가능한 용어인 객관성을 문제화해왔다고 말한다(Haraway, 1988: 575). 그렇더라도 많은 학자들이 이 객관성이라는 틀 안에서 연구를 진행해왔다. 그들에게 중요한 것은 연구 과정에서 객관성과 중립성을 확보하고 유지하는 것이다. 다시 말해, 시간과 공간에 상관없이 적용 가능한 가치중립적 법칙을 찾아내는 일이다. 이에 대해 여성주의는 위치성의 물음을 던진다. '누구의' 객관성인가. 누가 객관성을 정의하는가. 누구의 관점에서 객관성이 구성되고 있는가. 달리 말하면, 객관성은 시간과 공간의 제약을 받기 마련이다. 그리고 젠더에 상관없이 모든 이에게 일괄적으로 적용되기 힘들다. 그런데도 우리는 계속 그러한 특정 관점을 객관적이라고 부를 수 있을 것인가. 객관성이라는 이름으로 행해지는 주장들에 대해 주의를 기울일 필요가 있다. 이런 맥락에서 해러웨이(Haraway, 1988: 581)는 여성주의 객관성이란 "상황 지어진 지식(situated knowledges)"을 가리킨다고 말한다. 중요한 것은 객관성 자체가 아니라, 특정한 것을 객관적으로 보이게 만드는 맥락이다.

에블린 팍스 켈러(Evelyn Fox Keller)는 두 가지 다른 성격의 객관성 개념을 이야기한다. 역동적 객관성과 정적 객관성이다. 역동적 객관성은 우리를 둘러싼 세계와의 관계성에 민감한 지식을 추구한다(Keller, 1985 / 1995: 11). 이는 세계를 독립적이고 우리와 떨어진 것으로 간주한, 전통적 객관성의 개념과는 다르다. 역동적 객관성은 주관적인 경험을 활용하는 것과 관련 있다. 이에 비해 정적 객관성은 지식 추구의 과정에서 주체와 객체의 분리를 강조한다(Keller, 1985 / 1995: 11). 그리고 이 맥락의 객관성이 지배적 개념으로 여겨진다. 이 전통적 객관성을 재구성하려는 그녀는 역동적 객관성이 정적 객관성보다 더 효과적이고 적절하다고 말한다. 더 중요하게는 객관성 개념 자체가 젠더화되었다고 지적한다. 그녀에 따르면, 객관적 사실과 주관적 감정이라는 구분은 객관성을 권력과 남성성과 연계시키는 반면, 비객관성은 여성과 사랑에 연계시키는 사유에 기반을 둔다(Keller, 1985 / 1995: 8). 이를 근거로 그녀는 인간의 어린 시절에 대한 정신분석학적 통찰을 활용해 객관성 발전의 역사를 검토한다. 이처럼 객관성은 사회적으로 구성된 젠더 체제와 깊이 연결되어 있다. 곧, 객관성은 겉으로 주장되는 것처럼 중립적이거나 객관적이지 않다고 하겠다.

이는 앞서 잠깐 암시했듯, 가치중립성의 문제로도 이어진다. 산드라 하딩(Sandra Harding)은 연구와 지식 생산에 내포된 가치성에 주목한다. 그녀는 연구가 가치중립적이고 객관적일 수 있는지 묻는 한편, 지식 추구 과정에 스며 있는 가치문제를 살펴볼 것을 제안한다. 하딩은 가치중립성이 객관성을 보장해줄 수 없다면서, 오히려 객관성을 높여주는 것은 참여적이고 해방적인 가치들과 기획들에 대한 개입이라고 말한다(Harding, 1986: 27). 그녀는 이후 연구에서 이 논의를 더욱 발전시켜간다. 위에서 에블린 팍스 켈러가 객관성 개념을 재구성했듯, 하딩(Harding, 1991: 142) 역시 개념의 재구성을 시도한다. 전통적 객관성을 "약한 객관성"으로 규정하면서 그녀는 "강한 객관성"이라는 개념을 제안한다. 그녀는 문화적 고정관념들에 대한 중요한 지적을 하는데, 그 관념들이 연구자들이 과학적 주장을 펼치게 하는 기본 전제들 가운데 하나라는 이야기다. 그렇다고 했을 때 강한 객관성은 이른바 과학적 연구가 그 강력한 믿음들을 체계적으로 검토하도록 만든다(Harding, 1991: 149). 달리 말하면 강한 객관성은 주체와 객체의 관계를 살펴볼 것을 권장한다고 하겠다(Harding, 1991: 152).

위에서 논의한 상황 지어진 객관성, 역동적 객관성 그리고 강한 객관성을 고려하면 이른바 과학적 객관성은 재검토될 필요가 있다. 이 작업은 이 책에서 특히 중요한데, 왜냐하면 분리와 객관성의 이상이 과학과 연구에서 경험의 신체적·감정적 측면을 제거하려는 욕망으로 작동하기 때문이다(Bordo, 1987: 4). 이런 맥락에서 위 논의는 대한항공기 사건의 객관적 진실을 검토할 때 특히 도움이 될 수 있다.

5. 진실

젠더, 고통과 더불어 진실은 이 책의 또 다른 핵심 주제다. 그런데 먼저 진실은 굉장히 거대하고 추상적인 개념이라 할 수 있고 따라서 관련 논의를 전반적으로 살펴보는 것은 책의 범위를 벗어나는 작업이라 하겠다. 그리하여 여기서는 특히 탈구조주의 관점에 초점을 맞춰 진실에 대한 논의를 살펴보고자 한다.

탈구조주의는 진실을 둘러싼 권력관계와 담론, 더 나아가 결정 불가능한 모호성에 민감한 접근이라 할 수 있다. 그러면 진실은 권력과 분리되지 않는다는 미셸 푸코(Michel Foucault)의 지적부터 살펴보자(Foucault, 1980: 131). 진실은 제약에 의해 만들어지고, 이 진실은 또 권력을 생산해낸다.

그는 진실 자체가 권력이라고도 말한다(Foucault, 1980: 133). 그에 따르면, 진실의 정치경제학에는 다섯 가지 특성이 있다. 첫째, 진실은 주로 과학적 담론의 형태와 관련 있다. 둘째, 진실은 끊임없는 경제적 정치적 선동에 이용될 수 있다. 셋째, 진실은 어마어마한 전파와 소비의 대상이다. 넷째, 진실은 소수의 정치적·경제적 기구들의 통제 아래 생산되고 유통된다. 다섯째, 진실은 정치적 토론과 사회적 갈등의 문제다(Foucault, 1980: 131~132). 이러한 진실의 특징에 대한 이야기는 대한항공 858기 사건을 논의하는 데 유용하다. 구체적으로는 과학적 담론과 증거가 공식 결과의 틀에서 어떤 역할을 했는지, 또는 진실이 당국의 통제 아래 어떻게 성립되었고 재생산되었는지 추적하는 데 도움이 될 수 있다.

미셸 푸코는 진실 논의에서 근대과학의 문제를 빼놓지 않는다. 서구 사회에서 16세기 정도까지 진실 접근의 문제와 금욕주의는 대체로 연관되어 있었다. 이 전통은 데카르트에 의해 깨지는데, 이제는 직접적 증거로 충분해진 것이다. 이 변화가 근대과학을 제도화시켰다(Foucault, 1984: 371~372). 증거와 과학이 지식의 많은 영역에서 객관적 진실을 규명하는 데 중요한 역할을 하게 된 이유일 것이다. 미셸 푸코는 『사물의 질서(The Order of Things)』(1994: 320)에서 다른 종류의 진실에 대해 말한다. 진실 자체에는 확실하지 않으면서도 근본적인 구분이 존재한다. 먼저 대상과 똑같은 질서를 지닌 진실이 있는데 이는 차근차근 형성되고 안정화되며 표현된다. 다음으로 담론의 질서를 지닌 진실로서 언어와 깊은 관련이 있다. 이 진실 담론은 확실한 것이 아니며 모호한 면을 지닌다. 이는 몇 가지 결과로 이어질 수 있는데, 진실 담론이 경험적 진실에서 그 근거를 찾게 되거나 아니면 담론 자체가 진실을 예측하게 된다. 다시 강조하건대 미셸 푸코의 논의는 대한항공기 사건을 다루는 데 도움이 될 수 있다. 곧, 사건에 대한 진실 담론이 경험적 진실을 규명하는 것으로 이어졌는가, 아니면 그 담론에 의해 구성된 진실이 절대적 진실 자체가 되었는가의 문제다.

자크 데리다(Jacques Derrida)는 진실의 결정 불가능성에 대해 이야기한다. 그런데 흔한 오해를 피하기 위해 먼저 결정 불가능성(undecidability)은 비결정(indeterminacy)과 다르다는 점을 지적할 필요가 있다. "결정 불가능성은 가능성들 사이를 왔다 갔다하는 항상 **확실한** 진동이다. …… 이 가능성들은 엄격하게 **정의된** 상황들 안에서 그 자체로 [이미] 많이 **결정되어** 있다. …… 결정 불가능성에 대한 나의 분석들은 바로 이 결정들과 정의들에 관한 것이다"(Derrida, 1988: 148). 다시 말해, 그는 힘의 관계들과 차이들에 관심이 있기 때문에 비결정이 아닌 '결정 불가능성'이라는 용어를 사용한다. 이후 그는 결정 불가능한 것은 단순히 두 개의 모순적인 그리고 확실한 규칙들에 대한 것이 아니라고 말한다(Derrida, 1992: 24). 이보다는 불가능한 결정을 포기하는 경험과 관련 있다. 그는 한스 안데르센의 동화『벌거 벗은 임금님』을 논의하면서 문학이 진실을 수행하거나 진전시킬 수 있다고 말한다(Derrida, 1999: 130~131). 그리고 위장/위선의 힘이 결정 가능한 진실의 영역을 침범한다고 지적한다. 달리 말하면, 진실은 증거에 의해 결정될 수 있는 그 무엇인가? 만약 그 증거가 확보되는 과정에서 위장의 요소가 개입되었다면 어떻게 되는가? 이 경우 진실의 결정 가능성은 유효한가? 그러면 소설은 어떠할까? "진실에 소설적 요소가 있다면, 이는 소설을 진실로 만드는가, 진실을 소설로 만드는가?"(Derrida, 1999: 132). 더 넓은 맥락에서 보면 자크 데리다(Derrida, 1997: 24)의 해체주의 기획은 진실의 문제를 다루는 유용한 전략이 될 수 있다. 진실에 대한 지배적 개념, 곧 객관적이고 고정된 실체로서의 진실이 그 진실 자체에 스며 있는 경합성과 불안정성의 측면에서 해체될 수 있는 것이다.

진실 문제와 관련해 장-프랑수아 리오타르(Jean-François Lyotard)의 작업도 살펴볼 필요가 있다. 그에 따르면, 근대과학과 관련해 누가 진실의 조건들을 결정하느냐의 질문이 나올 수 있다. "다시 말해, 진실의 조건들, 과학 게임의 규칙들은 오직 과학적 속성의 토론 안에서만 세워질 수 있는 바로 그 게임 안에 존재한다"(Lyotard, 1984: 29). 그렇다면 비슷한 질문을 대한항공 858기 사건에 대해 해볼 수 있다. 누가 사건에 대한 진실의 조건들을 결정하는가? 어떤 면에서 과학 게임의 규칙들이 실행되고 있는가? 또는 공식 진실을 규명하는 데 사용된 증거를 어떻게 증명하는가? 누가 증거의 타당성을 결정하는가? 비록 장-프랑수아 리오타르의 검토는 주로 1970년대 후반 당시 가장 발전한 사회들을 다루고 있지만 그의 지적은 지금도, 그리고 대한항공기 사건 관련해서도 생각해볼 만하다. 증거에 대한 질문이 그렇다. 그에 따르면, 이 질문은 복잡한데 왜냐하면 증거 자체가 먼저 증명되어야 하기 때문이다(Lyotard, 1984: 44). 어떤 특정 증거를 단순히 진실의 증거로 삼을 수 없다는 말이다. 그 증거 역시 '증거'가 필요하다.

국제관계학에서도 진실에 대한 탈구조주의 논의는 중요하게 여겨진다. 예를 들어 미국 국제정치학회의 영향력 있는 대표적 학술지(≪International Studies Quarterly≫)는 1990년 전통적 접근법의 권위와 진실과 관련해 비판적인 내용의 특별 논문들을 실었다. 저자들 대부분은 탈구조주의 관점을 지닌 학자였고 글들은 주로 합리주의 또는 (신)현실주의를 비판하는 내용이었다. 리처드 애슐리(Richard Ashley)와 롭 워커(R. B. J. Walker)를 비롯한 저자들은 국제관계학의 절대적 진실 체제로부터 "망명한(exiled)" 상태에서 이야기를 하고 있다(Ashley and Walker, 1990a: 261). 그들은 기존의 진실 체제와는 거리가 먼 모호성, 불확실성 그리고 정체성에 대한 끊임없는 의심 등을 자원으로 삼는다(Ashley and Walker, 1990a: 263). 이 "반체제(dissident)" 기획은 진실의 결정 불가능성이 이론화될 수 있는 애매한 영역들에 개입한다(Ashley and Walker, 1990a: 264). 그런데 진실의 결정 가능성에 물음표를 다는 이 '반체제 인사들'은 기존 체제로부터 무시당하기 마련이다. 국제관계학의 절대적 진실 체제에 비판적인 관점은 "주요 학술논문이나 학회에서의 정식 연구 발표의 주제로 거의 다뤄지지 않는다"(Ashley and Walker, 1990b: 370). 달리 말하면, 그런 의견은 괄호 안의 참고 사항 정도로 여겨질 뿐이다. 그런데 이런 반체제 목소리에 대한 비판적 입상은 그 자신의 진실에 대해서는 비판적이지 않다(Ashley and Walker, 1990b: 372). 곧, 그 자신의 절대적 위치에 대해서는 돌아보지 않는다. 진실 체제의 가능성이 의심받는 상황에서도 국제관계학 분야는 이에 응답할 의지를 보이지 않고 있다(Ashley and Walker, 1990b: 378, 403).

짐 조지(Jim George)와 데이비드 캠벨(David Campbell)에 따르면, 탈구조주의는 진실과 권력의 구분에 의문을 제기한다. 국제관계학에서 이 접근은 사회적·역사적 과정에 바탕을 둔 설명을 시도하고 담론적 실천들 사이에서 계속되는 싸움에 관심을 둔다(George and Campbell, 1990: 281). 이러한 관점에서 제임스 데 데리안은 국제관계학에서 떠오르던 세 가지 영역들을 검토했다. 모의실험, 감시 그리고 속도다. 그의 분석이 가능했던 것은 진실을 주장하기 위해 선험적인 틀을 만들어내는 합리주의 기획과는 거리를 두었기 때문이다(Der Derian, 1990: 297). 아울러 안보 정책에서의 전략적 담론을 다루고 있는 마이클 샤피로(Shapiro, 1990) 역시 진실 체제 밖에서 이야기하고 있는 반체제 인사라 할 수 있다. 이러한 작업들을 통해 "유일한 지식의 형태(과학적 합리주의), 유일한 방법론(연역적 경험주의) 그리고 유일한 연구 방향(문제 해결)"은 도전을 받는다(George and Campbell, 1990: 282). 다시 말해, 국제관계학 분야의 절대적 기존 체제의 질서가 재구성된다.

요약하면 위의 논의들은 진실 문제와 관련해 높은 수준의 결정 불가능성과 경합성이 함께하고 있다고 말해준다. 진실 문제는 결코 간단하지 않다. 단순한 흑백논리의 문제가 아니다. 이 책의 주된 관심사가 이 복잡성이라 할 수 있다. 진실이 안정적인 형태로 규명되거나 고정될 수 있다는 기존 생각을 재구성하려는 것이다.

6. 교차성

책은 젠더, 고통, 진실이 서로 어떻게 얽혀 있는지 그 교차관계에 주목한다. 이 주제들 사이의 관계를 이론화하는 것이 연구 목적 가운데 하나다. 그래서 관계를 개념화하는 측면에서 가장 많이 언급되는 교차성에 대해 살펴보고자 한다. 책의 뒷부분에서는 이 교차성 개념을 비판적으로 검토할 예정이다. 이 절에서는 교차성이 무엇을 의미하는지 먼저 살펴볼까 한다.

'교차성'이라는 용어는 인종주의 연구자이자 여성주의 법학자인 킴벌리 크렌쇼(Kimberle Crenshaw)가 처음 사용한 것으로 알려져 있다. 그녀는 인종과 젠더를 분리해서 다루는 문제적 경향에 대해 흑인 여성주의 관점에서 이를 비판했다. 달리 말하면 다차원성에 대한 관심을 일으키는 것이 목적이었다. 단일 항목 분석의 문제점을 지적하며 그녀는 배제된 흑인 여성들의 문제를 이해하기 위해 교차성을 고려해야 한다고 제안했다(Crenshaw, 1989: 140). 그녀는 재판 사례들의 검토를 통해 기존의 단일 분석이 흑인 여성들의 경험을 다루는 데 실패했다고 지적한다(Crenshaw, 1989: 142

등). 교차관계를 무시한 재판 사례를 그녀는 교차로에서 일어날 수 있는 사고와 비교해 설명한다. "교차로에서 사고가 난다면 이는 여러 방향에서 움직이는, 그리고 때로는 모든 방향에서 오는 차들에 의해 일어난 것일 수 있다. 마찬가지로 흑인 여성이 교차로에서 다치게 된다면 그 상처는 성차별 또는 인종차별에 의해 생긴 것일 수 있다"(Crenshaw, 1989: 149).[3] 한편 킴벌리 크렌쇼가 교차성이라는 단어를 사용하기 전에도 다른 용어들을 통해 이 복잡한 관계를 이론화하려는 작업들이 있었다(McCall, 2005: 1771; Prins, 2006: 278 참조). 동시에 교차성이라는 말보다 "통합적(integrative)" 또는 "인종-계급-젠더" 접근법 같은 용어를 쓰는 연구자들도 있다(Choo and Ferree, 2010: 129 참조).

어떤 면에서 교차성은 복잡성을 이론화하는 작업이다. 그동안 (주로 여성주의 관련) 학계에서 교차성은 무시할 수 없는, 굉장히 성공적인 개념이 되었다. 캐시 데이비스(Kathy Davis)의 표현을 빌리면 "유행어(buzzword)"가 되었다(Davis, 2008). 머레이 데이비스(Murray S. Davis)의 "성공적인 사회이론"에 대한 논의를 바탕으로, 그녀는 "교차성의 모호함과 열려 있음"이 성공적인 개념으로 이끌었다고 말한다(Davis, 2008: 69). 핵심은 문제들을 한 번에 다 해결하는 것이 아니다. 바로 더 많은 관심과 논의와 연구를 이끌어내는 것이다(Davis, 2008: 79). 다시 말해, 교차성은 복잡성과 끝없음의 이론이다. 이 복잡성에 초점을 맞춰 교차성을 논의하고 있는 이가 레슬리 맥콜(Leslie McCall)이다. 그녀는 연구자들이 복잡성을 어떻게 다루느냐와 관련해 세 가지 접근이 있다고 말한다. 반-범주적 접근, 내부-범주적 접근 그리고 상호-범주적 접근이다(McCall, 2005: 1773). 간단히 말해 반-범주적

---

3 비슷한 맥락에서의 교차관계에 대한 또 다른 설명으로는 Collins(1990: 10~16).

접근은 분석 범주들을 해체하는 것과 관련 있다. 이에 비해 상호-범주적 접근은 현존하는 범주들을 임시로 채택하는 방식이다. 이 둘의 중간 정도에 위치하는 것이 바로 내부-범주적 접근이라 할 수 있는데 범주들을 거부하는 동시에 이들을 전략적으로 활용한다. 그녀에 따르면, 바로 이 내부-범주적 방식이 교차성 연구로 이어졌다(McCall, 2005: 1780).

교차적 접근은 한계를 지닌 다른 접근법들에 대한 비판의 의미를 지닌다. 니라 유발-데이비스(Nira Yuval-Davis)는 흑인 여성의 경우 흑인, 여성, 노동자로서 동시적 억압에 시달린다는 '3중 억압' 같은 개념들의 문제점을 지적한다. "'흑인됨' 또는 '여성됨' 또는 '노동자됨'을 구체적 억압의 형태로 하나씩 추가하면서 본질화하려는 그 어떤 시도도" 결과적으로는 억압들의 관계성을 무시하는 패권적 정체성의 정치로 이어질 수 있다(Yuval-Davis, 2006: 195). 그녀는 교차적 접근의 핵심은 몇 가지 정체성들을 하나로 묶어내는 것이 아니라, 여러 가지 사회적 분할이 서로 어떻게 구성되고 이들이 정체성들의 형성과 어떻게 연결되는지 분석하는 것이라고 말한다(Yuval-Davis, 2006: 205). 그녀는 교차성과 비슷한 맥락에서 "연관성들(interrelation-ships)"이라는 용어도 쓰고 있다(Yuval-Davis, 2006: 194, 199). 바우케 프린스(Baukje Prins)는 교차성이 정체성 정치의 대안 또는 흑인 여성과 관련해 하나씩 추가하는 식의 주장에 대한 대안이 될 수 있다고 한다(Prins, 2006: 278). 그녀에 따르면, 교차성은 집단들 사이의 차이와 더불어 집단 내부의 차이도 고려하기 때문에 정체성 정치보다 더 유용한 개념이라 할 수 있다. 중요한 것은, 각 범주들은 무수히 많은 방식으로 서로를 구성한다는 점이다. 위에서 니라 유발-데이비스가 추가적 방식의 본질화를 비판한 것과 같은 맥락이다.

사회학 분야에서 주해연과 마이라 페리(Myra Marx Ferree)는 교차성 관런 연구들을 세 가지로 분류하려 시도한다. 집단 중심, 과정 중심 그리고 체계 중심이다. "첫 번째는 연구 내용에 다양하게 주변화된 집단들을 포함시키는 것을 강조한다. 나머지 둘은 자료 분석이 진행된 방식을 통해 교차적 역동 관계를 설명하는 데 초점을 둔다"(Choo and Ferree, 2010: 130). 동시에 그들은 교차성의 세 가지 다른 측면에 대해 이야기한다. 포함함(inclusion), 분석적 상호작용 그리고 제도적 우위다. 첫째는 이른바 '억압받는 이에게 목소리를 주는' 접근법이다. 둘째는 추가적 방식이 아닌 대안적 형태의 과정과 관련 있다. 그리고 셋째는 사회적 불평등을 생산해내는 제도(들)에 관한 것이다(Choo and Ferree, 2010: 131). 레슬리 맥콜이 복잡성 관련 글에서 말하듯, 주해연과 마이라 페리는 교차성 관련 연구 안에서도 다양한 접근법이 있다고 말해준다. 이렇듯 교차성은 여러 가지 방식으로 논의될 수 있다.[4]

위에서 살펴본 것처럼 교차성은 굉장히 널리 사용되고 있는 개념인 듯하다. 이러한 인기는 한편으로 개념 자체에 대해 더 깊이 고민해볼 필요가 있다는 것을 의미한다. 덧붙여 말하면, 넓은 맥락에서 연구라는 것은 결국 여러 주제/범주들 사이의 대화를 추구하거나 이들을 연결시키려는 시도라고 생각한다. 이 책도 예외가 아닐 것이다.

---

4 교차성에 대한 더 많은 논의에 대해서는, 예컨대 Hancock(2007); Barad(2003: 815) 등.

7. 교차적 여성주의 국제관계학

다시 한 번 강조하지만 이 책에서 교차적 정치학으로서의 여성주의 국제관계학이라고 했을 때 이를 '그동안 여성주의 국제관계학은 교차성을 중요하게 생각하지 않았고 지금부터는 달라져야 한다'는 식으로 해석하면 안 된다. 어떤 면에서 여성주의 국제관계학은 그 시작부터 교차적이었다. 물론 이는 '교차적인 것'을 어떻게 해석하느냐의 문제와 관련 있다. 여기서는 이를 연결들/관계들을 이론화하는, 또는 "관계적 운동(relational movement)"을 개념화하는 하나의 방식으로 삼기로 하자(Manning, 2009). 그리고 여성주의 국제관계학을 여성주의가 국제관계학에 개입하는 또는 국제관계학이 여성주의에 개입하는 형태로 이해하기로 하자. 그렇다면 여성주의 국제관계학은 이미 '관계'와 '연결'의 속성을 지니고 있다고 할 수 있다.[5] 다시 말해, 관계를 맺고 협상을 하고 경계를 재구성하는 것과 관련된 기획이다. 이는 여성주의 국제관계학이 더 많은 가능성에 열려 있고 국가, 전쟁, 안보와 같은 개념을 다른 관점에서 구성해내며, 이 개념들 외의 다른 개념들에도 적극적으로 개입할 수 있다는 뜻이다. 이러한 문제의식으로 책의 나머지 부분에서는 여성주의 국제관계학이 교차적 정치학으로 더욱 나아갈 수 있음을 보여주고자 한다.

다음 장은 주된 경험적-분석적 내용들의 첫 부분이라 할 수 있다. 젠더,

---

5 한 가지 주의할 것은, 여기서 말하는 '여성주의(여성학)'와 '국제관계학'은 하나의 분리된 학문 분야들로서의 개념이 아니라는 점이다. 나는 거의 모든 분야가 어쩌면 처음부터 다른 분야들과 관계를 맺어온 측면이 있다고 생각한다. 여성학의 경우 예 컨대 철학, 인류학, 사회학 등의 요소를 (비록 젠더에 민감하지는 않았지만) 처음부터 갖고 있었다고 할 수 있다. 국제관계학의 경우는 그 정도가 덜할 수도 있겠다.

고통, 진실 가운데 먼저 젠더에 초점을 맞추고 아울러 젠더와 다른 주제들 사이의 교차관계도 살펴볼 것이다.

06

젠더의 정치학

소설로 이루어진 4장에서 공작원 김현희가 특별히 젠더와 관련해 그려지기도 했다. 그녀를 둘러싼 젠더 규범을 다루려는 시도는 예컨대 김현희의 공작원 선발과 여성으로서의 임무 수행, 남한의 비밀요원과의 결혼 그리고 "나는 여자가 되고 싶어요"라는 대목과 표현을 통해 이루어졌다. 이장에서는 관련된 장면을 다시 한 번 느슨하게 다루며, 더 넓게는 대한항공 858기 사건을 둘러싼 젠더의 정치학을 살펴보려 한다. 나는 이 사건이 (공식 결과를 따른다고 했을 때) 젠더화된 폭파 사건이며, 이는 '젠더 폭탄'[1]으로 표현될 수 있다고 생각한다. 부분적으로 이 비유는 젠더에 민감한 관점

---

1 원저에서 나는 하이픈(-)을 사용하여 'bomb-shell'이라는 단어를 썼다. 영어에서 이 단어는 여러 가지 뜻을 지니는데 폭탄, 돌발사건 또는 굉장한 미녀를 가리킨다. 나는 이 가운데 '폭탄'과 '미녀'라는 두 가지 뜻을 동시에 잘 드러내기 위해 하이픈을 사용하기로 했다.

으로 보면 사건이 다른 식으로 해석될 수 있다는 말이다. 젠더는 숨어 있는 '폭탄'과 같은 것이다. 동시에 이는 여성으로서의 김현희와 관련된 요소인 미모 또는 가련함을 뜻하기도 한다. 이 장에서 젠더의 정치학은 기본적으로 대한항공기 사건에서 전통적 젠더 규범이 어떻게 작동하고 있으며 이 규범이 여성 공작원에게 어떻게 투영되고 있는지에 관한 것이다. 논의의 한 부분은 김현희의 미모와 처녀성이 북한에 대한 남한 대중의 (안보) 인식에 어떤 영향을 주었는지에 대한 것이다. 곧, (수사 결과에 따르면) 북한은 이 아름다운 여성을 세뇌시키고 이용한 악독한 정권이 된다. 그리고 남한 정부가 젠더의 정치학(결혼)에 개입한 부분도 살펴보려 한다. 이 항목들은 사건에서 핵심적 젠더 관련 요소로 작동하고 있다는 생각에서 선택되었다. 다시 말해, 미모는 사건 이후 전개 과정에서 김현희와 관련해 가장 많이 강조된 것 중 하나다. 이 미모의 정치학은 처녀성이 더해지면서 더욱 강화된다. 그리고 전통적 이성애 문법에 따라 이 정치학은 김현희의 결혼을 통해 '완성'되는 듯한 과정을 거친다.

1. 미모

김현희의 젠더와 관련해 먼저 미모 또는 아름다움의 정치학에 대해 잠깐 살펴볼까 한다. 정상화 규율로서의 아름다움을 생각할 때, 모든 몸의 변화들이 같은 형태로 진행되지는 않는다. 적절한 여성의 미모에 대한 일반적 조건들이 있기는 하지만, 구체적 조건들은 다양한 문화적 · 역사적 맥락에서 나오고, 무엇보다 집단에 따라 다르다(Bordo, 1995: 254~255). 한국(조선)과 같은 전통적 유교 사회에서 미모는 특히 여성에 대한 강력한 정상화 규율로 존재해왔다. 역사적으로 여성은 외모를 순수하고 단정하게 꾸밀 것으로 기대되었을 뿐만 아니라, 착하고 고운 마음인 이른바 '내면의 아름다움'도 지녀야 한다고 들어왔다. 젠더에 기반을 둔 구체적 미모의 규범이라 할 수 있다. 수잔 보르도(Susan Bordo)의 말을 빌리자면, 여성의 몸은 엄격한 사회적 통제 아래 있는 것이다(Bordo, 1995: 166). 나아가 그녀는 외모에 대한 현대사회의 집착이 기존 젠더의 배치를 강화시킨다고 한다. 비록 그녀의 논의가 서구 맥락에 바탕을 두고 있지만, 나는 이를 외모에 대한 집착이 특정한 문화와 사회적 규범에 따라 다양한 형태로 작동한다는 의미로 받아들이고 싶다. 바로 이것이 김현희 사건에서 관찰되는 지점이기도 하다. 또한 한국 언론과 대중 (그리고 서구의 관찰자들) 사이에 김현희의 외모와 아름다움에 대한 과도한 관심이 있어왔다.

이처럼 미모에는 젠더의 측면들이 존재한다. 신시아 인로(Enloe, 2010: 5)는 젠더화된 미모가 미국-이라크 전쟁에서도 관찰된다고 일러준다. 그녀에 따르면 여성 뷰티 살롱들이 몇몇 남성에 의해 불에 탔는데, 이는 여성스러운 미모를 가꾸는 관행이 전쟁 시기 이라크의 질서를 어지럽힌다는 이유에서였다. 이 젠더화된 미모의 정치학은 간단하지 않다. 한편으로 여성에게 적용되는 이상화된 규범으로서의 미모에 대한 신화가 있다(Wolf, 1991). 다른 한편으로 캐시 데이비스(Davis, 1991: 38)가 적고 있듯, 아름다움은 여성들이 어떤 외모를 정상적으로 생각하는가와 관련해 몸과의 관계에서 적극적으로 협상하는 체현성의 문제다. 그녀는 성형수술을 예로 든다. 나는 그녀의 이야기가 성형수술 자체에 대한 것이라기보다 여성들이 미모 규율 체계 안에서 행위자성을 어떻게 발휘하려 하는가와 관련 있다고 생각한다. 그녀는 미모를 경계들이 여성에 의해 협상되는, 체현화된 현상, 곧 여성이 자신의 몸과 문화적 · 사회적 제약들의 관계에서 협상을 하는 것이라고 개념화한다(Davis, 1991: 37). 그렇다면 대한항공기 사건의 경우, 김현희가 아름다운 또는 처녀 테러리스트로 재현되는 과정에서 어떻게 (폭파범이자 여성으로서) 남한 사회와 협상해갔는지 궁금해진다. 또는 언론과 대중이 김현희의 미모를 어떻게 인식해왔는지도 궁금하다. 이 문제는 중요한데, 왜냐하면 "아름다움이란 …… 보는 사람의 눈에 있"기 때문이다(Davis, 1991: 36).

일레인 스카리(Scarry, 2001: 24)에 따르면, "아름다움은 심장을 더욱 빨리 뛰게 한다. 그것은 인생을 더욱 발랄하고, 활력 있고, 생생하고, 살기에 가치 있는 것으로 만든다." 아름다움의 특징 가운데 하나가 삶을 구해주는 것과 관련 있다는 뜻으로, 그녀는 아름다움에 대한 논의를 철학적 영역으로 더욱 확장시킨다. 이는 사람들이 아름다움에 왜 관심을 많이 갖는지 설명해줄 수 있다. 그런데 그녀에 따르면, 이 과정에서 사람들은 두 가지 실수를 한다. 하나는 아름다움을 과대평가하는 것이고, 또 하나는 아름다움을 과소평가하는 것이다. 결국 주관적 판단의 문제다. 아름다움에는 절대적 형태가 없다. 아름다움은 고정된 것이 아니라 주관적이며 보는 이들에 따라 달라지는, 과정 중심의 그 무엇이다. 일레인 스카리의 논의가 특히 흥미로운 것은 아름다움을 진실의 문제와 연관시키고 있다는 점이다. 아름다움과 진실은 함께 가는데, 이는 아름다움이 진실에 대한 욕망을 불러일으키기 때문이다(Scarry, 2001: 52). 그녀가 진실을 어떻게 정의하고 있는지는 좀 다른 문제가 되겠지만, 진실과 관련해 아름다움을 말하고 있다는 것은 이 책에 유용할 수 있다. 이에 따르면, 김현희의 아름다움이 대한항공기 사건의 경합적 진실 문제와 연결될 수 있기 때문이다.

김현희는 대부분의 남한 대중에게 예쁘다고 간주되어왔다. 언론 보도, 영화, 책 등 그녀에 대한 거의 모든 묘사는 미모에 대한 부분을 어떤 식으로든 언급하고 있다. 영어로 쓰인 책들의 경우, 김현희를 "굉장히 아름다운 20대의 여성"(MacDonald, 1992: 41) 또는 "아주 아름답고 우아하고 얌전하고 침착하며 옷을 잘 입은"(Oberdorfer, 1997: 185) 이로 표현했다. 아울러 김현희(1991a: 89~90)도 주로 다른 이들의 말을 통해 자신의 미모, 어떤 때는 처녀성과 성적 순결함에 대해 말해왔다. "내 곁의 여자와 남자는 자기들끼리 이야기를 주고받았다. '사진보다 훨씬 낫죠? …… 대단한 미인이야. …… 팔을 보면 피부도 괜찮을 것 같은데 …….'"[2] 또는 다른 사람에 관한 이야기가 김현희에게 자신의 미모를 생각하게 한다.

[남한의 여자 대학생들처럼] 나 역시 대학에 다닐 때에는 많은 남학생들의 표적이 되었다. 한번은 우리보다 몇 학년 위의 일어 시간에 일어강좌 선생님이 단어 〈시도야까나(우아한)〉를 설명하면서 〈이 단어의 뜻은 김현희 같은 여성을 가리킬 때 하는 말〉이라고 했다. …… 가장 곤혹스러운 일은 싫다는 남자가 끈덕지게 따라붙는 것이었다(김현희, 1992: 109).[3]

비행기 납치에 관여한 레일라 칼리드의 경우처럼 김현희도 "아름답고 젊다는 사실이 그녀가 일으킨 센세이션과 관련이 많았다"(MacDonald, 1992: 97). 김현희의 외모는 그녀의 연약하고 수줍으며 눈물이 많은 이미지와 함께 사람들에게 깊은 인상을 주었다. 이런 이미지들은 그녀를 '눈물의 미인'으로 만들었다.

---

2 또한 김현희(1991b: 262); 김현희(1992: 145); 김현희(1995: 29) 등 참조. 이 부분을 포함해 아래에서 살펴볼 김현희 책과 언론에 대한 분석의 일부는 다음 책에서 처음 소개했다. 박강성주(2007).
3 또한 김현희(1992: 27~42) 등 참조.

이와 더불어, 북한 맥락의 아름다움 역시 살펴볼 필요가 있다. 흔히 '미개발되고 원시적인' 사회로 표현되는 북한 이미지 때문에 남한 남성들에게 북한 여성은, 자본주의 체제에 의해 '오염된' 남한 여성보다 더 순수하고 고운 존재로 여겨지는 듯하다(이 부분은 나중에 더 논의할 것이다). 남한 여성과 달리 북한 여성은 인공적 미모가 아니라 자연적 미모를 지니고 있고, 이기적이지 않고 남성에 더 순종적이라는 것이다. 예컨대 국제결혼을 중개하는 한 회사의 광고를 보자. "북한 여성과 결혼하세요! …… 외국 여성과 비교하세요"(정희선, 2006).[4] 이는 2005년 인천 아시아 육상 선수권대회 때 남한을 방문했던 북한 (여성) 응원단의 경우를 봐도 그렇다. 남한의 많은 언론과 대중이 북 여성들의 순수한 자연미에 높은 관심을 나타냈고 그들을 '북한 미녀 응원단'이라 불렀다. 어떤 냉소적인 이들은 북한 당국이 남한 대중을 혼돈스럽게 하려고 예쁜 여성들을 골라서 보냈다고도 했다. 이를 제쳐두고라도, '남남북녀'라는 말은 또 어떠한가. 이와 같은 (주로 규범적 이성애 맥락의) 예들을 통해, 북한 여성이 남한 여성에 비해 더 아름답고 순수하게 여겨져왔다는 것을 알 수 있다.

그렇다면 "그 누구도 예쁘고 우아한 김현희가 비행기를 폭파시키리라고는 예상하지 못했다"(MacDonald, 1992: 239)와 같은 표현에 그리 놀랄 일은 아니다. 김현희의 첫 기자회견은 1988년 1월 안기부에서 열렸다. 그녀는 긴장되어 보였다. '고백' 도중 그녀가 눈물을 흘리자 사진기자들의 움직임이 순식간에 바빠졌다. 그리고 한국의 많은 언론이 감정에 북받친 그녀의 사진을 실었다. 김현희의 가녀린 모습은 대중들이 처음에 가졌던 무자

---

4   한편 면접을 위해 한국을 방문했을 때 (이전에는 볼 수 없었던) '북한 여성과의 결혼'과 관련된 명함 크기의 홍보 카드를 지하철에서 어렵지 않게 볼 수 있었다.

비한 '대량 살상범'의 이미지를 대체했다. 이러한 김현희의 새로운 이미지는 재판이 진행되는 과정에서도 볼 수 있었다. 그녀가 재판정으로 가는 도중 울먹거리며 손수건을 얼굴로 가져가는 모습이 사진에 찍혔다. 그동안 살인 기계로 훈련받았던 한 아름다운 여성이 이제는 잘못을 뉘우치며 눈물을 훔치고 있다. 이런 모습은 대중이 그녀에게 동정심을 느끼는 데 어느 정도 역할을 했다고 생각한다. 다시 말해, 김현희는 냉혹한 살인자가 아닌, 북한 정권에게 이용당한 희생양이 된 것이다. 그녀를 인터뷰했던 아일린 맥도널드(MacDonald, 1992: 3)의 말대로, 김현희는 "평생 세뇌를 당한 뒤 북한의 지령에 따라 행동했다." 그녀는 순진하고 가녀린 미녀가 되었고 북한은 악독한 존재가 되었다.

김현희는 사형 선고가 있고 나서 바로 특별사면을 받았다. 사람들은 그녀의 눈물 많은 미녀 이미지가 사면을 받는 데 부분적으로 기여했다고 보기도 했다. 이후 그녀는 당국이 주선한 반공 강연을 포함해 다양한 형태의 '진실 알리기'에 나섬으로써, 안보의 측면에서 중요한 위치를 차지하게 된다. 다시 말해, 그녀는 서울로 압송된 뒤부터 (당시 보수적 여당 후보의 대선 승리에 기여하기도 했던) 반북 의식을 확산시키는 데 앞장서게 되었다. 대한항공 858기 사건은 서울올림픽 대회를 앞두고 미국과 한국의 안보 동맹을 강화시키는 데도 중요한 영향을 미쳤다(HCFA, 1989).

한편 대부분의 언론 보도는 어떤 면에서 김현희의 미모를 강조하고 있었다. 예를 들어 가장 흔한 인터뷰 질문 가운데 하나는 그녀가 자신을 예쁘다고 생각하는가와 관련 있었다. 어느 기사는 다음과 같이 시작된다. "김현희는 역시 예뻤다"(강수웅, 1990). 이는 기자가 그녀를 만나기 전 이미 미모에 대해 충분히 알고 있었다고 말해준다. 그리고 그녀를 본 순간 이를 '확신'하게 된다. 이 '미모에 대한 진실'이 김현희의 전반적 이미지를 규정하고 인터뷰 기사의 첫 문장에 반영된 것이다. 많은 기자들은 (수사 결과에 따른 범행과 상관없는) 그녀의 몸무게에 대해 묻기도 했다. 한 신문기자의 글을 보자. "짓궂은 생각이 들어 '이전보다 여윈 것 같다'고 운을 뗀 뒤 얼른 '몸무게가 어떻게 되느냐'고 물었다"(오명철, 1991). 여성에게 몸무게를 묻는 것이 실례임을 알고 있던 이 기자는 '전략적' 차원에서 건강을 걱정한다는 뜻으로 그녀가 야윈 것 같다고 말한다. 아니면 이는 현대 사회(특히 서구)의 이상적 미모의 기준이 되는 날씬함과 관련된 것일 수도 있다 (Bordo, 1995: 204). 이러한 형태의 기사는 당시 언론이 그만큼 김현희의 외모에 관심이 많았다고 일러준다. 이에 대해 언론 보도는 부분적으로 당시 정부의 선전 전략과 관련 있다는 해석도 있다. 다음 이야기를 들어보자.

　미모의 테러리스트. 이것을 실제로 당시 공안기관이 활용을 했고, 실제로 우리 사회에서 일정하게 유효하게 작동을 했다, 이렇게 보여요. 예를 들어서 김현희 공작 물품 같은 것도, 속옷들을 하나하나 구체적인 거 적시를 한다든지. 책 제목 하나도 "이젠 여자가 되고 싶어요"라든지. "언니 미안해"라든지. 이런 상당히 감성적인 마케팅. 이런 공안 세력들의 마케팅이 실제로 있었고 먹혀들었다(면접, 익명, 2009년 7월 17일).

　그는 정부가 김현희의 미모와 가련함을 강조하려고 애를 썼다고 말하는 듯하다. 특히 폭파범이 '여성'이라는 점에 초점을 맞추려 했다는 것이다. 정부는 젠더의 정치학이 갖고 있는 힘을 인지하고 있었고 이를 적극적으로 활용하려 했다. 수사 결과를 받아들이고 있고 김현희를 직접 인터뷰하기도 했던 어느 기자는 다음과 같이 말한다.

얼굴이 예쁘니까 예쁘다고 하는 게 뭐 잘못된 건가? 다만 그걸 가지고 이 사건의 성격을 바꾸면 안 되지. 그니까 얼굴이 예쁘다는 그런 말은…… 그건 이제 언론의 흥미 차원에서, 거기에 초점을 맞추는 것은 정당한 보도가 아니지(면접, 조갑제, 2009년 8월 18일).

이 기자는 언론이 다른 사안, 예컨대 김현희의 실제 범행에 초점을 맞춰야 했다고 얘기하는 듯하다. 하지만 당시 대부분의 언론은 그렇게 하지 않았다. 역시 그 자신이 기자이면서 대한항공기에 아버지가 타고 있었던 이는 어떻게 생각할까. "화나도 뭐 그건 어쩔 수 없는 부분. 언론의 특성이 다 그런 거죠(웃음). …… 언론이 그러면 안 되죠"(면접, 김재영, 2009년 7월 22일).[5] 나는 (정부의 선전 전략과 결합된) 언론의 김현희 외모에 대한 집착이 그녀를 둘러싼 젠더화된 미모의 정치학에 기여했다고 생각한다.

내가 면접한 대부분의 사람들은 김현희가 예쁘거나 적어도 밉게 생기지는 않았다고 여기는 듯했다. "아무래도 여성이고, 또…… 미모라기보다는 밉지 않고"(면접, 황인성, 2009년 7월 20일). 전직 정부 관리의 이 말은 모든 이들이 김현희의 미모에 대해 같은 생각은 아니라는 것을 일러준다. 언론의 확신에 찬 보도와는 달리 그는 김현희가 그렇게 미모의 여성은 아닌 것 같다고 한다. 그럼에도 이 말은 사람들 사이에서 김현희 미모에 대해 동의가 가능한, 최소한의 어떤 기준이 있다고 암시한다. 한 탈북자는 김현희의

---

5 동시에 그는 이러한 외모에 대한 관심이 '남성'에게도 적용되는 것 같다고 말했다. 이는 과거 서독의 적군파 단체로 알려진 '바더-마인호프'를 다룬 어느 소설을 떠올리게 한다. 소설에는 이 단체에서 활동했던 유명한 남성 테러범이 나오는데, 어린 여성이 그에게 매혹되어 집착하는 장면이 있다. Schlink(2010).

외모를 북한 사회의 계급과 연관시킨다.

　저희는 그랬어요. 어쨌든, 김현희는 진짜 예쁘구나. 첫째, 미모적이기 때
문에 공작원으로 뽑혔고, 북한에서. 그 다음에 북한군에 있기 때문에 공작원
으로 뽑혔고. 그게 다 …… 종합했거든요. 북한도 공작원을 그야말로 …… 뭐
급수가 되게 없는, 그런 싸구려 뽑는 게 아니에요. …… 모든 일에서, 용모적
으로 보나 그 다음에 뭐 지능적으로 보나, 가장 제대로 된 상급의 그 사람들
만 그 캐스팅하거든요?(면접, 이 아무개, 2009년 8월 19일).

　이에 따르면, 북한에서 공작원이 되기 위해서는 여러 가지 면에서 완벽
해야 한다. 외모도 당연히 해당되고 김현희의 미모는 특히 충분한 조건이
되었다. 하지만 대한항공기 실종자 가족들의 입장에서 김현희 미모는 굉
장히 다른 이야기가 될 수 있다. 예를 들어 가족회 회장(2013년에 물러남)
을 맡고 있는 이는 다음과 같이 말한다.

　그 말하는 사람이 원망스러운 거죠. 말하는 사람이 자기가 안 당했다고.
그래도 사람이 상식 …… 그렇게 하면은 그, 마, 정말로 가서 기분대로 할 것
같으면 가서 물어뜯고 싶은 심정이죠. 그 정도로 우리는 듣기가 거북스러운
거죠. 그리고 또 테러범을 그렇게 옹호하는 나라가 이 지구상에 있겠어요?
있을 수 없는 일이죠(면접, 차옥정, 2009년 7월 18일).

　무엇이 이와 같은 차이를 만드는가. 핵심은 가족회 회장과 같은 이는
김현희 때문에 사랑하는 가족(남편)을 잃었다는 데 있다. 남편이 실종된
또 다른 가족의 말을 들어보자.

아니, 만약에 그 김현희, 김현희 하는데, 뭐가 이뻐서 이쁘다고. 이쁘다는 말이 나오겠어요? 아무리 뭐, 내 양귀비라고 해도 내 이쁘다는 소리 안 나올 거야. …… 이쁘다 하는 사람은 더 미운 거지, 나는(면접, 박서영, 2009년 8월 16일).

다음 말도 들어보자.

그건 사실, 저는 뭐, 미모의 테러리스트다 뭐다 …… 매스컴이 기사화하기 위해서 하는 거지, 그것이 중요하다라고 생각을 안 하구요. 참 어이가 없는 거죠, 유가족 입장에서는. 어이가 없는 거지. 미모의 테러리스트라는 거는 사실 어떻게 보면 …… 그것이, 자기 식구들이 그렇게 당했을 때 그렇게 얘기 했겠느냐. 참 이쁘고 멋있는 테러리스트다라고 얘기할 수 있느냐를 반문하고 싶어요. 나는 오히려 …… 니 가족이 너희 형제가, 부모형제가 당했을 때 그 여자를 보고 너도 그렇게 할 수 있겠느냐. 오히려 반문하고 싶어요. 그렇잖아요? 물론 기자라는 입장이라든가 뭐, 어, 제3자의 입장은 아무 말이래도 할 수 있겠지만은 상대방 생각을 배려할 수 있는 그런 그 저기가 되야죠(면접, 김재명, 2009년 8월 5일).

이 가족의 경우 자신의 형이 대한항공 858기에 타고 있었다. 그는 김현희의 미모 문제가 가족들의 고통과 관련이 있다는 점을 분명히 말해준다. 실종자 가족으로서의 고통이 미모를 어떻게 해석하느냐에 직접 영향을 주고 있는 것이다. 한편으로 어떤 가족에게 이 미모는 그다지 의미가 없다.

나 아무 생각 없어요. 아무 생각 없어요. 이쁜 거랑 무슨 상관이야. 아무 근거가 없어요. 거기에 대해서는. 뭐 미워도 상관이 없고 예뻐도 상관이 없고 아무 관계가 없어요. 근데 걔는, 우리가 알고 있는 대한항공 관련된······ 뭐 이쁘다는······ 아무런 의미가 없어요. 미모고 뭐고 나한텐 중요하게 들리지가 않아(면접, 유인자, 2009년 7월 23일).

남동생이 승무원으로 비행기에 타고 있었던 이 가족에게 가장 중요한 것은 김현희가 115명의 실종에 책임이 있다는 점이다. 이것이 핵심이 되어야 한다. 따라서 김현희의 미모는 특별한 의미가 없게 된다. 중요한 것은 그녀 때문에 사람들이 돌아오지 못했다는 점이다. 이처럼 가족으로서의 고통은 김현희 미모를 둘러싼 해석과 정치학에 어떤 형태로든 영향을 주고 있다.

앞서 언급했듯, 김현희는 남한 남성들에게 청혼을 많이 받았다(이 결혼 문제에 대해서는 나중에 더 논의할 것이다). 전직 안기부 요원과 결혼한 뒤 김현희는 한동안 대중의 시선에서 사라졌다. 하지만 실종자 가족들은 풀리지 않은 의문들이 많기 때문에 재조사를 요구해왔다. 이에 따라 사건에 대한 재조사가 두 번에 걸쳐 시도되었고, 김현희는 이 재조사에 협조해야 하는 상황에 놓였다. 하지만 그녀는 협조를 단호하게 거부했다. 그녀와 지지자들에 따르면, 거부 이유 가운데 하나는 김현희의 아이들과 관련되었다. 만약 그녀가 자신의 아이들에게 '테러범'이라는 것이 알려진다면 그들은 깊이 상처받을 것이다. 따라서 그들의 미래를 생각했을 때 협조를 거부할 수밖에 없었다. '눈물의 미인'이라는 이미지가 '눈물의 어머니'라는 이미지로 바뀌고 있다(이는 김현희의 아이들 생각하는 마음을 깎아내리려는 맥락이 아니다). 또한 그녀는 정부가 자신을 "힘없고 연약한 여자"로 생각하기 때문에 압박하는 것이라고 말했다(조갑제, 2009: 198). 부분적으로 안기부 기자회견에서 보였던 '눈물의 미인' 이미지가 이번에는 다른 형태로 변하고 있다. 이런 점들을 고려하면 나는 김현희가 '젠더 폭탄'의 역할을 하고 있다고 생각한다. 곧, 사건과 관련된 (진실 문제를 포함한) 다른 복잡한 맥락들과 이미지들을 '폭파'시키고 있는 것이다.

김현희는 2009년 3월 11일 대중 앞에 다시 나타났는데 이번에는 눈물의 어머니 이미지가 다른 맥락에서 강화되었다. 그녀가 북으로 납치된 일본인으로 알려진 다구치 야에코(田口八重子, 이은혜)의 아들을 만나는 자리였다. 김현희에 따르면, 이은혜는 공작원 훈련 과정에서 자신의 일본어 교육을 담당했고 교통사고로 오래 전 죽었다는 북쪽의 발표와는 달리 지금도 북 어딘가에 살아 있다고 한다. 비록 이 주장에 대한 확실한 증거는 없지만 이은혜는 북한과 일본 관계에서 납치문제와 관련해 민감한 사안일 수밖에 없다. 이와는 별개로 기자회견은 김현희가 12년 만에 처음으로 자신을 공개한 순간이었다고 강조할 필요가 있다. 그녀는 이은혜의 아들로 알려진 이즈카 고이치로(飯塚耕一郎)를 만나 눈물을 흘렸다. 비공개 대화가 있고 난 뒤, 그는 김현희가 "따뜻한 한국의 엄마가 돼주겠다"라고 말했다고 밝혔다(권기정, 2009). 김현희의 '눈물의 어머니' 이미지가 이번에는 일본인 아들을 향해 투영된 것이다. 이는 두 가지 장면을 떠올리게 한다. 하나는 1988년 첫 기자회견 당시의 눈물이고, 다른 하나는 아이들을 이유로 들었던 눈물 어린 재조사 거부다. 김현희는 어머니로서의 돌봄 노동(Ruddick, 1995: xi)을 '일본인 아들'에게까지 제공하는 따뜻한 한국의 엄마가 된 것이다.

2. 처녀성

이 책의 '여성주의 호기심'은 지금부터 처녀의 문제로 옮겨간다. 처음부터 '처녀성(성적 순결)'이라는 말은 젠더화된 용어였다. 이 단어의 영어 형용사형 virgin과 명사형 virginity의 라틴어 어원은 'virago'로 소녀 또는 결혼하지 않은 여성을 가리켰다. 그리고 이 단어는 1200년대부터 영어에서도 사용되었다(Carpenter, 2005: 18~19). 처녀성에 대한 문화적 역사를 다룬 책에서 안케 버나우(Anke Bernau)는 그녀의 연구를 처녀성이 지닌 젠더의 맥락을 지적하는 것으로 시작한다. 이 용어는 문화적·사회적 측면에서 주로 여성에 대해서만 사용되고 있다는 말이다. 처녀막은 적어도 서구 문화에서 "온전한 처녀성"의 중심으로 간주되고 있다(Bernau, 2007: 2). 미셸 푸코(Foucault, 1984: 366) 또한 "성적 자기통제의 틀은 신체적 고결함의 모델에 근거한 순결과 처녀성을 통해 여성적 틀이 된다"라고 말했다. 이와는 달리 남성의 순결은 그리 중요하지 않다(Mernissi, 1982: 185). 물론 이는 일반적이라 할 수 없다. 예컨대 적어도 1980년대 기준 중국에서 젊은 남성들의 순결은 (주로 국가적 출산 통제 정책 때문에) 젊은 여성들의 경우만큼 고귀하게 여겨졌다(Mernissi, 1982: 186). 그럼에도 처녀막에 대한 안케 버나우의 설명이 일러주듯, 처녀성 문제는 대체로 여성에게 해당된다고 하겠다. 그렇다면 이는 남성 중심의 구조가 (남성들 자신의 순결이 아닌) 그들의 여성의 순결을 통해 스스로를 재현하려 한다는 모순을 낳게 된다(Ortner, 1978: 22). 또는 파티마 메니시(Fatima Mernissi)가 아랍 문화 맥락에서 지적하듯 "처녀성은 여성은 단지 침묵의 중개자 역할만을 하는 구조 속의 남성 문제다"(Mernissi, 1982: 183).

인류학자 셰리 오트너(Sherry B. Ortner)에 따르면, 어떤 사회에서는 여성의 순결이 그 집단의 사회적 결속과 문화적 평판의 기준으로 간주된다(Ortner, 1978: 22). 그녀는 또한 근대 사회의 처녀성은 어떤 면에서 국가 형성과 관련해 논의해야 한다고 말한다. 국가 형성 이전 사회 및 초기 국가들의 성직자들에 대한 논의에서, 그녀는 순결이 국가와 관련된 종교적 사고의 결과물이라고 주장한다(Ortner, 1978: 27~28). 한편 그녀는 순결에 대한 배타성과 '손대지 않음'과 관련해 중요한 지적을 한다. 바로 순결이 엘리트 여성되기와 관련이 있다는 것이다(Ortner, 1978: 32). 이는 대한항공 858기 사건에서 김현희가 왜 여성 공작원으로 선발되었는지, 그리고 영화에서 왜 '처녀 테러리스트'로 묘사되었는지 설명해줄 수 있다. 다시 말해, 김현희는 엘리트 여성이라는 해석이 가능하다.

손대지 않음과 관련해 안케 버나우(Bernau, 2007: xii)는 '버진'이라는 단어가 알려지지 않음 또는 손이 닿지 않음의 뜻을 지니고 있다고 재확인한다. 예컨대 미개척지(virgin territory), 누가 지나간 자국이 없는 눈(virgin snow) 등의 표현을 보면 그렇다. 식민지 역사와 깊은 연관이 있는 미국 버지니아(Virginia) 지역의 이름도 마찬가지다(Bernau, 2007: 135). 다시 말해, 알려지지 않은 것을 발견한 사람에게 처녀성은 승리와 정복의 흥분을 안겨줄 수 있다. 그녀는 처녀성을 개념의 하나로 사유했던 정치사상가들을 언급하며 처녀성이 여성의 성과 그것을 둘러싼 성적 규범 체계를 이해하는 데 핵심이었다고 지적한다(Bernau, 2007: 128~129). 그렇다면 처녀성은 사회적·정치적 탐구의 영역이 된다. 대한항공 858기 사건에서도 예외는 아니다.

이미 말한 대로, 사형선고에도 불구하고 김현희는 1990년 4월 12일 곧바로 사면되었다. 그리고 사면 이후 두 달도 되지 않은 6월 9일, 그녀에 대한 영화가 개봉되었다(신상옥, 1990). 이는 정부의 공식 수사 결과에 바탕을 두고 있었고 지금까지 사건을 다룬 유일한 영화로 기록된다. 그런데 당시 정부가 영화를 비밀리에 지원했다는 얘기들이 있었다. 표면적으로는 상업 영화감독이 만들었지만 많은 이들은 정부와의 관계를 의심했다. 이유는 무엇보다 개봉 시점과 관련이 있었고, 또한 당시 영화감독이 모으기 어려웠던 14억 원(윤여수, 2010)[6] 정도의 굉장한 제작비가 의문을 낳았다. 여기서 흥미로운 점은 영화의 영어 제목이다. 바로 "마유미: 처녀 테러리스트"다. 수사 결과에 따르면, '마유미'라는 이름은 김현희의 암호명이었고 그녀가 일본인 관광객으로 위장하기 위해 사용했다. 그리고 '처녀 테러리스트'는 여성주의 호기심을 자아내기에 충분하다. 왜 그냥 테러리스트가 아닌 처녀 테러리스트라고 했을까? 왜 여성 테러리스트가 아닌 처녀 테러리스트라고 했을까? 어떤 체계가 이와 같은 제목을 가능하게 했는가? 어떤 젠더 규범이 작동하고 있는가?

이 물음들에 답하는 데는 여성주의 문화이론가 테레사 드 로레티스(Teresa de Lauretis)의 연구가 유용할 수 있다.

여성주의, 기호학 그리고 영화의 성스럽지 않은 동맹은 긴 생명력을 가지고 있다. 영화에서는 특히 여성이 차지하는 지분이 크다. 구경거리로서의 여성에 대한 재현, 다시 말해, 전시되는 몸, 성의 공간, 욕망의 대상으로서의 여성이 가장 복잡하게 표현되고 광범위하게 유통되는 형태는 서사적 영화다 (De Lauretis, 1984: 4).

---

6 한편 영화 촬영은 1989년 11월 25일 처음 시작되었다고 한다. 당시는 김현희에 대한 재판이 대법원에서 진행되고 있던 시점이었다.

이에 따르면, 김현희에 대한 영화도 처녀성의 정치학을 살펴보는 데 중요한 자료가 될 수 있다. 여기서 나의 관심사는 언어가 지니는 비유적 힘이다. '처녀 테러리스트'라는 제목을 통해 영화는 무엇을 말하려 하는가? 어떤 측면에서 이 제목이 이념 형성과 관련 있는가? 이 영화를 살펴볼 필요가 있는 것은 이 때문이다. 여성과 영화가 중요하게 연관되어 있다. 테레사 드 로레티스(De Lauretis, 1984: 15)가 말하듯 지배적 주류 영화는 여성을 특정한 사회적·자연적 질서 또는 특정한 입장과 관련해 구체화하거나 재현한다.

김현희 영화의 포스터를 보면 그녀가 왜 무자비한 테러범이 아닌지 쉽게 알 수 있다. 그녀는 폭염 속에 휩싸인 비행기 이미지 위에 고뇌에 찬 모습으로 존재한다. 그리고 115명을 죽인 고통이 다음 문구로 표현된 듯하다. "죽고 싶어요 …… 제발, 제발 죽게 해주세요!" 영화에서 그녀는 예쁘고, 순수하며 수줍은 여성으로 그려지는데 이는 처녀성의 이미지와 연결된다고 할 수 있다. 예를 들어 그녀의 미모는 김현희를 연기했던 배우 김서라를 통해 짐작할 수 있다(목욕하는 장면에서는 알몸이 나오기도 한다). 다가오는 운명을 모르는 채 비행기에 오르기를 기다리는 사람들을 보며 김현희는 남자 공작원과는 달리 동정심을 느낀다. 그 뒤 재판정에서 그녀는 사죄의 눈물을 흘린다.

테러범들은 피해자로 만들려고 하는 이들의 고통을 의도적으로 가중시킨다. 비록 그들이 이 일을 즐겁게 할 수는 없겠지만, 어떤 중요한 면에서 보면 그들은 자신들이 만들어내는 고통에 무관심해져야 할 필요가 있다(Bar On, 1991: 117).

이에 따르면, 영화에서 김현희는 테러범으로서의 흔한 이미지를 배반하고 있다. 그녀가 냉혹하고 단호한 대량 살상범으로 그려지는 장면을 찾기란 쉽지 않다. 영화는 처녀성과 관련해 성적 자극을 직접 주는 면에서는 자제를 한 듯하다. 이 이미지는 다른 형식을 통해 더 직접적으로 그려졌다고 할 수 있는데, 바로 수기다. 영어 번역판의 고백록에서 김현희는 자신이 처녀라고 강조하려 한다.

나는 25살 처녀였고, 결혼에 대한 계획이나 희망은 없는 상태였다. 섹스는 나에게 궁금한 딜레마였다. 나는 물론이고 나와 함께 자라온 여성들 그 누구도 남자와 여자 사이의 성적 흥분을 모르지는 않았다. 하지만 어린 시절부터 우리는 결혼 밖에서 이루어지는 섹스는 금지된 것으로 배워왔다. 대학에서도 남자와 여자는 따로 떨어져 지냈다. 일단 두 사람이 결혼을 하면, 섹스는 오직 아이를 낳기 위해서만 허용됐는데, 우리 사회주의 제도에서는 로맨스라는 개념이 거의 없었기 때문이었다. …… 하지만 이런 교육에도 불구하고, 나는 이성 사이의 성적 흥분의 가능성에 대해 잘 알고 있었고, 때로는 갈망과 절실한 외로움을 느꼈다(Kim, 1993: 98~99).

누군가는 이와 같은 성적 묘사와 처녀성에 대한 고백이 왜 책에 포함되었는지 궁금해할 수 있다. 그 이유 가운데 하나는 판매 전략과 관련 있지 않을까 추측해본다. 다시 말해, 대중들에게 호소력을 높여 책을 많이 팔려고 한 것일지 모른다. 김현희 수기는 실제로 베스트셀러가 되었다.[7] 논란

---

7 한편 대한항공 858기 사건이 남한 안기부의 자작극이라는 내용으로 주목을 받았던 소설이 있다(서현우, 2003). 흥미로운 점은 이 소설 역시 (김현희가 아닌) 여성 인

이 될 만한 이 '고백'은 제쳐두고라도, 김현희가 자신이 처녀라고 쓴 부분에 주목할 필요가 있다. 이를 통해 그녀는 처녀로서의 이미지를 극적으로 강화하려 했다고 해석할 수 있다. 북한의 성을 억압하는 환경 속에서도 그녀는 성적 욕망과 가능성을 간직하고 있었다. 하지만 이러한 욕구를 참아내고 계속 처녀로 남았다. 김현희에게 처녀성은 매우 중요하다. 책에 따르면, 김현희의 처녀성은 수사 과정에서도 중요한 문제가 된다. 그녀는 바레인에서 체포되어 1차 조사를 받았는데 남자 공작원에 대한 질문이 있었다고 한다.

"여행을 하면서 서로 같은 방에 머물렀습니다. 둘 사이에 아무 일도 없었다고 생각해도 되겠죠? …… 혹시 신이치의 알몸을 봤나요? …… 신이치 외의 다른 남자와도 섹스를 했나요?" 나는 너무나 놀라 아무 말도 할 수 없었다. 그녀는 이를 인정한다는 신호로 여기고 질문을 계속 했다. "지금까지 얼마나 많은 남자와 잤죠?" 대답하지 않았다. "오르가슴을 느껴본 적은 있나요?" 대답하지 않았다. "공작원 임무의 하나로 남자를 유혹해본 적이 있나요?" 대답하지 않았다. "이제까지 잔 남자 가운데 신이치가 최고였나요?" "**퍽큐!**" 나는 그녀가 시작한 이 게임에서 이길 작정을 하고 영어로 소리쳤다. …… 나는 그 누가 제지하기에 앞서 탁자를 뛰어 넘어가 그녀에게 주먹을 날렸다(Kim,

---

물과 관련해 성적 자극을 주는 장면들을 담고 있다는 것이다. 작가는 다음과 같이 말한다. "집필하고 난 뒤, 책을 출간하고 난 뒤에, 제일 후회됐던 부분이 그 성적인 부분이거든예. 성적인 부분인데 …… . 그건 알아요. …… 작품을 대중화하기 위해서 좀 더 그런 대중소설적인 어떤 그런 재미도 있어야 되지 않겠는가. 이런 얘기도 상당히 많이 듣고 고민고민하다가, 예라 모르겠다, 그리 했는데 ……. 여성 독자들한테 많이, 이제, 항의도 받고(웃음)"(면접, 서현우, 2009년 8월 20일).

1993: 129~130).

'혐의'를 인정하지 않는다는 뜻에서, 더 정확히는 그녀의 처녀성을 증명하기 위해 김현희는 욕을 하고 신체적 공격을 가했다. 그녀에게 처녀성은 실제 성관계로부터 지켜져야 했을 뿐 아니라, 그 진정성에 대한 어떤 의심으로부터도 보호되어야 했다. 그렇다면 그녀가 번역본 수기 앞부분에서 대학 시절을 이야기하며 처녀라고 말한 것은 놀랄 일이 아니다.

남자와 여자가 사귀는 것은 허용되지 않았지만, 어떤 용감한 이들은 위험을 무릅쓰기도 했다. …… 여자의 경우 부인과 검진이 포함된 정기적인 신체 검사를 받아야 했다. 이런 식으로 당국은 우리가 아직 처녀라고 확신할 수 있었다(Kim, 1993: 22).

그러면 위의 논의를 바탕으로 영화로 돌아가도록 하자. 나는 '처녀 테러리스트'라는 제목이 두 가지 방식으로 해석될 수 있다고 생각한다. 하나는 '처녀' 또는 편의상 '여성성'으로 표현될 수 있는 면을 강조하는 것이고, 다른 하나는 '테러리스트' 또는 편의상 '공작원성'으로 표현될 수 있는 면을 강조하는 것이다. 먼저 여성성이 강조된 '처녀' 테러리스트는 (아름다운) 여성이 잔인한 일을 했다는 뜻으로 읽힐 수 있다. 여성은 이런 일을 해서는 안 된다는 말이다. 곧, 여성은 '평화롭고 비폭력적'이어야 한다. 따라서 테러를 저지른 이 여성은 굉장히 놀랍고 예상할 수 없었던 존재가 된다. 이는 전통적 젠더 규범을 비판하는 여성주의 국제관계학 논의를 떠올리면 새로운 얘기가 아니다. 공작원성이 강조된 처녀 '테러리스트'의 경우, 여성 공작원이 그녀에게 주어진 '첫' 주요 임무를 수행했다는 뜻으로 해석할 수 있다. 처녀성이 지니고 있는 상징적 의미를 고려한다면 이 공작원은 첫 과제를 실행하며 진짜 테러리스트가 되었다. 그러면 이 여성 공작원은 누구에 의해 진정한 테러리스트가 되었는가? 영화와 공식 수사 결과에 따르면, 답은 북한 정권이 될 수 있겠다.

어떤 경우든 '처녀 테러리스트'는 대한항공 858기 사건에 대한 젠더화된 담론이라 할 수 있다. 다시 말해, 이 제목은 여성 폭파범에게 죄가 없음을 강조하기 위해 사용된 것이라 하겠다. 미모의 테러리스트 김현희는 115명을 죽일 수 없는 사람이었다. 하지만 그렇게 했는데, 이유는 악랄한 북한 정권에 속았기 때문이다. 젊고 아름다운 여성마저 테러에 이용할 만큼 무자비한 정권에 의해 말이다. 결국 대한항공 858기 폭파는 김현희가 아닌, 북한이 했다. 김현희의 처녀성이 무자비한 정권에게 빼앗긴 것이다. 따라서 영화를 통해 김현희가 인간적이고, 멈칫거리며 흐느끼는 테러범으로 그려지고 있는 것은 어떤 면에서 자연스럽다. 그리고 이는 그녀에 대한 동정심을 불러일으킨다. 한 탈북자는 이 부분을 뚜렷이 지적했다. 김현희와 결혼하고 싶어했던 남한 남성들에 대한 질문에 답하면서 그는 다음과 같이 말했다. "그게 영화에 …… 영화가, 아마 나는 대단히 많이 영향을 준거 같아"(면접, 이지명, 2009년 8월 19일). 나는 어떤 영화를 뜻하는지 물어봤고, 그는 위에서 말한 영화 얘기를 했다.

그 영화를 한번 보고 나믄, 그 여자에 대한 용서가 생겨요. 나도, 나도 처음에 격분해서 봤는데 그 영화를 보고 나니까, 물론 뭐 다 나 같지는 않겠지만. …… 그 여자한테서, 그 여자 손에 의해서 죽은 사람들이, 피해를 받은 사람들의 가족에서는 그, 찬성하는 사람이 한 사람도 없었을 거예요. 죽은 사람들하고 관계없는 다른 사람들이 했을 거란 말이에요. …… 자기가 직접 그 여자의 피해를 받은, 뭐, 그런 가족 중의 한 사람이었다면 천만에! 그런 말을 할 수가 있어요? …… 때려주고 싶지. 허지만, 우리 수많은 군중들은 그게 아니라는 거지. 그거는 자기들 들은 소리고, 눈앞에 보인 여자는 진짜 가지고 싶은 아름다운 여자거든(면접, 이지명, 2009년 8월 19일).

전직 작가였던 이 탈북자는 북을 떠나왔기 때문에 이 영화를 볼 수 있었다. 여기에서 김현희는 북한에 의해 이용당한 아름다운 여성으로 그려지고 고통으로 눈물짓는다. 그래서 사람들이 영화를 보게 되면 김현희를 용서하고 싶은 생각이 들 수 있다. 이 때문에 실종자 가족은 "이쁘면 뭐하는데, 사람을 백 명이나 죽였는데"라고 탄식할 수밖에 없다(면접, 진춘희, 2009년 8월 20일). 2000년대 초 김현희의 사진을 찍었으나 곧바로 경호원들에게 제지당했던 어느 기자는 처녀 이미지가 언론들에 의해 만들어진 것이라고 지적한다.

언론이 그렇게 몰고 가서, 미녀 테러리스트라고 하고, 처녀라는 둥, 뭐라는 둥, 그런 엄청난. 그래서 [김현희가 남자들한테] 로망이었지 않습니까? 이게 그, 언론과 관계기관의 그, 협잡이었는데, 다른 쪽으로 몰고 가면서, 몰고 가면서 이렇게 환상을 심어주고, 다른 쪽으로 돌아가는 거였죠(면접, 주진우, 2010년 3월 30일).

당시 김현희 이미지에 대한 굉장한 수준의 언론 보도가 있었다. 주목할 점은, 그때의 한국 언론은 군사정권의 엄격한 통제 아래 있었다는 것이다. 그렇다고 해서 비교적 자유로운 환경에서는 다른 형식의 언론 보도가 보장될 수 있었다는 얘기는 아니다. 다만 군사정권에서는 언론이 국가의 통제에 놓이기가 훨씬 쉬웠다는 말이다. 그렇다고 하면, 이는 앞에서 잠깐 논의했던 것처럼, 대한항공 858기 사건의 경우 국가가 처녀성을 사회적·정치적으로 구성하는 데 개입했다는 해석으로 이어갈 수 있다.

3. 결혼

어떤 이에게 결혼은 안정과 보살핌 그리고 소속감에 대한 것일 수 있다. 하지만 다른 이에게는 그렇지 않을 수 있다. 또는 누군가의 지적처럼 "결혼은 스핑크스와 같은 것이다. 눈에 잘 띄고 쉽게 알아볼 수 있는, 비밀로 가득한"(Cott, 2000: 1). 결혼은 어려운 수수께끼인 듯하다. 캐롤 페이트만(Carol Pateman)은 『성적 계약(The Sexual Contract)』(1988: 154)을 통해 사회계약 이론의 측면에서 이 수수께끼의 젠더 관련 부분을 이야기한다. "적어도 1825년 윌리엄 톰슨이 결혼의 '백인 노예 규정'을 비판했던 때부터, 여성주의자들은 결혼이 제대로 된 계약이 아니라는 점을 끊임없이 비판해왔다." 비록 그녀의 논의가 (서구 맥락에서) 1820년대부터 1980년대까지에 걸쳐 있지만, 이 연구는 지금도 결혼에 대한 여성주의 이론화 기획으로 주목할 만하다. 현대의 많은 여성주의자들이 지적했듯 결혼 계약에서는 이 계약을 맺는 당사자들에게 적절한 형태의 계약서가 주어지지 않는다(Pateman, 1988: 164). 캐롤 페이트만(Pateman, 1988: 164)의 해석에 따르면, "필수적 행위, 이 계약을 확정짓는 바로 그 행위는 (구체적으로) **섹스 행위**라고 불린다. 남편이 혼인상의 권리를 행사할 때에야 결혼 계약은 비로소 완성된다." 이는 여성이 결혼 계약에서 남성과 동등하지 않다는 뜻이다(2010년대인 지금은 다를 수 있고, 각 결혼의 경우마다 또 다를 수 있다). 물론

이 결혼 계약은 다양한 문화와 구체적 관습들에 따라 다른 방식으로 실행될 수 있을 것이다.

대한항공기 사건에서는 김현희의 결혼이 특히 주목되는 소재가 된다. 한국 정부가 결혼에 개입했다는 의혹이 광범위하게 존재하는 것이다. 이는 무엇을 말하는가? 결혼은 때로 민주주의 사회에서 책임 있는 시민권을 얻는 데 중요한 역할을 한다(Josephson, 2005: 269~270). 그렇다면 김현희의 결혼이 그녀가 새롭게 정착한 남한의 민주주의 사회에서 책임 있는 시민이 되는 데 기여했는가? 앞서 말했듯 김현희는 청혼을 많이 받았다. 남한 남성들이 북한 '테러범'과 결혼하고 싶게 만든 것은 도대체 무엇이었을까? 나는 이 문제 또한 남성다움과 관련 있다고 생각한다. 전통적 의미에서 테러범이 된다는 것은 남성다움으로 무장한다는 뜻을 부분적으로 담고 있다. 곧, 공격적이고, 단호하고, 냉혹하고, 폭력적인 면 등을 지닌다는 의미다. 테러범이 여성일 경우 이 특정한 개인은 젠더 규범을 위반했기 때문에 사회적으로 받아들일 수 있는 틀에 따라 훈육되어야 한다. 그녀의 남성성이 통제되어야 하는 것이다. 가장 효과적인 방법 가운데 하나는 남성성과 여성성이 규범화되어 있는 강력한 사회적 장치라 할 수 있는 결혼에 기대는 것이 아닐까? 이는 정부가 김현희 결혼에 개입했을 가능성을 떠올린다면 굉장히 흥미 있는 지점이라 하겠다.

결혼 관련 문제를 다루는 또 하나의 방식으로 나는 남북-북남 관계에 대한 탈식민주의 관점이 도움이 된다고 생각한다. 한국(한반도)의 맥락에서 여성주의 자체는 서구/우리(비서구), 남성/여성과 같은 이분법적 구분을 서구와 남성 권력의 결과물로 간주한다는 점에서 탈식민주의적이라 할 수 있다(정희진, 2005: 26). 북한은 어떤 면에서 남한에게 흡수통일되거나 식민화되어야 할 '타자'로 존재해왔다. 다시 말해, 북한은 근대화되지 않은 채 케케묵은 공산주의를 유지하고 있는 '실패한' 국가로 인식되곤 한다. 훨씬 큰 경제력을 지닌 남한에게 북한은 교정되어야 하고 도움을 받아야 하는 존재인 셈이다. 이와 같은 남북-북남 관계를 둘러싼 타자의 정치학은 특히 1970년대 남쪽이 체제 경쟁에서 대체로 우위를 보이기 시작했던 때부터 본격적이 된 듯하다. 그렇다고 했을 때, 나는 타자로서의 북한(North Korea as the Other)을 '노더(the Nother)'라고 부르고자 한다. 이 용어는 영어로 부정의 뜻을 지니는 '노'라는 맥락을 부분적으로 포함하고 있다.

이 개념은 에드워드 사이드(Edward Said)에 의해 널리 알려진 오리엔탈리즘을 생각하면 더 잘 이해할 수 있다. "동양이 서양보다 약했기 때문에 오리엔탈리즘은 동양을 대상으로 하고 있는 근본적으로 정치적인 교리다"(Said, 1978 / 1994: 204). 그렇다면 한반도 맥락의 오리엔탈리즘은 북한과 남한 사이의 구분과 관련되었다고 하겠다. 나아가 '노더'의 정치학은 사카이 나오키(Naoki Sakai)가 일본 지식인들을 이야기하는 과정에서 언급한 "서구-와-나머지"에 대한 논의와도 연결될 수 있다(Sakai, 2005: 179). 19세기 말과 20세기 초 서구의 발전된 문명을 배운 뒤 일본으로 돌아온 엘리트들은 이제 자신이 '서구인'이 되어 그들과 보통 사람들 또는 문명화되지 않은 사람들 사이의 위계적 관계를 재생산하게 되었다(Sakai, 2005: 185). 그렇다면, 남한의 관점에서 북한은 자본주의에 의해 문명화되어야 할 '저개발되고 원시적인' 존재라 할 수 있다. 그렇게 되어야만 비교적 큰 혼란과 비용 없이 남한에 (흡수)통일될 수 있다. 달리 말하면, 북한은 '나머지 중에서도 나머지'인 것이다.[8]

---

8 이 외에 북한에 대한 탈식민주의 접근에 도움이 될 수 있는 논의는, 예컨대 Choo (2006: 577); Kim, Suzy(2010). 또한 꼭 탈식민주의 관점이라고 할 수 없지만 국제

계속되는 분단과 군사적 갈등은 남북-북남 관계에서 '보호하는 자와 보호받는 자'의 틀을 만들어내는 데 어느 정도 역할을 했다. 이 틀은 보호받는 자를 여성화시킨다는 점에서 젠더화되었다. 여성은 일반적으로 보호받는 존재로 규정되고 그 대부분이 남성인 보호하는 자에게 감정 노동을 제공하는 역할을 부여받는다. 또한 '노더'의 이미지는 여성에 대해 특히 젠더의 맥락을 강화한다. 앞에서 언급했듯 이 젠더 요소는 북한 여성이 남한 여성보다 더 순수하다는 이미지가 만들어지는 데 기여했다. 이를 일반화할 생각은 없으나 나 자신이 남한 남성으로서 그동안 봐왔던 언론 보도와 공적 논의를 바탕으로, 이 지점은 대체로 말이 된다고 생각한다(정희선, 2006 등 참조). 그래서 남한 사람들과 언론이 김현희의 미모에 많은 관심을 가지는 것이 한편으로 이해된다. 나는 '타자로서의 북한'에서 비롯된 미모 이미지가 '손대어지지 않음, 자연스러움, 더 순결함'의 뜻을 포함하고 있고, 이것이 김현희에 대한 남성들의 청혼으로 이어지지 않았나 생각한다. 어떻게 보면 그녀는 남한 남성들의 환상에 의해 식민화되었다. 김현희는 그녀의 '손대어지지 않음' 때문에 정복되어야 할 대상이 된 것이다.

이 미모와 더불어 피해자로서의 김현희 이미지가 결혼 문제에 중요한 역할을 했을 수 있다. 남한 남성들에게 미녀 김현희는 잔인무도한 살상을 저지를 수 있는 이가 아니다. 그녀는 악독한 북한 정권에게 이용당한 희생양이다. 이런 생각에는 '불쌍한 김현희여, 내가 당신과 함께하고 당신을 고쳐주겠소'라는 맥락이 있는 듯하다. 그녀를 고치겠다는 욕망은 북에 대한 분노와 함께 일어난다. 이 과정을 통해 김현희는 남한 남성들의 집착에 식민화되는 것이다. 위에서 그녀가 이미 순결화된 미모 이미지에 식민화

관계학에서 북한에 대한 의미 있는 연구로는, 예컨대 Smith(2000, 2005).

되었다고 말했는데, 그렇다면 남성들의 청혼 문제는 이중 식민화의 문제일 수 있다. 이 남성들에 대한 다음 이야기를 들어보자.

언론의 성 상품화한 마케팅 전략에 대해서 그냥 개념 없이 받아들인 거로 봐야죠. …… 어떻게 보면 그런 사람들은 순진한 사람들일 수도 있죠. 그런 마케팅을 의심 없이 여과 없이 받아들여서 자기 신념으로 내면화한다는 것은 순진한, 혹은 단순한. 물론 그것을 통해서 자기의 어떤 꿈을 실현시켜본다든지. 약간의 소영웅주의? 그런 걸 뭐라고 표현합니까? 그런 것도 있을 수 있겠죠 …… 자기를 드러내보고 싶은. 조금 왜곡된 자기과시욕 같은(면접, 익명, 2009년 7월 17일).

이는 김현희의 미모와 결혼 문제가 어떻게 남한 남자들의 식민 기획과 연관되었는지 말해주는 듯하다. 잠깐 언급했듯 김현희의 '노더' 미모 이미지가 이 기획의 뒤에 있다고 생각한다. 어느 탈북자는 청혼 문제를 남한의 선전활동 관점에서 이야기한다.

인간적으로 남한 사람들은 뭔가 그런 게 있다. 그래서 여긴, 너희 북한, 너흰 저기 하지만, 여기 사람들은 이렇게 성숙되고 [그래서 남한 사람들을 죽인 북한 테러범과 결혼도 해주는] 뭔가 그런 사람들이다. 뭐 이런 것도 보여줄 수 있고(면접, 김 아무개, 2009년 8월 4일).

여기서 남쪽 사람들은 자기 나라 국민을 죽인 테러범과 결혼할 만큼 너그러운 존재가 된다. 북한은 죄 없는 사람들을 죽이지만, 남한 사람들은 이를 용서하고 범인을 포용할 수 있다는 얘기다. 공식 수사 결과를 받아들인다고 가정하면, 김현희 사건은 "여자는 그 어떤 수준의 폭력도 저지를 수 있다는 것을 의심 없이" 보여준 사례일 수 있다(MacDonald, 1992: 231). 그렇지만 한편으로 이 북한 여자와 결혼하고 싶어하는 너그러운 남한 남자들도 있다. 이처럼 나의 연구는 청혼 문제가 '식민 기획'의 맥락에서 분석될 필요가 있다고 말해준다. 흥미롭게도 레일라 칼리드 사건의 경우에도 "남자들이 구혼 편지를 썼다"(MacDonald, 1992: 98).

청혼 문제를 넘어 그녀는 전직 안기부 직원과 결혼을 한 것으로 알려졌다. 중요하게 지적할 점은, 결혼 시점이 1997년 12월로 김대중 야당 후보가 대통령으로 당선된 직후였다는 것이다. 첫 정권 교체로 실종자 가족들은 사건이 새로운 정부에서 재조사될 수 있다는 희망을 갖고 있었다. 김현희 결혼은 바로 이런 맥락에서 살펴볼 필요가 있다. 아울러 그녀가 안기부 직원과 결혼했다는 점도 강조되어야 한다. 여러 가지 해석이 있겠지만 그 가운데 하나는 김현희 젠더에 대한 국가 통제와 관련 있을 수 있다. 적지 않은 사람들이 남한의 군사정권을 대변하던 안기부가 김현희의 결혼을 기획했다고 믿었다. 이 점에서 국가가 김현희의 젠더를 통제했다고 할 수 있다. 다음 말을 들어보자.

안기부는 절대 김현희를 자유롭게 놓아줄 수가 없습니다. 안기부 직원과의 결혼도 갑작스럽게 이루어졌습니다. 저의 개인적인 추론으로는 안기부는 1997년에 대선에서 당연히 보수 정권인 한나라당 이회창 후보가 대통령이 되기를 기대했습니다. 그러나 김대중 후보가 대통령으로 당선되면서 그들의 예상이 빗나갔고, 무척 당황했습니다. 왜냐하면 개혁 진보 정권이 들어서면 전두환 정권 이후로 그동안 안기부에 의해 자행된 각종 조작 간첩단 사건, 북풍 사건, 선거 개입 사건 등등 안기부에 대한 조사와 개혁이 이루어질 것으로 예상했다고 봅니다. 바로 여기에 KAL 858기 사건도 재조사할 것으로 예상했다고 봅니다. …… 남편 안기부 직원을 이용하여 계속적인 보호 감시를 받는 조치를 취한 것입니다. 간첩과 안기부 직원과의 결혼, 상식적으로 납득이 안 되는 사건입니다(면접, 신성국, 2011년 11월 24일).

그는 실종자 가족들과 일하고 있는 천주교 사제로 재조사 운동을 이끄는 이들 가운데 한 명이다. 그에 따르면, 김현희 결혼은 분명히 국가가 개입해서 이루어졌다. 불리해진 정치적 환경 때문에 정보기관이 이 일을 서둘렀던 것이다.[9] 한 탈북자는 결혼 문제를 북한의 맥락에서 얘기한다.

[길게 생각한 뒤] 아니 내 생각엔 그건 북한에서도 그럴 수 있어. 북한에서도 여기 와서, 넘어온 사람들 있잖아, 사람들이. …… 그렇게 생각보다도 오히려 그렇게 되면 이 사람에 대한 감시로도 되고, 북한에서도 그런 건 많아. 그러니까 많이들 통용되는 방법들이야, 그런 건. …… 감시지 뭐. 여긴 …… 모르겠지만 거기에서는 …… 여기서 넘어간 사람들은 …… 내가 만약, 뭐 통전부, 북한의 통전부란 말이야. 그런 사람들 자제들하고 맺어준단 말이야(면접, 김 아무개, 2009년 8월 4일).

---

9 국정원 과거 사건 진실 규명을 통한 발전 위원회(2007: 548~549, 552)는 당시 안기부 내부 문건(1990년 6월 8일 자 "김현희 활용 및 정착지원 마스터플랜", 1997년 12월 23일자 "김현희 결혼 관련 대책 보고" 등)을 근거로 김현희 결혼은 대통령 선거와 관련이 없다고 판단했다. 이 문제와 관련해 (더불어 김현희 수기의 영어판 책과 관련해서) 국정원에 정보공개를 청구했다. 국정원은 관련 문건들의 공개가 김현희의 신변 보호에 해가 될 수 있다는 점에서, 또한 개인의 사생활을 침해할 수 있다는 이유로 청구를 기각했다(2009년 8월 13일).

이 말에 따르면, 남한 사람들도 새로운 삶을 위해 북한으로 넘어가는 경우가 있다. 하지만 북한 정부는 그들의 진짜 의도를 확실히 알 수 없다. 그래서 결혼이 감시·통제의 수단으로 동원된다. 어떤 면에서 결혼은 두 사람 사이의 개인적 일로 간주된다. 하지만 국가가 주선한 결혼은 이야기가 다르다. 곧, 민감한 안보의 문제가 되는 것이다. 국가는 결혼에 개입함으로써 여러 면에서 잠재적 위협이 될 수 있는 이를 감시하게 된다. 이 얘기는 김현희 결혼을 해석하는 데도 도움이 될 수 있다. (결혼을 둘러싼 광범위한 의혹이 맞다면) 남한 정보기관은 결혼에 개입하여 김현희를 안보 영역의 틀에서 계속 감시할 수 있게 되었다. 또는 북한이 김현희를 암살할 수 있다고 우려해 보호할 필요가 있었을지 모른다. 그리하여 안기부 요원과의 결혼을 주선해 정보기관 또는 국가는 김현희에 대한 보이지 않는 보호자이자 감시자가 된 셈이다. 한편 어느 실종자 가족은 다음과 같이 말한다.

> 정략적인 거 같애요. 정병규[김현희와 결혼한 안기부 직원]의 속셈을 알 수가 없어. 결국 그 사람의 배후가 있는지 그 사람의 단독 생각으로 그렇게 했는지 의문이에요. 그러니까 왜 …… 의문이야. 단독 생각인지. 근데 지금 와서 생각하니까 그, 난 사람은 난 사람이야. …… 그 사람을 부인으로 맞아들임으로 해서 은둔생활도 할 수가 있었고, 은둔생활을 할 수가 있었고. 일단 이 사건에 대해서 잠잠하게 했잖아. …… 그러면서 이 사건을 잠잠하게 했었잖아. …… 이렇게 큰 사건을 묻어버렸다는 것은 굉장히 똑똑한 사람인 거야. 아니면 누구의 지령을 받았는지 난 몰라(면접, 유인자, 2009년 7월 23일).

실제로 결혼 뒤 대한항공 858기 사건은 언론과 대중의 관심에서 한동안 멀어졌다. 김현희는 더 강연을 하지도 책을 쓰지도 않았다. 그리고 많

은 이들은 이 침묵이 비교적 민주적인 정부가 새로 출범한 것과 관련 있는
지 궁금해했다. 다시 말해, 과거 군사정권이 정권 교체를 앞두고 결혼 시
기에 개입했을 가능성에 대한 광범위한 의심이 있었던 것이다. 또 다른 실
종자 가족의 말을 들어보자.

자기가 죄를 짓고 그렇게 산다면은, 결혼하고 그럴 저기는 아니지. 그 많
은 여자들을 혼자 살게 해놓고, 지가 결혼한다는 건 말이나 되는 거예요? 안
되지. 그거는 [진짜] 범인이 아니니까 할 수 있는 일이지(면접, 박서영, 2009년
8월 16일).

다른 가족 역시 결혼을 이해하기 어려워한다.

이 김현희가 결혼한 것이 일반 경찰하고 결혼했다고 그러면은 이런 생각
이 안 듭니다. 하지만 안기부 직원이랑 결혼했기 때문에 이런 생각이 드는 거
예요. …… 사전에 음모가 있었던 거 아니냐. 한번 바꿔놓고 생각해보세요.
이런 생각이 안 들을까요?(면접, 김 아무개, 2009년 8월 23일).

이처럼 실종자 가족에게 김현희의 결혼은 사건의 진실 문제와 직접 관
련이 있다. 또는 적어도 많은 가족들이 결혼에 대해 불편한 심정을 강하게
내비쳤다. 어떤 가족은 이것은 인간 도리의 문제이며 100명 넘게 죽인 사
람이 어떻게 결혼을 할 수 있느냐며 참회하는 의미로 "성직자"처럼 살아야
한다고 했다(면접, 손성기, 2009년 8월 11일). 한마디로 그녀는 "결혼을 안 했
어야" 했다(면접, 이인순, 2009년 8월 11일). 다시 말해, 실종자 가족으로서는
김현희가 결혼한 것을 "용서할 수 없다"(면접, 김순례, 2009년 8월 23일). 모든

사람들이 이런 의견에 동의하는 것은 아니다. 사건 당시 안기부장의 특별
보좌관으로 있었던 이의 말이다.

그것은 하등 이상하게 생각할 게 없습니다. 왜냐하면은, 지금 우리가 여기,
가령 남파간첩이라든지 뭐, 여러 가지, 거, 자수해서 나중에 회유해서 여러
가지 정보적인 차원의 협력하고 그런 경우에는 …… 갱생의 일을 이렇게 뒷
받침해줍니다. 그러고 또 신변도 보호해줍니다. 신변도 보호해주고, 그러니
자연히 그 경호하는 사람도 붙고, 이래이래 하니까, 그러니까 김현희도 여성
이고 하게 되니까, 자연히 인제 또, 이성 간의 관계도 이루어질 수 있는 거고
결혼도 이루어지고(면접, 박철언, 2010년 4월 9일).

그의 말에 따르면, 김현희가 결혼을 한 것은 매우 자연스러운 일이다.
또 다른 전직 정부 관리도 대체로 이와 같은 말에 동의하는 듯하다.

당시 김현희는 이미 직원과 결혼한 상태였는데 정확히 기억은 나지 않습
니다. 아마 조사 과정에서 수사관이 동정심을 느끼지 않았을까. 그 사람 충실
한 직원이었다고 들었습니다(면접, 이종찬, 2011년 8월 16일).

이 말을 한 이는 독특한 위치에 있던 사람이다. 그는 김현희가 사라진
뒤 새로운 안기부장 및 첫 국정원장으로 일했다. (그의 말을 그대로 받아들
인다고 했을 때) 핵심은 김현희 결혼에는 그다지 특별한 점이 없다는 이야
기다. 그렇다면 전직 정부 관리들만 결혼을 자연스럽게 생각하는 것일까?
진상 규명 운동이 활발하게 일어나던 초기, 수사 결과를 공개적으로 강하
게 반박해 많은 주목을 받았던 이가 있었다. 그에 따르면, 김현희 결혼은

"남녀관계"를 생각했을 때 "자연스러울 수도" 있는 일이다(면접, 현준희, 2011년 7월 31일). 다만 그는 이어서 말하길, 결혼이 안기부가 김현희를 "관리"하려는 성격일 수도 있었고 그녀의 자식들이 불행하다고 말했다. 왜냐하면 "애들도 그렇게 살아야" 하기 때문이다. 그는 결혼을 자연스러운 것으로 받아들이고 있지만, 그 이상의 뭔가가 있을 수 있다고 암시한다. 그렇다고 했을 때, 이 절의 첫 부분으로 돌아간다면 김현희의 결혼은 (비밀로 가득한) 스핑크스가 아닐까 싶다.

4. 젠더 폭탄

이 장은 젠더의 정치학에 대해 다루었다. 구체적으로는 미모, 처녀성 그리고 결혼에 대해 살펴봤고 이를 통해 대한항공 858기 사건이 젠더화되었음을 알 수 있었다. 김현희의 미모는 사건의 처음부터 중요한 역할을 했다. 그녀가 공작원으로 선발될 수 있었던 부분적 이유는 외모였고, 그녀의 미모는 심지어 '적국'인 남한 사람들과 언론의 관심도 많이 받았다. 중요한 것은, 미모가 부분적으로 남한 당국의 선전 전략을 통해 강조되었고 이는 안보 의식에도 영향을 끼쳤다는 점이다. 이 여성 테러범은 처녀 테러리스트로 그려졌고 이 또한 안보 의식과 연관되었다. 김현희 자신도 그녀가 처녀라는 점을 강조했다. 이 순결하고 가련한 이미지는 그녀마저 테러에 이용한 악독한 정권으로서의 북한 이미지와 연결되었고, 동시에 사람들 사이에 동정심을 불러일으켰다. 결혼 문제와 관련해서는 남한 맥락의 오리엔탈리즘을 살펴보았다. 곧, 타자로서의 북한 이야기다. 어떤 면에서 북쪽은 남쪽에 의해 도움을 받고 근대화되어야 할 타자로 존재해왔다. 이 이미지는 젠더화된 맥락을 지니고 있고 결과적으로 북한 여성이 남한 여성보다 순결하게 여겨지는 데 이바지했다. 남한 남성들이 김현희와 결혼하고 싶어했던 것은 부분적으로 그들이 이런 이미지를 북쪽 출신인 김현희에게 투사했기 때문일 수 있다. 중요하게 지적할 점은, 국가가 김현희의 처녀성과 미모를 강조하면서 젠더 정치학에 깊이 관여했다는 것이다. 김현희 결혼과 관련해서도 국가의 개입이 있었을 가능성이 있다. 결국 국가는 젠더 정치의 민감함에 대해 모르지 않았다.

이 장에서는 젠더, 고통 그리고 진실의 문제가 서로 얽혀 있다는 점도 살펴보았다. 예컨대 김현희의 미모는 대한항공 858기 실종자 가족들에게 매우 다른 방식으로 받아들여진다. 이는 고통의 문제가 관련되어 있기 때문이다. 결혼 관련해서도 이는 진실 문제와 얽혀서 해석된다. 곧, 정보기관 직원과 그녀의 '갑작스러운' 결혼은 역사상 첫 정권 교체 시기와 맞물려 여러 가지 의문을 낳았다.

다음 장에서는 여기에서 진행한 연구와 비슷한 방식으로 고통의 문제에 대해 다룰 것이다. 나는 특히 복합적 성격의 고통의 정치학을 살펴보려 한다.

07

고통의 정치학

소설로 이루어진 4장에서 그레이스 한은 쌍둥이 언니가 대한항공 858 기에 타고 있었던 실종자 가족으로 나온다. 그녀는 언니를 어떻게 애도해 야 할 줄 몰라 재조사 운동에 함께한다. 하지만 정부의 응답은 긍정적이지 않다. 그녀는 좌절하지만, 포기하지 않는다. 여기서는 그레이스 한의 이야 기를 느슨하게 되짚으며, 넓게는 대한항공 858기 사건을 둘러싼 고통의 정치학을 다룬다. 나는 사건에서 고통이 복합적으로 얽혀 있고 이를 '고통 모자이크'로 표현할 수 있다고 생각한다. 교차성의 문제와 관련해서는 과 연 고통이 젠더와 얽혀 있는지 살펴보는 동시에, 이를 '젠더화된 고통'으로 부를 수 있는지 검토한다. 이 장에서 고통의 정치학은 사건에서 어떤 형태 의 고통이 존재하며 사람들은 이를 어떻게 겪어가고 있는지에 관한 것이 다. 구체적으로 실종자들의 고통, 그 가족들의 고통 그리고 폭파범으로 알 려진 이의 고통을 살펴본다. 이러한 논의는 사건에서 고통이 얼마나 복잡 하게 얽혀 있는지 이해하는 데 도움이 될 것이다. 이 장에서 나는 특히 면접 자료를 활용하는데 책의 전체적 관심사라 할 수 있는 이야기, 서사, 또는 소설 쓰기와 관련이 있기 때문이다.

1. 실종자들

대한항공 858기 탑승객(승무원 포함) 이야기를 하기 위해서는 그들의 특수한 지위와 관련해 영혼과 '죽었지만 죽지 않은 존재(the undead)'에 대한 논의를 살펴볼 필요가 있다. 그들은 죽었다고 간주되지만, 실제로 죽었는지는 증명되지 않았기 때문이다. 더 정확히 말하면, 그들은 '실종'되었으며 따라서 많은 추측과 논란이 뒤따랐다. 이런 점에서 그들은 (영혼과 '죽었지만 죽지 않은 존재'가 일정 부분 그러는 것처럼) 산 자와 죽은 자의 경계를 재구성한다. 권헌익(Kwon, 2008)은 베트남-미국 전쟁에 관한 연구에서 영혼의 문제를 정면으로 다룬다. 영혼은 산 자에게 말을 걸기도 하고 자신들의 터전이었지만 전쟁으로 결국 떠나야 했던 마을 주변을 떠돌기도 한다. 이 연구의 다양한 문헌 자료와 증거들은 산 자와 죽은 자의 경계 그리고 위계질서와 그 경계를 정당화해주는 특정 가치 체계를 질문하고 있다.

좀비와 뱀파이어는 이 경계를 묻고 있는 또 다른 예라 할 수 있다. 그들은 흔히 '죽었지만 죽지 않은 존재'라 불린다. 다니엘 드레즈너(Daniel Drezner)는 구성주의를 비롯한 국제관계학 이론의 측면에서 "좀비의 힘(Z power)"을 조명한다(Drezner, 2011: 74). 정체성 문제 관련해서는 좀비들이 그들 자신이 이전에 인간이었다는 면에서 인간의 정체성을 불확실하게 만들 수 있다(Drezner, 2011: 69). 샤논 위넙스트(Shannon Winnubst)의 연구도 주목할 만하다. 그녀는 뱀파이어를 통해 백인성, 남성성, 이성애를 다루고 있다. "뱀파이어는 확실하게 존재해야만 하는 모든 친족체계, 모든 혈연체계 및 모든 인종과 성별, 욕망의 체계를 교란시킨다"(Winnubst, 2003: 8). '살아 있는 죽은 존재'로서 좀비와 뱀파이어는 산 자와 죽은 자의 경계를 생각해볼 수 있게 한다.

여기에서 나는 '살아 있지만 살지 않는 존재(the unliving)'라는 개념을 제안하고자 한다. '죽었지만 죽지 않은 존재(언데드)'라는 용어에서 '언(un)'은 죽은 자들에 대한 형용사 역할을 한다. 나는 '언'이 두 가지 기능을 한다고 생각한다. 첫째, 이것은 '죽었지만 죽지 않은 존재'가 죽은 자의 개념에 바탕을 두고 있다고 말해준다. 죽었지만, 죽지 않았다는 뜻이다. 둘째, 동시에 이는 죽은 자의 개념을 분산시키는 기능을 한다. 다시 말해, '언'은 이중 역할을 하고 있다. 특정 개념에 근거하고 있는 동시에 그렇지 않기도 하다. 이와 비슷한 해석이 '살아 있지만 살지 않는 존재'의 개념에서도 가능하다. 기본적으로 이는, 산 자의 개념에 바탕을 두고 있다. 살아 있지만, 살지 않는다는 뜻이다. 하지만 동시에 이는 산 자의 개념을 분산시키는 맥락을 포함한다. 요약하면, 살아 있지만 살지 않는 존재는 죽은 것으로 확증되지 않은 상태, 따라서 아직 살아 있다고 간주되지만 법적 제도적 측면에서는 더 이상 살아 있지 않은 형태의 그 무엇이라 하겠다.

대부분의 승객들은 1980년대 중동에서 일하던 건설노동자였다. 어떤 면에서 그들의 운명은 강대국 중심의 냉전 잔재와 깊이 연관되었다고 할 수 있다. 당시 "떠오르던 한국의 산업 자본주의는 베트남 전쟁에서 미국의 핵심 국방 동맹국으로서 기법을 습득한 뒤 기술과 인력을 중동으로 수출했다"(Kwon, 2010: 30~31). 대한항공 858기의 승객들도 당시 가족들의 생계를 위해 중동으로 일하러 떠났던 경우에 해당된다. 그러나 그들은 돌아오지 못했다. 오직 확인된 것이라곤 그들이 비행기와 함께 사라졌다는 것이다. 가족들이 이들을 "실종자"라고 부르는 이유다(박강성주, 2007: 42). 이 용어는 공식 수사 결과를 인정하는 의미의 '희생자'와는 다르다. 하지만 이러한 가족들의 주장과 많은 의혹에도 불구하고 승객들은 보통 죽은 것으로 여겨진다.

그러나 중요한 것은, 사건을 둘러싼 논란을 고려한다면 승객들은 아직 살아 있는 것으로 간주된다는 점이다. 가족들의 목소리와 진실의 경합성이 사건에 깊이 내제해 있다. 그럼에도 공식적·제도적 측면에서 승객들은 살아 있지 않은 것으로 되어 있다. '살아 있지만 살지 않는 존재'는 이러한 불확실함과 논란을 개념화하려는 시도의 하나다. 이 개념은 산 자와 죽은 자라는 전통적 이분법을 문제화한다. 마야 제푸스(Maja Zehfuss)가 기억의 정치에 관한 연구에서 암시하는 것처럼, 이는 어떤 복잡한 문제의 해결을 위한 이론적 설명이나 지식 제시와는 거리가 멀다(Zehfuss, 2007: 3). 바로 불확실성과 산 자와 죽은 자의 느슨한 경계를 더욱 깊이 사유하기 위한 시도다. 나는 이 개념을 대한항공 858기 실종자들의 복잡한 고통을 살펴보는 출발점으로 삼으려 한다. 어느 실종자 가족의 말을 들어보자.

내 자식을, 난 아직도 죽었다 소리 허면 덤벼요. 기자가, "돌아가신 분이 큰 아드님이예요?" 그래. "죽는 거 봤어?" 내가 그랬어. "왜 돌아갔다 그래?" 난 아직도 누가 돌아, 죽는, 그런 소리 허믄 난 펄떡 ……. 난 없어진 우리 아들, 지금도 그래요. 없어진 우리 아들 그래. …… 죽는 거 봤냐고? 분해서 미칠라 그래요, 나는. 누가 죽었다 그러면, 난 분해서 미칠라 그래요. 봤어? 누가? 못 봤잖아. 아—무도 죽는 걸 못 봤잖아. 없어졌지(면접, 주덕순, 2009년 8월 8일).

바로 이 불확실함이 가족들을 깊은 근심과 끝없는 절망으로 내몬다. 이렇듯 대한항공 858기 사건의 가장 특징적 부분 가운데 하나는, 승객들이 실종되었다는 점이다. 다른 문제들은 제쳐두고라도, 유해가 하나도 발견되지 않았다. 바로 이 '실종성'(Edkins, 2011)이 사건을 복잡하게 만들고 있다. 만약 가족들이 시신을 보았다면 상황은 좀 더 '괜찮을지' 모른다. 누가 비행기를 파괴했던지 가족들은 승객들이 실제로 죽었다는 것을 확인하고 일종의 '끝'이라는 생각에 이를 수 있다(완전한 종결의 의미가 아니라 애도의 단계로 넘어갈 수 있는 과정의 하나). 하지만 그렇지 않다. 이 때문에 위의 가족은 '죽었다'는 말을 쓰지 않는다. 참고로 그녀는 (승객들이 폭파로 숨졌다는) 공식 수사 결과를 받아들이는 입장이다. 고통에 대한 신시아 할펀(Halpern, 2002: 9)의 연구에 따른다면, 이것이 바로 그녀가 '현실'을 구성하는 방식이다. 이렇게 '죽었다'는 말을 거부하는 가족은 그녀 말고도 있다. 다음 말을 들어보자. "20년 세월을 지냈는데 그, 너—무 억울한 거는 진짜, [남편이] 죽었는지 살았는지 그거조차 모르고 살고 있으니까네. 그거 미쳐버리……, 가다가 진짜 돌아버리는기라"(면접, 하동화, 2009년 8월 20일). 바로 수많은 시간을 불확실함으로 살아오고 있다. 남편의 죽음이든 생존이든, 이 가족에게는 어떤 형태로든 확인이 필요하다.

그렇다면 권헌익(Kwon, 2008: 44~63)이 '작전 중 실종'된 영혼을 묘사하는 것처럼, 대한항공 858기의 살아 있지만 살지 않는 존재 또는 '귀환 중 실종'된 이들도 영혼/유령의 형태로 떠돌고 있을 수 있다.

아 뭐, 혼이 있다 그러면은, 절대로 가만히 안 있을 사람인데, 나를 생각해서라도. 아마 이제 혼이 진짜로 없나보다, 그렇게 체념을 하니까 좀 낫더라고요. 처음에는 혼이라도 좀 있어야지, 죽어서 내가 만나가지고……. 혼이 없단 소리만 들어도 그렇게 서운할 수가 없었는데요. 차라리 이제 지그 아버지가 응징을 하도 안 해주고 그러니까, 그런 생각도 했죠(면접, 차옥정, 2009년 7월 18일).

여기서 중요한 것은, 가족회 회장이 자신의 남편인 실종자를 '영혼'으로 간주하려 했다는 점이다. 그녀는 면접이 있을 당시 혼이 있다는 것을 믿지 않으려 했다. 만약 혼이 존재한다면 그들이 의혹들을 밝히는 것을 도와주고 사건의 비밀을 은폐하려 했던 세력을 혼내주었어야 했다. 하지만 상황은 여전히 변함이 없고 결국 혼이 없다고 생각하는 것이다. 그녀의 얘기를 더 이어간다면 어떨까. 만약 사건과 관련해 어떤 진전이 있었다면 그녀는 혼이 존재한다고 계속 믿었을 수 있다. 만약 그러한 진전이 면접 당시 있었다면, 그녀는 가족들의 고통을 덜어주기 위해 혼이 도와주었다고 말했을 것이다.

가족들은 매년 추모제를 열고 있다. 추모제의 중요한 순서 가운데 하나는 춤 공연이다. 한국의 전통 문화에서 기구한 운명의 영혼을 특별한 음악과 춤으로 달래는 것은 흔한 일이다. 이는 보통 신과 대화를 한다고 여겨지는 '무당'이라 불리는 이가 행한다. 현대 문화에서 꼭 무당이어야 할 필요는 없다. 전통적인 춤이나 그와 비슷한 것을 전문적으로 하는 이들이 의식을 진행하기도 한다. 어느 추모제 때는 비행기 소리와 함께 춤이 시작되었다. 그리고 실종자들의 비명인 듯한 소리가 이어졌다. 이 소리는 나에게 그들의 마지막 순간을 말해주기에 충분할 만큼 절박하게 들렸다. 이어서 구슬픈 전통 가락에 맞춰 예술인들이 본격적으로 춤을 추기 시작했다. 그들은 영혼을 상징하는 의미에서 흰색 옷을 입고 있었다. 다른 해에 있었던 추모제에서는 예술인들이 비행기 승무원 옷을 입고 나오기도 했다. 그들의 몸은 커다란 천으로 뒤덮여 있었다. 마치 사건에 대한 의문들로 영혼이 안식을 취하지 못하는 상황을 말해주는 것처럼. 그런데 또 다른 예술인이 승객들을 덮고 있던 천을 걷어내기 시작했다. 내게 이것은 영혼의 고통을 덜어주는 장면으로 보였다. 이러한 애도 의식을 통해 실종자들의 고통이 그들을 걱정하는 이들과 공유된다고 할 수 있다.

이와 더불어 대한항공 858기의 살아 있지만 살지 않는 존재는 가족들의 꿈과 가느다란 희망 속에 살아 있는 듯하다. 재조사 운동에 적극적으로 참여해온 어느 가족의 말이다.

내가 인제서야 조금 좀 저거 하지, 그전에는 집은 이사도 안 허고 전화도 안 받고. 내가 이런 말을 했잖아. 어 저녁이면은, 깜짝깜짝 놀래. 저녁에 전화를 누가 오면은 혹시 애가 살았다고 전화 올 것만 같고. 그때는, 그 당시에는 저녁에 눈만 감으면은, 우리 딸이 그 [짐을] 끌고 들어와요 꿈에. 그래서 내가 꿈에도 어머 너 어떻게, 어떻게 …… 어떻게 왔어 꿈에서 이렇게 물으면, "엄마 나, 나만 살았어. 나 살았으니까 와요." "어머 그래서 어떻게 된 거여." 그러니까는, "나 대한항공에 나가도 되요. 또 나갈 거예요." 이렇게 꿈을 끼더라고. 항상 살아서 왔대. 그러니간 안 죽은 걸로만 나는 생각을 한 거여. 그래서 애가 어디 살아서, 어디선지 전화도 올 텐데, 그러고선 전화 그렇게 기다리고 있었어. 한참 내가 밤이면 잠을 못 잤어요. 그 전화 올까봐. 어디서 전화 오면은 걔가 걘가 하고서는 나중엔 친척들 보고도 밤에 전화하지 말라고 내가 그랬었어요. 걔가 전화할 것 같아서. 죽은 것 같진 않아. 살아 있는 것만 같은. 뭘 봤어야지. 도대체 뭐가 어떻게 된 걸 알아야 되지(면접, 이을화, 2009년 7월 20일).

여기서 강조할 점은, 딸의 생존에 대한 희망이 증거의 부족에서 온다는 것이다. 이 가족은 딸의 시신 또는 물품을 보지 못했다. 그 누구도 딸이 죽었다고 확실히 증명해주지 않았다. 또 다른 가족 역시 실종자를 꿈에서 만난다.

항상 꿈에 안 보이더니 얼마 전에는 꿈에 보이더라고. 생전 안 보이더니 처음 봤어, 처음 봤어. 몇 번 꾼 적도 있는데, 그때는 내가 아직 걔가 살아 있는 걸로 알더라고, 내가. 근데 얼마 전 꿈에서는 걔가 죽었더라고. …… 만나면 맨날 놀기만 하고 그랬거든? 근데 이제 걔는 이제 아니고, 그래 갖고 내가 놀래서 꿈에서 깬 적이(면접, 유인자, 2009년 7월 23일).

남동생이 대한항공 858기의 승무원으로 일했던 이 가족은 실종자가 꿈에 나타났다. 그런데 이 꿈을 꾼 시점은, 그녀와 다른 가족들이 진실 위원회에 재조사 신청을 취하했을 때였다. 이 가족에 따르면, 이 결정은 고심 끝에 내려진 것이었다. 가족들이 보기에 위원회는 재조사를 성실하게 계속해 나갈 의지가 부족했다(이 부분은 다음 장에서 다시 다룰 것이다). 그녀는 이 꿈이 이런 실망스러운 상황과 관련 있는 것 같다고 말했다. 이처럼 살아 있지만 살지 않는 존재는 그 가족들의 꿈에 계속 나타나는 듯하다.

그래 어딘가에 살아 있을 것 같다. 그래서 늘 항상, 진짜 우리 죽기 전에는 한번 만날 수 있을까. 그래서 가끔 꿈에서도 보면은 꿈을 꿔도, 살아 있는 것 같애요. 진짜 우리 엄마도 그러시지만은, 우리 엄마도 지금두요, 어딘가는 살아계시다는 생각을 해요. 그래서 우리 오빠가 살아 있겠지? 언젠가는 만날 수 있을 것 같다. 증거가 없으니까 아무런 증거가 없잖아요(면접, 최애연,

2009년 7월 31일).

이 가족의 경우 실종자가 꿈에 계속 나타남에 따라 죽음에 대한 증거 문제를 제기한다. 아무런 시신도 발견되지 않았다. 누군가가 죽었다는 것을 받아들이기 위해서는 그 사람의 유해를 보는 것이 필요하다. 증거로서의 시신이다. 하지만 이 가족과 어머니의 경우 그렇지 않다. 간단히 말해 가족들은 승객들이 "죽었는지 살았는지" 아직도 모르고 있다(면접, 정 아무개, 2009년 8월 7일). 꿈에서뿐만 아니라, 살아 있지만 살지 않는 존재는 가족들의 일상에서 다양한 방식으로 살아 있는 듯하다.

진짜 지금도, 나는 지금도, 아니 '설마, 설마 폭발이야 됐겠어?' 꿈이라도 꾸면은 '어딘가 있지' 이런 생각 계속 들어가요. 딴 사람들도 그런대. …… 근데 지금이니까 그렇지. 그때만 해도, 그 외국에서 편지 주고받고 이러는 …… 빨간 편지 그런 거야 없지만, 우편함 쳐다보면 혹시, 막 그런 그, 몇 년, 인제 그러고 나서 몇 년 전까지만 해도 …… 놀랄 정도로 계속 느껴졌거든요? 근데 지금은 많이 희미해졌으니까. 그래도 생전에 진짜 확인을 하고, 저기, 떠나믄 좋겠다 이런 생각 들어가요(면접, 박서영, 2009년 8월 16일).

이 가족도 위의 경우와 마찬가지로 실종자에 대한 꿈을 꾼다. 여기서 우편함은 그녀의 일상을 상징하는 듯하다. 그녀가 우편함을 확인하듯, 지금 필요한 것은 자신의 눈으로 남편의 죽음 또는 생존을 직접 확인하는 것이다. 이렇듯 고통은 그녀 일상의 한 부분이 되었다. 이는 여성주의 문화 이론가이자 작가인 글로리아 안잘두아(Gloria E. Anzaldúa)가 그녀의 고통을 "삶의 한 방식"으로 묘사한 것과 비슷한 맥락일 수 있다(Anzaldúa, 2000:

93). 고통이 삶의 일상적 부분이 된 것이다. 곧, 삶의 평범한 방식이 되었다. 다음 말을 들어보자.

지금도, 우리는 그래요. 남편이, 죽은 사람, 없어진 사람 말고 우리 부모들은, 지금도 뭐 저 …… 요번에 미국 기자들 가봤으니까 만나거든요. 이북에 가서 …… 살아서 만난다고요. 근데 지금도 20년씩 막 있어요. 혹시나, 잡아다가 어디 가서 이이 있지 않느냐. …… 아무것도 없어요. 옷 한 가지도 없어요. 비닐로 싸 가면 안 썩어요. 그치요? 그거 하나 없잖아요. 백 몇 명이 넘는데 아무것도 없잖아요. 그러니까 어떻게 믿어요? 못 믿어요(면접, 강차연, 2009년 8월 8일).

이 가족 역시 증거에 대한 문제를 말하고 있다. 시신이 없는 한, 이 가족에게 끝이란 없다. 참고로 강차연은 앞선 주덕순과 마찬가지로 공식 수사 결과를 받아들이는 가족이다. 다시 말해, 정부의 발표를 받아들이는 입장에서도 증거 없는 죽음은 믿기 어렵다.

이쯤에서 6장에서 잠시 다뤘던 영화로 돌아갈 필요가 있을 듯하다. 영화에는 승객들의 극심한 고통이 그려진 장면이 있다. 수사 결과에 따르면, 대한항공 858기는 안다만 해에서 폭파되었다. 영화에서 비행기는 공중에서 폭파되어 부서지는데, 승객들이 자리에 앉은 채 그대로 날아가 버린다. 어떤 이는 폭파된 기체에 위험스럽게 매달려 떨어지지 않으려고 온 힘을 다한다. 그런데 가장 끔찍한 장면은, 강력한 폭발과 압력의 변화로 한 승객의 몸이 찢어지는 부분이다. 눈알이 말 그대로 빠져버린다. 이런 일이 진짜 있었을 수도 있었겠지만 영화에 이 끔찍한 장면을 포함시킨 것은 논란의 여지가 있다. 이런 장면이 왜 필요했을까? 나는 이와 같은 묘사가 몇 가지 효과를 냈다고 생각한다. 무엇보다 이는 승객들이 겪었을 수 있는 극심한 고통을 상상할 수 있게 한다. 우리가 그들의 고통을 직접 느낄 수 없기 때문에(예컨대 우리는 당시 상황에 대한 그들의 이야기를 들어볼 수 없다), 이러한 시각적 재현이 그 고통을 간접적으로 가늠할 수 있게 해준다. 하지만 더 중요한 것은, 이런 장면이 무의식적으로 북쪽의 잔인함을 떠올리게 한다는 점이다. 곧, 이와 같은 엄청난 고통에 대한 책임은 북한에게 있다는 얘기다. 이 영화를 보고 나면 누가 이런 끔찍한 일을 저질렀나를 한번쯤 생각할 수 있다. 영화와 공식 수사 결과에 따르면, 바로 북쪽이 이 범죄를 저질렀다. 이처럼 실종자들의 고통은 당시 비행기에서 겪었을 수 있는 일을 경험하지 못한 이들(특히 가족들)에게 영향을 준다. 살아 있지만 살지 않는 존재인 실종자들. 그들은 불확실한 희망, 꿈 그리고 영화를 통해 죽기를 거부하고 있다.

2. 가족들

실종자 가족들은 어떻게 애도할 것인가의 문제로 괴로운 시간을 보내왔다. 주디스 버틀러는 이러한 상실과 애도의 정치학에 대해 말하고 있다. 거의 모든 이들이 다양한 형태의 취약성으로부터 자유롭지 않다. 사회적 존재로서 인간은 상실에 노출되어 있고 애도를 해야만 하는 상황에 맞닥뜨리게 된다. 그렇다면 중요한 질문 가운데 하나는 어떻게 그 상실을 애도할 것인가와 관련 있다. 주디스 버틀러는 성공적 형태의 애도가 가능하다는 지그문트 프로이트의 말에 동의하지 않는다. 그녀에 따르면, "상실을 통해 아마도 영원히 바뀔 것이라는 점을 인정할 때 애도하게 된다. 애도란

변화를 겪을 것이라는 점에 동의한다는 것과 관련 있을 수 있다"(Butler, 2004a: 21). 그리고 이 변화의 완전한 결과는 누구도 예상하지 못한다. 애도하는 데는 어떤 잘 짜인 시간표가 없다. 흔히 애도는 우리가 계획한 대로 진행되지 않는다. 때로 상실이 전혀 예상치 않게 다가오는 것처럼, 애도 역시 그러하다. 이런 점에서 슬픔과 애도가 뜻하는 것은 자율성과 통제성을 갖춘 인간 주체의 개념과 관련이 있다(Butler, 2004a: 23). 그리고 우리는 이를 통해 공동체 및 관계성에 대해 생각해볼 수 있다. 그러나 어떤 삶과 상실은 애도의 과정에서 이러한 공동체를 경험할 기회를 갖지 못한다.

그러면 정부는 대한항공 858기 가족들에게 무엇을 해주었는지 궁금해진다. 결국 실종자 가족들은 한국의 국민이며, 따라서 정부는 이들을 보호하고 위로할 의무가 있다(특히 공식 수사 결과에 따르면, 그들은 북한의 적대 행위에 의해 고통을 받아왔다는 점에서 그렇다). 이 문제와 관련해, 앞서 살펴봤던 로런 벌란트(Berlant, 2004)의 연구로 돌아가보자. '연민의 정치학'이라는 이름으로 작동하는 연민 없음에 대한 이야기다. 그녀는 미국 맥락에서 공화당의 온정적 보수주의가 어떻게 평범한 사람들에게 온정적이지 않았나를 이야기한다. 한국 정부는 공식 수사 결과를 발표하면서 실종자들과 그 가족들에게 위로와 연민의 뜻을 전했다. 정부는 그러한 말을 덧붙이는 것으로 연민의 정치가 공식적으로 끝났다고 믿은 듯하다. 이후 국가는 그다지 신경을 쓰지 않은 것이다.

2005년, 실종자 가족 한 명이 세상을 떠났다. 아들이 실종되었던 최순남은 재조사 운동에 함께했다. 이상한 일은 그가 눈을 뜬 채로 죽었다는 것이다. 사람들이 눈을 감기려 했지만 감기지 않았다고 한다. 결국 그는 눈이 감기지 않은 상태에서 묻혔다. 어떻게 이런 일이 가능할까? 최순남의 가족에 따르면, 그는 여러 가지 의혹 때문에 대한항공 858기 사건이 반드시 재조사되어야 한다는 신념으로 열심히 활동했다고 한다(나 역시 그의 활동을 지켜볼 기회가 있었다). 그는 '한'으로 가득했고, 그래서 세상을 편히 뜨지 못했다. 흔히 사람이 한이 많으면 죽을 때 눈을 감지 못한다고 한다. 아들의 실종과 그의 활동을 생각했을 때, 그의 마지막 순간이 어땠을지 추측해보는 것은 그리 어려운 일이 아니리라. 나는 그의 뜬 눈이 저 세상에 가서도 사건을 풀어보겠다는 약속을 뜻하는 게 아닐까 생각한다. 최순남처럼 사건이 일어난 순간부터 견디기 힘든 고통 속에 살고 있는 가족들이 많다.

주디스 버틀러(Butler, 2004a)의 말을 빌리면, 대한항공 858기 가족들은 상실 자체를 (인정하고 싶어도) 인정할 수 없기 때문에 애도를 할 수 없다. 나는 이것을 '지연된 애도'라 부르려 한다. 가족들은 자발적으로 또는 강제적으로 자신들의 애도를 미루고 있다. 2004년 6월 3일 그들은 지연된 애도와 관련해 중요한 행사를 가졌다. 사건의 위령탑을 인정하지 않기로 선언한 것이다. 이 탑은 정부의 지원으로 만들어졌는데 공식 수사 결과가 인정되는 과정에서 어느 정도 중요한 역할을 했다. 가족들은 위령탑을 부수는 상징적 행위를 연출했고 동시에 사건에 대한 철저한 재조사를 요구했다. 이는 가족들의 고통이 진실 문제와 깊이 관련되어 있다고 말해준다. 만약 기존 수사 결과가 충분히 설득력이 있고 철저하다면 가족들이 이와 같은 행사를 열지 않았을 것이다. 만약 진실에 대한 문제가 없다면 그들은 위령탑 앞에서 재조사를 요구하지 않았을 것이다. "기억은 경관의 한 부분"으로 여기에는 기념탑 문제가 깊이 얽혀 있다(Winter, 1995: 1). 실종자 가족들의 2004년 행사는 이러한 추모의 정치를 확인해주는 듯하다.

이 시점에서 위령탑에 대한 얘기를 더 할 필요가 있다. 중요한 것은 위령탑 건립 과정에 반북 단체가 깊숙이 개입했다는 점이다. 정부는 한국반

공연맹(현 한국자유총연맹)에게 위령탑 건립 추진을 맡겼는데 이는 위령탑이 반공/반북 선전의 한 부분으로 자리매김할 것을 의미했다. 따라서 위령탑은 처음부터 실종자와 그 가족들을 추모하기 위한 목적과는 거리가 있었다. 이 탑은 커다란 삼각형 모양을 하고 있다. 뾰족한 창처럼 생긴 형태로 중간에는 돌로 만든 조그마한 벽이 있다. 안타깝게도 이는 위로와 추모의 의미를 전달하기에 부족해 보인다. 오히려 공격적으로까지 보인다. 마치 북쪽에 대한 보복을 상징이라도 하듯. 탑의 앞면에는 공식 수사 결과가 짧게 적혀 있다. 그리고 뒷면에는 실종자들의 명단이 생일과 함께 새겨져 있다. 실종자들의 이름이 탑 앞에 새겨졌더라면 더 좋았을 듯싶다. 이는 탑의 건립 과정 및 창과 같은 형태와 뭔가 통하는 듯하다. 바로 정부에게는 (반북 의식 고취 같은) 사건의 정치적 활용이 우선순위였던 것이다. 사건에 대한 추모 자체는 부수적인, 곧 '뒷부분'으로 밀려났다. 게다가 위령탑 장소도 문제가 있어 보인다. 서울 변두리의 한 공원에 있는데, 공원 안에서도 탑을 찾기가 쉽지 않다. 흥미로운 것은, 약간은 비밀스럽기도 한 위령탑의 위치가 공식 수사 결과를 발표했던 국정원(당시 안기부)이 있는 곳과 그리 멀지 않다는 것이다(차로 5분 정도 걸린다). 종합하면, 대한항공 858기 위령탑은 그 형태(창), 내용(공식 수사 결과) 그리고 위치(은밀한 장소)로 보았을 때, 실종자들과 그 가족들을 위로하기에 부족하지 않나 싶다.

이 대목을 더 논의하는 데는 트라우마, 폭력 그리고 정치적 공동체의 관계를 살펴본 제니 에킨스(Jenny Edkins)의 작업이 유용할 것 같다. 그녀는 "국민국가의 지속과 관련된 표준화된 정치적 과정의 직선적 시간"의 대안으로 '트라우마 시간'이라는 개념을 제안한다(Edkins, 2003: xiv). "트라우마 시간 안에서는 …… 직선성이 무뎌진다. 뭔가 맞지 않는, 예상하지 못한 일이 생긴다. …… 우리가 이미 알고 있는 이야기에 어긋나며, 이는 우리에게 새로운 설명이 필요하다고 말해준다"(Edkins, 2003: xiv). 바로 이것이 대한항공 858기 가족들에게 일어난 일이다. 그들의 이야기와 투쟁은 국가가 제공해온 공식 설명과 맞지 않다. 그들이 제기하는 여러 문제들은 기존의 이야기에서 차지할 자리가 없다. 추모는 이 트라우마를 국민국가가 만든 영광과 희생의 신화에 흡수하기보다 그것을 껴안을 때 의미가 있다(Edkins, 2003: 57). 제니 에킨스는 두 개의 추모 건립물을 사례로 살펴본다. 영국 런던에 있는 전사자 추모비와 미국 워싱턴에 있는 베트남 전쟁 추모비다. 특히 베트남 전쟁 추모비에 대한 묘사에 주목하자. "위로 솟구친, 승리를 축하하는 듯한 남근적 조형물은 완성과 주권에 대한 사회적 환상을 복구시키는 것으로 보일 수도 있겠지만, 땅을 보듬고 있는 이 형상은 죽음과 트라우마가 남긴 빈 자리를 보여주고 있다"(Edkins, 2003: 80). 트라우마를 껴안고 있는 베트남 전쟁 추모비는 트라우마를 흡수해버리는 대한항공기 위령탑과 대비된다. 이는 창 모양의 추모탑 형태를 통해 부분적으로 알 수 있다. 위로 솟구친 남근적 형상은 돌아오지 못한 실종자들과 그 가족들의 계속되는 트라우마를 껴안지 못하고 있다. 그 대신 트라우마는 국가가 주도한 반북 담론에 흡수되어 버린다. 바로 실종자들의 이름이 탑 뒷부분에 새겨져 있는 이유가 아닐까. 사건의 트라우마 시간이 국가의 직선적 시간에 압도되어 버린 것이다.

실종자 가족들의 위령탑 거부 선언으로 돌아가자면, 나는 이를 포함한 가족들의 재조사 운동은 자원으로서의 고통에 대해 뭔가 말해주고 있다고 생각한다. 그들은 뒤에서 슬퍼하고만 있지 않다. 가족들은 수동적이지 않다. 그들은 행동하고, 싸우고, 행사를 조직한다. 비록 그들의 고통이 크기는 하지만, 동시에 이를 행동하는 원천으로 삼고 있다. 나는 가족회 회장에게 많은 어려움과 고통에도 불구하고 지금까지 꾸준히 진상 규명 운동을 해올 수 있었던 힘이 무엇이었는지 물었다. "그거는 이제 안 밝혀졌으니까, 우리는. 하나도, 증거자료라고는 하나도 없는 거잖아요"(면접, 차옥정, 2009년 7월 18일). 다시 말해, 가족들의 고통은 진실 문제와 밀접히 연관되어 있고, 이것이 그들의 행동을 가능하게 했다.

가족들은 그들의 목소리가 사회에서 진지하게 받아들여지지 않기 때문에 고통을 받는다. 어느 탈북자가 말하듯 그들의 목소리가 받아들여지기 위해서는 "죽는 날까지 계속 싸워야" 할 것이다(면접, 익명, 2009년 8월 19일). 남동생을 잃은 어느 가족은 이 싸움과 관련해 "빨리 결과 좀 나왔으면 좋겠어요"라고 말한다(면접, 최애란, 2009년 7월 31일).

한편 일레인 스카리(Scarry, 1985)의 표현을 빌리자면, 고통에 대한 다른 사람들의 의심과 지배적인 공식 담론이 실종자 가족들의 고통 또는 상실을 가중시킨다. 어느 가족은 말한다.

> 이게 안 죽어 사는 거지, 이게 사는 거예요? 그러고도 이 집안이 큰 사건이 났는데도 ……, 이 사건에 대해서 의문점이 …… 큰 사건이 어떻게 해서 ……. 젊을 때는 아 둘이 책임을, 믹여 살릴라고 …… 했지만은, 이놈의 …… 머리가 뻥 돌았어요. 진찰 가야돼. …… 뇌주사 맞고 이라거든. …… 약 묵고 이라는데. 그래 나는 세월이 지났고 김현희도 나이가 묵을 만큼 묵었고. …… 이래 하니까 나는 김현희를 보면은 사정하고 싶어. 나 살려달라고(면접, 하동화, 2009년 8월 20일).

남편이 비행기에 타고 있었던 이 가족은 재조사 운동에 참여했다. 그녀로서는 풀리지 않은 사건의 고통 속에 사는 것은 사는 것이 아니다. 한나 아렌트(Arendt, 1958 / 1998)가 일러주듯 절망과 고통은 삶과 죽음의 의미 자체를 묻게 한다. 또 다른 가족도 하동화와 비슷한 말을 한다. "처음 소식을 들었을 때 너무 충격적이었는데, 산 채로 죽이는 듯한 충격을 받았어요. 저는 지금 살지 않고 그때 남편하고 같이 죽지 않았나 생각해요"(면접, 익명, 2009년 7월 22일). 이름을 밝히지 말아 달라는 이 가족은 삶과 죽음의 경계가 어떻게 무너졌는지 얘기한다. 바로 그 경계에 대해 다시 생각하고 있는 것이다.

어떤 가족들은 사건의 트라우마 때문에 실종자 외에 다른 가족을 또 잃었다.

> 걔를 갖다가 지 아부지가 늦게 …… 그렇게 늦게 난 앤대, …… 걔 때문에 병이 난 거여. 병이 나서 아부지까지 그렇게 돌아가시고 나고. 그냥, 지금도 걔 생각을 하면 뼈가 녹고, 아주 지금도 어디 가서 걔 얘기만 했다 하믄, 하여간 눈물이 줄줄줄 쏟아지고(면접, 이을화, 2009년 7월 22일).

사건 당시 승무원으로 일했던 그녀의 딸은 순식간에 사라졌다. 그리고 이 상실은 남편에게 나쁜 영향을 미쳤다. 삶이 눈물로 가득한 사람은 이 가족만이 아니다. 특히 자식을 실종자로 둔 가족들은 엄청난 고통 속에 살아왔다.

> 이 얘기를 헌다고 생각하니까 밤에 잠을 하나도 못 자고, 어저께도 뿔짝 새우고 오긴 왔는데 ……. 이거 몇 며칠씩 이런 얘기를 들으믄 그래요. 그건 학생은 몰라. 학생은 전연 이런 걸 몰라. 우리 늙은 부모들 심정을 죽어도 몰라. 내 부모 마음도 다 모르잖아 그치? 학생이. 근데 이 할머니들이 아, '그 858기 비행기 사고를 뭐 당했구나', '이런 일 있구나', 이렇게 밖에 안 생각 든

데. 우리들은, 세상 같은 …… 내 자식들을 잃고서는, 살아가고 있는 그 심정, 말할 수도 없는 거야(면접, 주덕순, 2009년 8월 8일).

아들이 없는 이 가족의 세상은 일레인 스카리(Scarry, 1985)가 말했던 언어를 파괴하는 고통과 일맥상통한다. 곧, 말로 표현할 수 없는 것이다. 아들이 비행기에 타고 있었던 또 다른 가족도 마찬가지다.

아 나는, 제일 큰 아들이거든. 제일 큰 아들이 그냥 갑자기 그냥 죽어갖고, 그것이 그냥, 항상 마음에 그냥 걸리지요. …… 우리가 저기, 1년 만에 나오라고, 집에서 나오라고 그랬어요. 그래갖고 나오다가 그냥 …… 친구도 자기네 아들이 뭐 어떻게 있어가지고, 그런 소리 들으면 속상해요. 속상하고, 항상 그게 마음에 걸려갖고는, 밤낮으로 걸려갖고는 마음에(면접, 이명옥, 2009년 8월 12일).

이 가족의 고통은 그녀의 삶을 다른 이들의 삶과 비교했을 때 더욱 커진다. 아들을 잃은 또 다른 가족의 경우 특정한 현상에 대해 트라우마 상태를 보인다.

[비행기 소리가 들림] 비행기 ……
[나: 아아 그럼 이 비행기 소리가, 들릴 때마다]
가슴이 아프지 …… 비행기 떨어져서. [한숨] …… 그렇게 그 아주 비행기 소리를 더 듣기 싫어 아주. 가슴이 아파 아주. [애타는 목소리로] 비행기 소리가 가슴이 아퍼(면접, 신규하, 2009년 8월 4일).

면접을 진행하고 있는 중에 비행기가 이 가족의 집 위로 날아갔다. 비행기가 내는 소리는 이 가족에게 깊은 상처를 남겼다. 비행기 자체가 고통의 정치학의 중요한 부분이 된 것이다. 결국 이 고통의 문제에 민감해질 필요가 있다. 예를 들어 전직 진실 위원회 조사관은 사건의 재조사 과정에서 가족들이 "트라우마와 함께 살아왔다"는 점을 잘 인지해야 한다고 말한다(면접, 안경호, 2011년 8월 11일). 이 문제를 심각하게 고민하지 않으면, 가족들은 또 다시 상처받게 된다. 바로 "2차 피해"가 가해지는 것이다. 이미 받아온 고통과 더불어 진상 규명에 대한 아무런 진전을 보지 못한 데서 오는 고통을 또 받게 된다.

한편 어떤 가족은 실종된 남동생을 생각할 때마다 특히 슬픔과 죄책감을 느끼고 있었다.

내가 조그맣게 자영업을 해요 우리가, 자영업을 하는데 우리 동생을 데려다가 인저, 인저, 그 망하고 나서 …… 망하고 나서 그러고 있다가 인제 간 거거든요. 갔는데, 인제 나하고 갈등이 많았었어. 그래서 이제 거기로 간 거야 이라크를. …… 긍께 내가 항상 죄책감을 느껴요. 내가, 데리고 있어야 되는 거였었는데. …… 거기 있으면서 성경책을 보내달라고 하더라고. 그때만 해도 그 외국이라고 …… 굉장히 어려웠잖아요. 지금 같으면 쉬웠지만은. 그래서 어영부영하다보니까, 했었는데, 온다는 거야. 그래서 항상 내가, 그 …… 아, 그때 성경책을 보내줬으면은 이런 사고를 안 당하고 그 비행기를 안 탔을까. 그런 생각도 해요(면접, 최애정, 2009년 7월 31일).

이렇듯 죄책감에 괴로워하기도 하지만, 또 다른 가족의 경우 무력감에 깊이 괴로워한다.

지금 마음은 한없이 답답하고 허나, 우리 힘은…… 연약한 우리들의 힘으로서는 어쩔 수 없이 울고 겨자 먹는 식이라 이거여. 이러기 때문에 힘 약한 우리들은, 어떻게, 어따 대고 어떻게 얘기를 해야, 이것이 옳을지조차도 모르는 이 사람들 심정이라는 것은 너무나도 막막하다 이 말이야(면접, 정길두, 2009년 8월 18일).

다른 많은 승객들과 마찬가지로 이 가족의 동생도 노동자로 비행기에 타고 있었다. 대한항공 858기 사건에는 풀리지 않은 의문들이 있고, 가족들은 잘 대우받지 못했다. 그래서 가족회가 만들어졌고 좀 더 좋은 상황을 만들기 위해 노력했다. 그의 탄식은 고통과 관련해 계급의 문제가 있다고 암시한다. 대부분의 가족들은 노동자 계급으로 사회적 기득권과는 거리가 멀다. 그렇다면 오직 노동자 계급만 고통을 받는 것일까?

제 슬픔이 너무 커서 [가족회 같은] 조직이나 어떤 활동을 생각할 힘이 없었어요. 여력이 없었어요. 그리고 시아버님도 나서지 말라고 하셨어요. 그러면 더 상처 받는다고. …… 아무튼 굉장히 힘들었어요, 받아들이기가. 우리 부부가 너무 사이가 좋고 그랬는데, 그 사람이 갔다는 상상이 안 되요. 활동하는 것도 힘이 남아 있을 때 하는 거예요. 저는 나설 힘마저 없었어요(면접, 익명, 2009년 8월 19일).

한국 사회에서 상류층으로 분류될 만한 이 가족은 또 다른 방식으로 무력감에 고통받았다. 그녀의 남편은 중동지역과 관계를 맺고 있던 한국 건설회사의 고위 간부였다. 사건 이후 그녀는 자신의 사업을 따로 시작했고 성공했다. 이처럼 비록 제한적이지만 몇 가지 사례로 보건대, (노동자) 계급 문제가 고통을 가중시킨 면이 있겠지만 이것이 고통-계급 사이의 직결 관계를 확인해주는 것은 아니라고 하겠다.

중요한 것은, 가족들의 이야기에 따르면, 그들이 다양한 형태의 괴로운 상황에 놓여 있다는 것이다. 깊은 근심, 분노, 트라우마, 죄책감, 좌절감 등. 그렇다면 다시 한 번 로런 벌란트(Berlant, 2004)의 연민에 대한 논의로 돌아가보자. 정부는 고통받는 가족들을 충분히 배려하지 못했다고 할 수 있다.[1] 그러면 이런 힘든 상황에서 가족들은 어떻게 했을까? 그들은 과연 어떻게 버텨왔을까? 몇몇 가족의 경우 종교가 중요한 역할을 했다. 한 가족은 사건 이후 불교신자가 되었다.

제가 여태까지 이렇게 꿋꿋이 살아 있는 거는, 제가 불법을 만났기 때문이에요. 불법, 불교, 응. 불법을 만나고 불법에, 불교에 귀의. 그건 귀의거든요. 그러기 때문에, 그런 걸 만났기 때문에 내가 그나마 이렇게 숨 쉬고 살 수가 있는 거지, 그렇지 않으면 나 같은 성격에 참고 살 수가 없었을 거예요. 또 우리도 내가 전생에, 뭐 그런 연관이 다 인과응보거든요. 인과응보기 때문에 내가 전생에, 어? 이런 일에 뭐 휘말렸으니까, 어? 그런 그런 연관성 있는 일이

---

1 정부의 태도와 관련해, 신시아 인로가 2005년 한국에서 했던 강연 가운데 고통에 관한 대목 역시 생각해볼 필요가 있다. "고통의 초월, 이것이야말로 남성성의 본질입니다. 고통을 말하면, 현실성이 없다고 말하는 것은 누구의 관점인가요? 권력을 가진 사람들이 가장 두려워하는 것은 고통에 대한 감수성입니다." 이는 고통의 문제가 젠더의 정치와 관련되어 있음을 깨닫게 해준다. 처음 이 내용을 알게 된 것은 정희진의 강의를 통해서였다. 아울러 신시아 인로는 이 언급과 관련된 내 편지를 친절히 받아주고 고통의 정치학에 대한 연구에 관심을 보여주었다(전자우편 교환, 2010년 1월 2일, 2010년 2월 8일).

있었기 때문에 …… 피할 수 없죠, 전생이니까. '그렇기 때문에 지금 결과를 받는구나', 이렇게 생각을 하는 거죠. …… 그렇게 그런 진리를 만났기 때문에 내가 거기에, …… 여태까지 견뎌낼 수가 있었던 거죠(면접, 임옥순, 2009년 7월 25일).

비록 불교의 전생-인과응보 이야기가 좀 우울하게 들리지만 그녀가 지금까지 살 수 있었던 것은 이 덕분이었다. 또 다른 가족은 교회에 나가기 시작했다.

그때만 해도 애기들만 성당에 나가고 [나는] 성당에 나가지는 않았었거든요. 근데 이제 그 길로, 이제 성당에를 나가서 기도 좀 해달라고 갔었어요. …… 그 성당 다니시는 분들이, 진짜 부모처럼 잘해줬어요. 그래가지고 애들한테도 잘해주고 그래서, 그 사람들 때문에 이렇게 다, 마음 다른 길로 안 먹게 잘해준 것 같고(면접, 박서영, 2009년 8월 16일).

정부의 부족한 배려와 관심으로 가족들은 각자 제 살길을 찾아야 했다. 이렇듯 가족들의 고통은 민감하면서도 복합적인 면을 보여준다.

3. 폭파범

어떤 이는 가해자의 고통을 살펴보는 것이 적절하지 않다고 말할 수 있다. 피해자의 고통이 훨씬 중요하기 때문에 그다지 다룰 필요가 없다는 얘기다. 하지만 나는 폭파범으로 알려진 김현희도 (공식 수사 결과의 진위 여부에 상관없이) 한반도의 비극적 분단 상황의 또 다른 피해자라고 생각한다. 가해자-피해자의 이분법적 구분을 벗어나 한나 아렌트(Arendt, 1958 / 1998)나 엘리자베스 스펠만(Spelman, 1997: 157~172)의 인간의 조건으로서의 고통에 주목한다면, 김현희의 고통도 다룰 필요가 있다. 이 절에서는 특히 고통에 대한 해석 문제를 고민하고자 한다. 사건을 둘러싼 논란과 경합성을 고려할 때 김현희의 고통이 과연 진실한 것인가의 문제가 제기될 수 있다. 이 부분을 더 고민하기 위해 가면 쓰기-위장의 개념을 잠깐 살펴보려 한다. 흔히 위장은 "뭔가를 숨기는 것 그리고 이 숨김의 조건을 보여주는 것과 관련이 있다"(Woodward, 1991: 148). 웹스터 사전에 따르면, 위장이란 "진정한 특성 또는 상황을 감추기 위해 겉으로만 보여주는 전시에 해당되는 어떤 행위, 모양새, …… 또는 삶의 형태"이다(Woodward, 1991: 148에서 재인용). 이런 표준적 정의는 옥스퍼드 사전에서도 찾아볼 수 있다. 곧, 위장은 "진정하고 진실한 것처럼 보이지만 실제로는 그렇지 않은 행위나 방식 등"을 뜻한다(Crowther, 1996: 746). 위와 같은 정의들에 따르면, 가면 쓰기-위장은 어떤 진정한 본질을 감추는 것과 관련 있다. 이는 가면 뒤에 진짜 본질이 숨겨 있다는 뜻이다(Sumera, 2009: 3).

그러나 문학이론가 캐슬린 우드워드(Kathleen M. Woodward)는 이러한 정의에 동의하지 않는다. "가면은 진실을 숨기기보다, 그것을 **표현할** 수 있다. 가면 **자체**가 복합적 진실 가운데 하나일 수 있는 것이다"(Woodward, 1991: 148). 나는 이 "복합적 진실"로서의 가면 쓰기-위장이 이 책의 경합적 진실에 대한 관심사와 연결된다고 생각한다. 이 복합성은 조안 리비에 (Joan Riviere)의 진정한 여성스러움과 위장 사이의 경계를 묻고 있는 「위장으로서의 여성스러움(Womanliness as a Masquerade)」이라는 글에서도 넌지시 제시되고 있다(Riviere, 1929 / 1986: 38). 여기서 복합성은 협상과 관련 있다. 곧, 특정한 맥락과 상황에 따라 어디에 더 무게를 둘 것인가가 결정된다. 그녀에 따르면, 여성스러울 수 있는 역량과 관련해 이성애 여성의 경우, 여성스러움은 주된 발달 상태를 대변하는 것이 아니라 근심을 피하기 위한 장치로서 활용된다(Riviere, 1929 / 1986: 38). 이런 면에서 위장은 협상과 생산에 관한 것이라 할 수 있다. 따라서 결핍은 이미 포함되어 있다기보다 생산되는 것이다(Doane, 1982: 82).[2]

그러면 이 논의를 바탕으로 했을 때 김현희의 고통을 어떻게 해석할 수 있을까? 지금부터 이 질문을 부분적으로 다루려 한다. 한국 정부의 공식 수사 결과에 따르면, 김현희는 자살을 하려 했지만 실패했다. 그렇다면 아마 이 시점부터 그녀는 (몸으로 직접 체험하는) 고통을 느꼈다고 말할 수 있겠다. 만약 그녀가 그 자리에서 죽었다면, 그리하여 의식이 완전히 사라졌다면, 몸에 남아 있던 독극물 때문에 신체적 고통을 겪지 않았어도 되었을 것이다. 신체적인 것을 넘어 그녀는 완벽한 임무 수행에 실패했다는 패배의식, 자살 실패에서 온 좌절감, 다가올 수사에 대한 두려움 그리고 북에 남아 있는 가족들에 대한 우려 등 여러 가지 괴로움을 겪지 않았어도 되었을 것이다. 그녀는 서울로 압송된 뒤 자백하기로 결심할 때까지 힘든 시간을 보냈을 듯싶다. 공식 수사 결과를 받아들인다고 가정했을 때, 김현희에게 자백은 그녀의 조국 북한에 대한 배신이었다. 다시 말해, 그녀는 북쪽에서 얻었던 모든 신뢰를 저버렸고 북에 있었을 가족들을 위험에 빠뜨렸다. 그리하여 그 결정 과정은 죽었다면 겪지 않았어도 되었을 굉장한 긴장과 고통스러운 상황을 동반했을 것이다. 이와는 별개로, 자백 결정이 있기

---

2 위장에 대한 더 많은 논의에 대해서는, 예컨대 Butler(1990 / 2006: 59~77); Craft-Fairchild(1993). 또한 Rowe(2013: 84~111) 참조.

전까지 어떤 강압과 고문 같은 것들이 있었을지 모른다. 한반도 역사 전문가 브루스 커밍스의 말을 들어보자.

불행히도, 남한 당국의 과거 행태를 봤을 때 독립적 관찰자의 입장에서 남한을 믿는다는 것은 불가능하다. 고문을 통해 자백을 받아내는 것은 지금도 흔한 일이다. …… 따라서 이번에 당국을 믿는 것은 — 김현희의 자백이 맞아 보이기는 하지만 — 과거 행태에 영향을 받을 수밖에 없다(Cumings, 1988).

이 지적대로 남한 군사정권들은 강압적이고 잘못된 수사관행으로 악명 높았다.

김현희는 수사기관에 자백을 한 뒤 공식 수사 결과가 발표되던 날 기자회견을 가졌다. 그녀는 기자들에게 배신감을 토로했다. 하지만 이번에는 굉장히 다른 맥락의 배신감이었다.

저는 이 사건의 비밀을 끝까지 유지하고 싶었고, 진실을 부인함으로써 친애하는 지도자 동지의 명예를 더럽히지 않으려 했습니다. 하지만 서울과 서울 시민을 보고, 텔레비전에 나오는 저를 보면서, '내가 지금까지 속았구나'라는 배신감이 들어 진실을 말하기로 마음먹었습니다(FCO, 1988a: 1).

그녀는 북 정권에 속아왔다는 것을 깨닫고 자백을 하기로 결심했다고 주장했다. 다시 말해, 그녀는 비밀공작원으로서의 모든 시간과, 그녀의 임무와 북 지도부에 대한 믿음, 또는 북에서 살아왔던 (그녀에 따르면, 정권의 거짓으로 가득 찼던) 인생 전체를 모두 되새겨봤다는 이야기다. 삶의 근거가 되어왔던 믿음을 버린다는 것은 결코 쉬운 일이 아니다. 이러한 과정을 공개적으로 밝힘으로써 그녀는 자신이 얼마나 고통스러웠는가를 말했다. 곧, 김현희는 그녀의 과거 인생을 완전히 부정해야 했다.

자백은 결과적으로 그녀가 한반도 통일을 위한 성스러운 임무를 수행했던 것이 아니라, 대량 학살을 자행했다고 인정한다는 의미였다. 아일린 맥도널드(MacDonald, 1992: 43)가 김현희와의 대화에서 밝히고 있듯 그녀는 사건 당시 아무런 감정 없이 "로봇"처럼 임무를 수행했을 수 있다. 죄 없는 수많은 사람들을 살해했다고 인정하는 것은 후회와 고통의 세계로 들어서는 일이다.

원래는 죽은 사람들과 그 가족들을 생각해서 기자회견을 열지 말아 달라고 부탁했습니다. 하지만 이 사건에 대한 책임으로 비록 나 자신이 죽을 수 있겠지만, 진실을 밝힘으로써 돌아가신 분들의 애환을 조금이라도 덜어드리고 싶어 기자회견 여는 것에 찬성했습니다. 저는 이와 같은 끔찍한 일이 다시는 일어나지 않기를 바랍니다(FCO, 1988a: 1).

김현희는 실종자들과 그 가족들의 고통을 어느 정도 이해할 수 있었으리라 생각된다. 그녀는 만약 자신이 텔레비전에 나온다면 실종자 가족들이 어떻게 나올지 알고 있었다. 그렇기 때문에 안기부가 마련한 기자회견에 나가지 않으려 했다. 이에 따르면, 그녀에게 중요했던 것은 가족들의 고통과 자신의 고통이었다. 자신이 속아왔다는 것을 깨닫고 또 자신이 한 일을 후회함에 따라 그녀는 재판 절차를 거쳐야 했다. 그 과정에서 김현희는 깊은 고통 속에 지냈다.

이상하게도, 꽉 찬 재판정에 걸어 들어가서야 나는 내가 한 일의 결과와 끔찍함을 정말로 깨달았다. 비록 비행기에 폭탄을 숨겨놓고 내렸지만 나는 폭발도 추락 장소도 보지 못했고 그래서 마치 그 일이 일어나지 않은 것처럼 또는 그것이 나의 잘못이 아닌 것처럼 나는 내가 저지른 범죄에서 묘하게 벗어나 있었다. 하지만 재판정에서 슬퍼하는 피해자 가족들을 대면하면서 나는 그제서야 진심으로 내가 저지른 참상의 잔인함을 느끼기 시작했다(Kim, 1993: 9).

이 말이 진실인지 아닌지에 상관없이, 김현희는 재판 과정에서 고뇌로 가득 찼을 것이다. 그녀의 고통은 편지 하나가 공개되었을 때 다시 주목을 받았다(조갑제, 2009: 167~203). 이 편지는 원래 1972년 남한 당국자로 북한을 방문했고 환영행사에서 김현희를 만났다고 했던 이동복에게 쓴 것이었다. 그리고 이것이 김현희를 1989년 인터뷰했던 보수적 언론인으로 알려진 이에게 전달되어 공개되었다. 편지에서 그녀는 "친북 성향의 정부" 아래 다양한 협박을 받아 고통스러웠다고 썼다. 특히 그녀는 집 주소가 '좌파 언론'에 알려졌고 나아가 국정원으로부터 이 언론에 협조할 것을 '강요' 받아 집에서 쫓겨났다고 적었다. 달리 표현하면 "피난생활을" 하게 되었다. 2013년 1월에 방송된 텔레비전 인터뷰에서 그녀는 이 주장을 반복했다. 한마디로 그녀는 피해자라는 것이다. 그녀에 따르면, "힘없고 연약한 여자"이기 때문에 피해자가 되었다. 여기서 중요한 것은, 김현희가 약하고 순진한 여성의 이미지를 통해 자신을 피해자로 묘사하고 있다는 점이다. 다시 말해, 젠더화된 고통의 정치학이 작동하고 있다. 그녀는 연약하기 때문에 피해자가 된 것이 아니라, 연약하고 힘없는 '여자'이기 때문에 피해자가 되었다. 김현희는 자신의 여성다움이 협박과 고통을 받은 중요한 이유로 믿고 있는 듯하다. 이렇듯 젠더와 연관된 이미지에 기댐으로써 결국 그녀는 자신의 고통을 강조하고 동정심을 얻으려 했을 수 있다.

그렇다면 사람들은 이를 어떻게 생각할까? 먼저, 아래 경우처럼 대부분의 실종자 가족들은 이 주장을 받아들이지 않는 듯싶다.

[편지] 그런 거도 쓰고, 뭐 일본에서 초청한다고 그런 말도 나오는데, 진짜 말도 아닌 소리 아니에요? 그러면은 이렇게, 김현희에 대해서 그렇게 관심이 많은 그 위정자들이, 그런 사람들이 왜 우리 115명의 생사도 모르는 이 가족한테는 관심을 못 가져줘요? 자기들이 그렇다면은, 우리 가족부터 위로하고 우리 가족의 마음을 다스려주고 해야 되는 거 아니에요? 그 다음에, 어떻게 피해자한테는 일언반구 말도 없으면서, 자기들의 발표대로라면 가해자잖아요. …… 남편을 잃은 사람은 자기 인생을 송두리째 빼앗긴 거 아니에요? 그런 사람들한테는 왜, 자기들이 김현희 해준 것만큼 왜 우리 가족들이 한을 가진 거 왜 다스려주지 못 하고. …… 김현희 말은 모든 게 다 진실로 받아들여지고, 김현희 말은 대서특필이 되고. 어? 그런 구조가 저는 너무너무 싫어요. 그러니까 저희들이 힘이 없으니까 이렇게 지금도 당하고 사는 거잖아요(면접, 김호순, 2010년 4월 3일).

김현희는 납치 문제 관련해 정부의 초청을 받아 일본을 방문했다. 그녀는 그곳에서 북한을 비판했다. 하지만 이 가족에 따르면, 정부와 언론은 대한항공 858기 가족들에게 더 관심을 가져야 한다. 왜냐하면 그들이 피해자이기 때문이다. 공식 수사 결과에 강한 의구심을 가지고 있는 어느 신문 만평가(면접 당시 직업)도 이와 같은 가족의 말에 동감한다. "가족들의 고통에 비하면 김현희의 고통은 아무것도 아니죠"(면접, 백무현, 2009년 7월 16일). 수사 결과에 의문을 제기하는 내용의 만화를 그리기도 했던 그는 실

종자 가족들의 고통을 생각했을 때 김현희의 주장은 받아들이기 어렵다고
한다. 어느 기자는 김현희가 실종자들을 생각해야 한다고 말했다.

그거 말도 안 되고요. 지가 고통을 받으면, 죽은 사람들은 어떻게 하고요?
무슨 고통이야. 그건 말도 안 돼요. 이거는 보수 정권에 완전히 이용당한 겁
니다. …… 말도 안 됩니다(면접, 주진우, 2010년 3월 20일).

이 기자는 김현희를 아주 강하게 비판한다. 이 말에서 흥미로운 것은,
김현희가 반북-보수 정권에 이용되었다는 대목이다. 또 다른 비판을 들어
보자.

고통받아 마땅한 거지. 사건을 은폐하고 조작하는 데, 어? 일익을 담당하
고 어? 가족, 이른바 자기가 가족, 가족, 그 희생자들에 대해서 일말의 책임을
지는 입장이라면 어디 감히 가족들의 뜻에 반해서 국정원 쪽에 붙어가지고
반공 강연이나 일삼고 다니고. …… 가족들이 진상 한번 규명해보자, 대면해
보자 하는 요청, 전부 묵살해버리고. 그 다음에 뭐 그로 인해서 자기가 피해
를 보니 마니, 하던 사람이. 요번에 무슨 일본 뭐 납치피해자 …… 잽싸게 나
타나서, 어디서 숨어 있다가 ……재빨리 나타나가지고 무슨 같은 피해자니
뭐니 하면서. 아, 그 연극을 하는 …… 그건 전혀 그 사회적으로 수용할 수 없
는 거야(면접, 익명, 2009년 7월 21일).

이 말은 김현희의 고통이 무시되어야 한다는 것이 아니라, 그녀가 가족
들과 먼저 협조해야 한다는 뜻인 듯하다. 그것이 그녀의 의무다. 또한 그
녀는 "연극"을 하고 있다. 흥미롭게도 다른 몇몇 사람 역시 비슷한 말을 하

고 있다.

　　아직도 양심이 없지. 또 쇼하는 거지. 진실은 지가 나와서 얘기했었어야지 그 전에. 정권 바뀌니까 나와가지고, 그것도 편지도 누구에게 썼지. …… 그 거는 뭐 자기가 자기도 고통당했다. …… 뭘 고통당했어? 그럼 죽은 사람들은 뭐야, 어? 그럼 가족들을 만나고 얘기를 했어야지. 도덕적으로 맞지 않는 얘 기지. 이건 언론플레이하는 거고 쇼하는 거지. 진실성도 없고(면접, 박창일, 2009년 7월 27일).

　　실종자 가족들에게 공감하는 입장인 이 천주교 사제는 김현희가 "쇼"를 하고 있다고 생각한다. 그녀가 연기를 하고 있는 것이다. 좀 다른 맥락에 서 어떤 이는 다음과 같이 말한다. "고통스러워 보여요. 억지로 끌려 나왔 다는 느낌. 누군가의 각본에 놀아나는, 이용당하는 듯한"(면접, 익명, 2009년 8월 17일). 이에 따르면, 김현희는 특정한 "각본"에 따라 연기를 하고 있다. 어느 인권활동가는 다음과 같이 말한다.

　　음 …… 뭐 김현희가 설마 사람을 115명 죽였다 한들 그 사람이 인간이 아 닌 건 아니잖아요? 그래서 어쨌든 인간적으로 힘들었을 수도 있다는 생각 은 해요. …… 그래서 본인이 고통을 당하고 힘들었다라는 거는 알겠지만 그 런 식으로 해서는 안 됐다라는 게, 오히려 본인이 그렇게 본인 말대로 자기가 한 짓이라면 자기가 죽인 사람들을 가족들까지도 이렇게 두 번 죽일 수 있는 행위였다고 생각돼요. 그리고 그게, 과연 그게 그냥 개인의 고통을 호소하는 거였는지, 아니면은 하나의 정치적인 행동이었는지. 정치적인 행동이었다라 고밖에 생각은 안 되거든요. 자기를 항변하기 위한. 그때, 이제, 87년도 때도

되게 가련한 이미지로, 이제, 그랬는데, 이거를 또 이용하는 거라는 생각이 들었어요. 자기는 마치 굉장히 가련하고, 북한에 의해서, 본인도 북한 정권에 의한 피해자다, 막 이런 식으로 그 이미지를 또 이용하고 있는 거 아닌가. 이런 생각이 들었어요(면접, 배 아무개, 2009년 7월 23일).

실종자 가족들을 돕고 있던 이 활동가는 김현희가 여자로서의 가련하고 연약한 이미지를 이용하고 있는 것 같다고 말한다. 주목할 대목은, 김현희에 관한 젠더화된 이미지를 지적한 부분이다. 앞에서 언급한 것처럼 김현희는 편지를 통해 자신을 연약한 여자라고 직접 표현하기도 했다. 어떤 면에서 그 편지는, 자신이 전에는 (젊고 가련한 여자로서) 북쪽에 의해 이용당했고 이제는 ('친북 정권'이 이끈) 남쪽에 의해 힘없는 여자이기 때문에 핍박 받았음을 의미했다. 하지만 위의 면접에 따르면, 그녀는 그런 가련한 이미지 뒤에서 연기를 하고 있을 수 있다.

이처럼 면접 과정에서 연기와 위장에 관한 말이 자주 나오는 것은 참 흥미롭다. 내가 앞서 지적했듯 이 말들은 사건 자체의 경합성과 관련이 있다고 생각한다. 공식 수사 결과와는 달리, 더 분명하게 해명되어야 할 문제들이 많다는 뜻이다. 한마디로 김현희는 폭파범일 수도 있지만 아닐 수도 있다. 만약 그녀가 진짜 범인이 아니라면, 그녀는 범인으로서 연기를 해온 것이 된다. 그리고 그녀가 진짜 범인이라면, 남한 정부의 (반북 의식을 확산시키는) 선전 도구로 연기를 해온 것이 된다. 이런 맥락에서 대한항공 858기 사건은 결코 간단하지 않다. 이 사건 및 김현희와 관련된 여러 가지 진행상황에 대해 신중할 필요가 있다. 한편 가족들을 돕고 있는 또 다른 인권활동가 역시 김현희의 편지를 비판한다.

사실 그 저희가 볼 때는, 김현희에 대한 직접적 공격은 매우 자제하다가, 성명을 발표하고, 김현희에게 인제 그 야단을 쳤죠, 사실은. 그러니까 그렇게 해서 되게 괴로웠던 게 사실일 수 있어요. 그리고 이제 그렇게 자꾸 뭐, 만나자 하고 조사에 응해라 하고 하는 게 매우 뭐, 본인에게 불편한 일이었을 수 있죠. 근데 뭐, 그렇다 하더라도 사실은 자기가 이렇게, 자기가 사형을 당함에도 마땅한 이 범죄였는데도 불구하고 살아 있는 건, 사면을 통해서. 그건 역사……의 증인, 아주 이런…… 사건의 증인으로 사실 남으라는 취지가 있었던 거기 때문에, 언제든지 그런 요구가 있으면 김현희는 사실은 응해서 이야기해야 하는 것이 마땅한……. 그것을 그런 식으로 표현한 거는 매우, 적절치 못했고. 심하게 얘기하면 뭐 매우 뻔뻔한 그런 거죠, 사실(면접, 김덕진, 2009년 7월 29일).

　김현희는 사건의 유일한 생존자로 특별사면을 받았고, 때문에 재조사와 같은 요구가 있을 때 이에 응해야 한다는 말이다. 한편 다른 관점에서 어느 기자는 아래와 같이 말한다.

　　[자신의 고통을 호소]할 수 있다고 봐요. 살아남은 자이기 때문에. …… 그런 상황에서 어떻게 보면 김현희도 피해자라고 볼 수 있는 거죠. …… 그 목적이 어디 있던, 굉장히 어린 나이에, 어떤 그, 스스로 판단해서 할 수 있을 만큼 성장한 상태가 아니었고. 그러니까 누가 시켰는지는 모르겠지만은, 북한 당국이 시켰든 남한 당국이 시켰든, 그 상황에서 어떤 뭐가 있든 간에, 어찌됐든 김현희 개인에 대해서는 여전히 피해자라는 인식을 지울 수가 없죠. 그리고 결혼생활이 행복하지 않았다고 들었고(면접, 장윤선, 2010년 4월 8일).

이 기자는 사건에 대한 글을 몇 번 쓴 적이 있는데, 대부분 공식 수사 결과에 비판적인 내용이었다. 하지만 이에도 불구하고, 그녀는 김현희의 상황을 인간적으로 이해할 수 있을 것 같다고 한다. 실종자 가족들을 만났던 전직 정부 관리도 이에 동의하는 듯하다.

그럴 수도 있겠는데, …… 직접 나서서 본인이 그렇게 한 게 더 많은 사람들한테 호소력이 있었겠다 그런 생각이. 어디에 숨어서, 뒤에서 이렇게 하는 것보다 어떤 이유에서인지는 모르지만, 좀 직접 나서서 하지 않는 건 좀 아쉬움이다. …… 어쨌든 만약에 이게 다 가족도 그렇고, 거기도 그렇고, 다 인간의 어떤 희생자들이다 하는 생각이죠(면접, 황인성, 2009년 7월 20일).

굉장히 다른 관점에서, 앞서 언급된 어느 보수적으로 알려진 언론인은 김현희를 변호한다.

그럼 가해자는 인권이 없다는 이야기인가? 아니 내가 이렇게 질문을 한번 해봅시다. …… 그럼 살인자는 인권이 없는가? 간첩은 인권이 없나? 김현희는 인권이 없는가? …… 인권이 있는 거지. 응. 그리고 김현희는 이미 자기 가해행위에 대해서 많은 사과를 했고. 자기가 쓴 수기 인세 8억이지 아마? 8억을 가족을 위해서 주었기 때문에. 이 사람이 받은 고통은 그 유가족들로부터 받은 고통이 아니고, 친북 좌익 세력들 선동 방송으로부터 받은 고통인데 …… (면접, 조갑제, 2009년 8월 18일).

내가 김현희의 고통에 대해 어떻게 생각하느냐고 묻자, 이 언론인은 나에게 되물었다. 그는 내 질문 자체가 이미 김현희의 고통과 인권을 부정하는 맥락을 담고 있다고 판단했던 듯하다. 이 문제를 떠나 이 언론인에 따르면, 김현희는 이미 사과를 했고 나아가 실종자 가족들에게 자신의 인세도 기부했다.[3] 그러므로 김현희에게 그 이상을 바라는 것은 지나치다는 말이다. 나는 비록 "친북 좌익 세력들 선동 방송" 대목에 동의하지 않지만, 그의 말을 김현희도 고통을 받고 호소할 수 있다는 좀 더 넓은 뜻으로 해석하고 싶다. 김현희도 한 사람의 인간이라고 할 수 있다. 다만 사건을 둘러싼 여러 가지 논란을 고려할 때, 그녀에 대한 연기-가면 쓰기 얘기가 좀 더 주목받을 필요가 있을 듯싶다. 그렇다고 하면, 사건 자체에 대한 경합적 상황들과 관련해 김현희뿐 아니라 다른 이들 역시 어떤 형태로든 연기-가면 쓰기를 하고 있을 수 있다고 추측된다.

4. 고통 모자이크

이 장에서는 고통의 정치학에 대해 살펴봤다. 구체적으로는 모자이크처럼 복합적인 고통이 사건에 존재한다는 것을 보여주기 위해 실종자들, 그들의 가족들 그리고 폭파범의 고통에 대해 고민했다. 먼저 실종자들의 고통과 관련해서는 '살아 있지만 살지 않는 존재'라는 개념을 제안했다. (죽음이 아닌) 실종이라는 그들의 상태는 특별한 형태의 존재를 고민하게 한다. 영혼, 좀비, 뱀파이어처럼 그들은 삶과 죽음의 경계를 묻는다. 바로 이 특별한 형태의 존재가 가족들을 고통스럽게 만들고 있다. 그들은 실종

---

3 이 기부금이 가족들에게 구체적으로 어떻게 전달되었는지 분명하지 않기 때문에, 이 부분에 대해서는 좀 더 신중히 검토할 필요가 있을 것 같다.

자들의 죽음 또는 가능한 생존을 확인하지도 받아들이지도 못한다. 그들에게는 애도의 과정으로 이끌 만한 그 무엇이 없는 것이다. 그런데 가족들이 고뇌의 시간을 보내고 있지만, 그들이 또한 행동하고 있다는 점에도 주목해야 한다. 그들은 단순히 수동적이지 않다. 한편 고통을 인간의 조건으로 간주한다면, (공식 수사 결과를 인정한다는 가정 아래) 폭파범의 고통 역시 살펴볼 필요가 있다. 다시 말해, 한 사람의 인간으로서 김현희도 고통받을 수 있는 것이다. 하지만 그녀가 공식적으로 폭파범이기 때문에 (특히 실종자 가족들을 포함한) 많은 이에게는 이를 인정하는 일이 쉽지 않다. 수사 결과에 따르면, 그녀는 결국 죄 없는 115명을 죽인 대량 학살범이다. 그런데 사건을 둘러싼 경합적 진실을 고려한다면, 그녀가 (여자로서) 가련한 이미지 뒤에서 연기-가면 쓰기를 하고 있다고도 할 수 있다. 또는 김현희가 자신을 사면해준 남한 당국의 반북 선전 도구로 특정 연극에 동원되었다고도 할 수 있겠다.

그리고 이 장에서는 고통, 젠더, 진실이 서로 어떻게 얽혀 있는지에 대해서도 살펴보려 했다. 예를 들어 가족들의 고통은 사건을 둘러싼 진실의 문제와 깊이 연결되어 있다는 점이다. 그리고 고통이 젠더화되는 과정도 부분적으로 살펴봤다. 예컨대 김현희는 자신을 피해자로 규정하는 과정에서 자신이 연약한 '여성'이기 때문에 고통을 받았다고 말한다.

다음 장에서는 고통의 정치학을 살펴본 것과 비슷한 맥락에서 진실에 대해 다루려 한다. 이 진실 문제에 초점을 맞추는 과정에서 사건을 둘러싼 경합성이 더욱 드러날 것이다.

08

진실의 정치학

소설로 이루어진 4장에서 진실의 문제가 부분적으로 다뤄졌다. 두 사람이 만나 대화를 나눈다. 바로 폭파범으로 알려진 김현희와 실종자 가족으로 나오는 그레이스 한이다. 그들의 대화 과정에서 풀리지 않은 몇몇 의문과 불분명한 진실의 문제가 언급된다. 이 장에서는 그 장면을 느슨하게 다루며, 더 넓게는 대한항공 858기 사건을 둘러싼 진실의 정치학을 살펴보려 한다. 나는 사건과 관련해 경쟁하는 진실이 존재하고, 이는 '진실 트러블'[1] 또는 '진실 경합'으로 표현될 수 있다고 생각한다. 교차성의 문제와 관련해서는 특히 젠더와 진실이 어떻게 연결되었는가에 주목하며 이를 '젠더화된 진실'로 부를 수 있는지 살펴본다. 이 장에서 진실의 정치학은, 어떤 하나의 진실이 어떻게 절대적 진실로 자리매김하는가, 그리고 진실이 과연 실체로서 완전히 규명될 수 있는지에 관한 것이다. 핵심 가운데

---

1 이 용어는 주디스 버틀러(Butler, 2006)의 책 제목에서 영감을 받았다.

하나는, 공식 진실이 (주로 자백 형태의) '언어'에 기대고 있다는 점이다. 이 언어는 공식 수사 결과의 뼈대를 이루는 중요한 '증거'의 역할을 하고 있다. 이러한 고민을 바탕으로 공식 수사 결과, 의문들 그리고 재조사 문제를 살펴보고자 한다. 이유는, 공식 결과를 둘러싼 논란을 통해 진실의 정치학이 잘 드러나고 있다고 생각하기 때문이다. 다시 말해, 공식 진실이 성립되고 난 뒤 위기가 뒤따르고, 이에 공식 진실이 자신을 방어하는 과정을 거치게 된다.

1. 수사 결과

우리는 진실을 어떻게 알 수 있는가? 진실은 일종의 물질성을 갖고 있는가? 진실은 실체로서 존재하는가, 아니면 담론으로서 존재하는가?[2] 대한항공 858기 사건은 진실의 측면에서 중요한 물음들을 제기한다. 공식 설명에 따르면, 김현희가 북한 지도부의 지령을 받아 비행기를 폭파시켰다. 이 설명은 이른바 '물증'에 근거하기보다는, 주로 김현희의 자백에 바탕을 두고 있다. 김현희의 이야기가 수사 결과 내용을 구성하며 이것이 객

---

2 나는 공식 수사 결과를 지지하는 입장과 비판하는 입장 모두 진실이 하나의 고정된 '실체'로 규명될 수 있다는 인식을 공유한다고 생각한다. 그런데 한 가지 덧붙여야 할 내용이 있다. 만약 본문의 이 말을, 예를 들어 실종자 가족들처럼 사느냐 죽느냐의 심정으로 절박하게 진실을 규명하려는 사람들에게 한다면 어떻게 될까? 나는 연구자로서의 특권을 가지고 있기 때문에 진실 개념 자체에 대해 고민할 수 있다고 생각한다. 다시 말해, 진실 규명이 사느냐 죽느냐의 절박한 문제가 아니기 때문에 비교적 '편안한' 위치에서 개념 자체에 대한 질문을 할 수 있는 게 아닐까 싶다.

관적 진실로 작동한다. 다시 말해, 김현희의 자백이 사건에 관한 지배 담론이 되었다. 그런데 공식 설명의 뼈대를 이루는 증거 및 진술의 신빙성을 의심하게 하는 문제들이 제기되어왔다. 그리고 논란의 과정에서 지배 담론이라 할 수 있는 김현희의 이야기가 그 진실의 지위를 비교적 성공적으로 방어해낸 듯하다. 그렇다면 이 사건의 진실 문제를 본격적으로 다루기에 앞서, 이야기-서사 이론에 대한 논의를 살펴볼 필요가 있겠다. 바로 김현희의 자백-서사가 공식 설명의 핵심을 이루고 있기 때문이다.

서사의 본질을 연구하는 것은 문화, 나아가 인류의 본질을 고민하는 것이라고도 할 수 있다(White, 1987: 1). 그도 그럴 것이 "우리의 삶은 서사, 곧 우리가 말하고 듣는 이야기들, 우리가 꿈꾸거나 상상하는, 또는 말하고 싶어하는 이야기들과 끊임없이 얽혀 있다"(Polkinghorne, 1988: 160). 심리학 및 질적 연구 분야의 전문가 도널드 폴킹혼(Donald E. Polkinghorne)에 따르면, 양식으로서의 서사는 인간의 경험을 의미 있게 만드는 데 중요한 역할을 한다(Polkinghorne, 1988: 1). 서사는 한 인간의 삶을 이해하고 미래를 계획하는 데 중요한 틀을 제공한다(Polkinghorne, 1988: 11). 서사와 경험의 관계에 대한 그의 설명은 이 절의 주된 관심사에 잘 맞는다. 테러범으로서의 김현희의 경험은 그녀의 서사 또는 자백을 통해 의미를 부여받았고, 동시에 진실로 자리 잡았다. 아울러 그녀의 이야기는 결과적으로 자신의 미래 행위를 규정하기도 했다. 자신의 범죄를 고백함으로써, 또는 그동안 북쪽에게 속아왔다고 깨달음으로써 (안기부 주도 아래) 여러 가지 활동에 나서게 된다. 도널드 폴킹혼(Polkinghorne, 1988: 13)에 따르면, 서사는 이야기들을 뜻할 수 있고(이야기를 만드는 과정), 상상이 가미된 얘기들(이야기의 인식적 체계), 또는 역사일 수도 있다(그 과정의 결과). 그리고 "서사는 [개별적] 사건들과 인간 행위들을 전체로 구성해내는, 따라서 개인적 행위들과 사건들에 중요성을 부여해주는 의미구조다"(Polkinghorne, 1988: 18). 그렇다면, 남한 정부의 입장에서 김현희의 서사는 사건과 관련해 유일하게 의미 있는 진실이라 할 수 있다. 그는 이 서사가 결과적으로 "의미 만들기"의 한 형태로 작용한다고 지적하는데(Polkinghorne, 1988: 36), 대한항공기 사건에서 서사는 바로 '진실 만들기'의 역할을 했다고 할 수 있다.

문화이론가이자 비평가인 미케 발(Mieke Bal)은 서사들, 텍스트들, 이미지들 또는 사건들에 관한 이론들의 집합이라 할 수 있는 서사론에 대해 체계적이고 개론적인 연구를 진행했다. 그녀에 따르면, 서사와 관련해 세 가지 층위들이 존재한다. 이들은 텍스트, 이야기 그리고 파불라(fabula)다. 구체적으로 "**서사 텍스트**는 행위자 또는 주체가 듣는 이에게 특정한 매개를 통해 이야기를 전달하는 과정에서의 텍스트다"(Bal, 2009: 5). 대한항공기 사건에서는 이 텍스트가 공식 수사 결과에 나타난 김현희의 자백 자체라고 할 수 있다. "**이야기**는 그 텍스트의 내용으로, 특정한 표명(manifestation), 굴절 그리고 파불라의 '색깔'을 생산해낸다"(Bal, 2009: 5). 그렇다면 대한항공기 사건에서 이야기란, 김현희가 임무 수행 과정에서 했던 일과 왜 폭파를 실행했는지에 관한 것이 된다. "**파불라**는 행위자가 초래한 또는 경험한 논리적이고 연대기적으로 관련된 사건들의 연속물이다"(Bal, 2009: 5). 다시 대한항공기 사건으로 따지자면, 이는 김현희가 연대기적으로 설명했던 북쪽에 의해 지시된 자신의 임무 수행 및 그 이후의 과정과 관련되었다고 할 수 있다. 이 세 가지 층위들이 공식 수사 결과 또는 진실을 이루고 있는 김현희의 서사를 구성해냈다. 한편 미케 발(Bal, 2009: 212)이 파불라를 '진실 가치'와 연결해 논의하고 있다는 것이 흥미롭다. "존재와 형상이 일치할 때, 행위자의 정체성-자질과 그/녀가 보여주는 인상, 곧 주장이 일치할 때 우리는 그것을 진실이라고 한다." 이 말은 진실과 관련해 김현희의 이야기를 해석하는 데 도움을 줄 수 있다. 다시 말해, (뒤에서 다루겠지만) 자백한 이로서의 김현희의 정체성-자질과, 사건에 관한 그녀의 주장 또는 연대기적 설명이 꼭 일치하지는 않는다. 바로 이 문제가 자백이 지니는 진실 가치의 위기를 가져왔다고 하겠다.

문학이론가 마크 큐리(Mark Currie)는 현대 서사론에서의 전환에 대해 논의한다. 그는 이 전환의 과정을 다음과 같이 요약한다. "발견에서 발명으로, 일관성에서 복합성으로, 시학에서 정치로"(Currie, 1998: 2). 이는 대체로 이 책과 관련된 것이기도 하다. 여기서 첫 번째 전환은 서사론이 객관적 과학이 될 수 있다는 가정에서의 탈피를 뜻한다. 이 변화는 서사를 하나의 발명으로 간주했던 탈구조주의 흐름과 관련이 있다. 두 번째 변화는 첫 번째 전환, 곧 서사를 안정된 구조와 과학으로 보는 것에서 탈피하는 과정의 한 부분이었다. 그에 따르면, 서사의 모순적 측면에 주목했던 이 관점이 탈구조주의 서사론의 가장 중요한 특징이었다. 김현희의 모순되는 진술을 고려한다면, 바로 이 탈구조주의 접근이 수사 결과가 지니는 문제점을 살펴보는 데 유용하다고 하겠다. 마지막 전환의 경우도 탈구조주의 해체론의 하나로 간주될 수 있다. 그는 이 전환이 서사 안에 숨겨진 가치들을 드러내려는 시도와 부분적으로 관련 있다고 말한다(Currie, 1998: 2~5). 그런데 여기에서 서사론이 과거 젠더의 역할에 무관심했다는 것을 지적할 필요가 있다. 수잔 랜서(Susan S. Lanser)는 그녀의 연구에서 여성주의 서사론에 대해 고민한다. 그녀는 연구 당시까지 서사론이 젠더를 진지하게 다루지 않았다고 말한다. 다시 말해, "서사론의 기반을 제공했던 그 서사들은 남성들의 글들, 아니면 남성의 것으로 간주되는 글들이었다"(Lanser, 1986: 676). 내가 이 책에서 하고 있는 작업은 한편으로 이러한 한계와 관련 있기도 하다. 곧, 여성 폭파범의 이야기를 다루고 있다.[3]

위의 논의를 바탕으로, 나는 대한항공 858기 사건의 공식 진실을 구성하고 있는 '고백 서사'라는 개념을 제안하고자 한다. 이는 말하는 사람이 참회의 맥락에서 자발적으로 전달하는 이야기 또는 이와 관련된 말하기/글쓰기를 뜻한다. 이 서사는 청중이 이야기의 진정성을 믿고 동정심을 갖도록 만든다. 대한항공기 사건에서 김현희의 고백 서사는 공식 수사 결과 및 절대적 진실을 구성해내는 강력한 장치라 할 수 있다. 남한 당국에 따르면, 김현희는 유일한 생존자이자 임무를 수행한 당사자다. 바로 이 유일성이 그녀의 자백이 지닌 권위의 핵심을 이룬다. 다시 말해, 김현희는 모든 것을 알고 있는 유일한 생존자로서 고백했다. 공식 수사 결과의 틀 안에서 이 고백 서사는 풀리지 않는 많은 의혹을 쉽게 반박할 수 있을 만큼 강력하다. 예를 들어, 블랙박스와 시신들을 찾는 데 실패한 것은 그다지 중요하지 않다. 왜냐하면 김현희가 자백을 통해 블랙박스와 시신들이 말해줄 수 있는 모든 것을 이미 말해주었기 때문이다. 또한 김현희의 진술에 존재하는 모순도 중요하지 않다. 유일한 생존자로 김현희가 자신의 범행을 '자백'했기 때문이다. 몇 가지 맞지 않는 부분이 있다 하더라도, 중요한 것은 그녀가 자발적으로 진실을 고백하기로 했고 따라서 거짓말을 할 이유가 없다는 점이다. 여기에서 초점은 김현희가 진실을 얘기하고 있는지가 아니다. 나는 지배 담론으로서의 김현희의 서사와 이것이 진실의 정치학에서 차지하고 있는 강력한 지위에 대해 말하고 있다. 그러면 이 지배 담론을 둘러싼 정치학과 관련해, 언어와 담론에 대한 탈구조주의 접근을

3 서사 연구 관련된 더 많은 논의에 대해서는, 예컨대 Miller(1990); Meijer(1993); Kearney(2002); Czarniawska(2004); Stern(2005); Andrews et al.(2008); Wibben (2011) 등.

잠시 살펴볼까 한다.

언어는 권력관계와 관련이 있다. 곧, 계속되는 투쟁과 경합하는 해석이 끊임없이 존재한다. 미셸 푸코(Foucault, 1994: 83)에게 "언어는 생각에 대한 **분석**이다: 단순한 양식이 아니라, 공간에서의 질서를 심도 있게 형성해내는 것이다." 다시 말해, 그는 담론이 "이미-말해진 것"과 "안-말해진 것" 사이의 경합적 정치학을 포함하고 있다고 일러준다(Foucault, 1972: 25). 그렇다면 여기에서 중요한 질문은 "어떻게 해서 특정한 언설은 드러나고 다른 언설은 그렇지 않은가?"일 것이다(Foucault, 1972: 27). 이것이 바로 지배 담론을 둘러싼 권력관계의 한 부분이라고 하겠다. 바꿔 말하면, 무엇이 특정한 담론을 지배 담론으로 만드는가의 문제다. 이런 면에서 담론은 배제의 원리와 관련이 있다(Foucault, 1972: 216). 지배 담론은 이 원리 또는 "담론적 규칙성" 안에서 형성된다(Foucault, 1972: 63). 이와 같은 통찰은 대한항공기 사건의 수사 결과를 둘러싼 권력관계를 살피는 데 쓸모 있을 수 있다.

미셸 푸코의 시각을 비롯한 탈구조주의 접근들은 언어와 담론의 힘에 관심을 기울인다. 줄리아 크리스테바(Julia Kristeva)의 '상호텍스트성'이 또 다른 예로, 이는 "텍스트들의 변화"를 뜻한다(Kristeva, 1980: 36). "이미 주어진 텍스트 안에서 몇몇 언설들은 교차하거나 서로를 무화시킨다"는 것이다(또한 Der Derian and Shapiro, 1989 참조). 여기에서 담론적 영역은 세계에 의미를 부여하는 경합적 방식에 관한 것이라고 인식할 필요가 있다. 이 영역 안에서 모든 담론들이 똑같은 무게 또는 힘을 지니는 것은 아니다(Weedon, 1987: 3). 어떤 담론은 지배적 위치를 차지하지만, 어떤 담론은 그렇지 않다. 곧, 어떤 것들은 압도적 힘을 갖지만, 어떤 것들은 침묵 당한다. 그렇다고 했을 때 언어는 주체들 사이의 투명한 소통이 아니라고 할 수 있겠다(Shapiro, 1988: 11). 레네 한센(Hansen, 2006: 7)이 일러주듯, 탈구조주의의 접근의 핵심은 "의미의 구조들과 해석의 관점들"과 관련이 있다. 다시 말해, 언어는 생산적 속성을 지니고 있다. 대한항공기 사건에서 김현희의 언어(고백 서사)는 공식 담론의 뼈대를 이룬다. 그녀의 언어는 북한에 대한 기존의 부정적 인상과 연결되어 구성되었으며, 이 언어는 다시 남한 당국과 대중들의 반북 의식을 생산-재생산해왔다. 바로 이 장의 핵심 내용 가운데 하나다. 그러면 앞의 논의를 바탕으로 공식 수사 결과에 대해 좀 더 구체적으로 살펴볼까 한다.

사건에 대한 공식 설명의 핵심은 김현희의 자백 내용이다. 남한 정부는 이 자백을 바탕으로 공식 수사 결과를 발표했다. 김현희의 자백과 수사 결과는 사형판결이 내려진 재판 과정을 통해 광범위하게 유통되었다. 김현희는 곧바로 사면을 받았고, 이후 공식 수사 결과는 그녀의 수기와 강연을 통해 더욱 공고화되고 널리 유포되었다. 한편 미국 정부는 남한이 수사 결과를 발표한 1988년 1월, 북한을 테러 지원국으로 지정했다(2008년 10월 해제). 테러 국가로서의 북한 이미지는 매년 발표되던 테러 지원국 명단을 통해 지속적으로 재생산되고 세계적으로 유통되었다. 김현희의 말(자백)은 이러한 과정들을 통해 수사 결과가 절대적 진실로 자리 잡는 데 결정적 역할을 했다고 하겠다. 김현희 자신이 객관적 진실, 사건에 대한 객관성 자체를 대변한다. 그러므로 공식 설명에 따르면, 진실에 관한 의문이 있을 수 없다. 제임스 릴리(James Lilley) 당시 한국 주재 미국 대사가 말한 대로 공식 수사 결과는 "사건에 관한 움직일 수 없는 사실"이다(전자우편 교환, 2009년 5월 13일).[4] 이 움직일 수 없는 객관성은 수사 결과와 김현희의 존재에 의해 보장된다. 하지만 예를 들어 객관성에 대한 여성주의의 다양한

---

4 사건에 대한 제임스 릴리의 기록 관련해서는 Lilley and Lilley(2004: 282~296).

비판을 생각하면 이와 같은 고정된 객관적 진실의 위치는 문제가 될 수 있다. 이는 공식 수사 결과가 틀릴 수 있다는 말이 아니다. 객관성-진실에 관한 주장이 구성되고 제시되는 방식을 '맥락적'으로 살펴봐야 한다는 뜻이다. 그러면 무엇보다 먼저, 김현희가 자백했던 '범행'의 내용이 무엇인지 구체적으로 검토할 필요가 있겠다.

공식 수사 결과에 따르면, 대한항공 858기가 1987년 11월 29일 사라지고 얼마 되지 않아 "남한 정부와 대한항공은 종합적 상황을 분석하여 비행기가 테러범들에 의해 공중에서 폭파되었을 가능성이 크다고 결론지었다"(FCO, 1988b: 13). 당국이 두 명의 용의자(김현희와 김승일)를 추적하는 과정에서 이들이 12월 1일 자살을 시도했다. 이를 통해 정보기관은 "대한항공기 사건이 북한의 테러라고 생각하기 시작했고 바레인으로 재빨리 수사관들을 파견했다"(FCO, 1988b: 14). 이에 김현희가 체포되어 12월 15일 서울로 압송되었다. 그녀는 수사를 받기 시작하자 중국인과 일본인 행세를 하며 자신이 대한항공 858기 및 북한과 관련 있다는 것을 모두 부인했다. 하지만 그녀는 "남한 텔레비전을 통해 알게 된 남한의 생활상과 자신을 대하는 수사관들의 태도에 심정이 변하여 …… 그녀가 북의 테러 행위를 위한 도구로 이용당했다고 깨닫기 시작했다"(FCO, 1988b: 16). 그리고 이는 결국 자백으로 이어졌다. 서울 도착 일주일 정도 뒤, "그녀가 갑자기 여수사관의 가슴을 밀치면서 처음으로 한국어[조선어]를 사용했다. '용서해주세요. 미안해요'[한국어로 된 수사 발표에 따르면, '언니 미안해']. 그 뒤로 그녀는 한국어로 모든 자백을 했다"(FCO, 1988b: 16). 그리고 김현희는 12월 28일 첫 자필 진술서를 썼다. 이 진술서는 임무 수행 직전 김승일과 함께한 서약문 맹세, 구체적 작전 경로와 자살 시도 등의 내용을 담고 있다(DFAT, 1988b: 148~158). 이는 1988년 1월 15일 공식 수사 결과로 발표되었다.

공식 수사 발표문은 사건에 대한 요약문으로 시작한다. "공중에서 폭발한 대한항공 858기 사건에 대한 수사는 …… 북한의 2인자인 김정일의 지령에 따라 가공할 만행이 저질러졌다고 결론지었다"(FCO, 1988b: 1). 공식 발표에 따르면, 북이 비행기를 폭파시켜 탑승객과 승무원 모두를 죽였다는 것이 확실하다. 이는 북 지도부의 직접 지령에 따라 김현희에 의해 실행되었다(김승일 포함). 당시 그녀는 26살이었고 "하치야 마유미라는 이름의 일본 여성으로 위장했다. …… 그녀는 1980년 2월, 뛰어난 미모와 능력 그리고 출신 성분 덕에 조선로동당 중앙위원회 조사부 소속 공작원으로 발탁되었다"(FCO, 1988b: 3). 김승일 역시 하치야 신이치라는 일본 남성으로 가장했다. 그는 70살이었고 "오랜 해외 공작의 경험이 있었다"(FCO, 1988b: 3). 1984년 7월 그녀와 김승일은 "1988년 서울올림픽 대회를 방해하고 대한민국을 교란시키기 위한 특수 임무를 수행하려는 목적 아래 아버지와 딸로 같은 조가 되었다"(FCO, 1988b: 1). 한편 공식 결론의 내용은 다음과 같다.

북한은 1988년 올림픽을 방해하기 위한 테러의 목적으로 7년에 걸쳐 남성과 여성 공작원을 외국인으로 변장하도록 훈련시켰고, 그들은 무고한 115명을 가차 없이 죽이는 잔인한 범죄를 저질렀다. …… 우리는 공산주의자들에 대한 튼튼한 안보 태세 위에 역사적인 1988년 올림픽을 성공적으로 치르기 위해 온 힘을 쏟아 우리를 계속 지지해줄 것을 바란다(FCO, 1988b: 17).

이 결론에 따르면, 남한 국민과 전 세계는 공산주의 국가 북한의 잔인함과 위협을 인식하여 "오랫동안 테러를 국가정책의 수단으로 활용해온 북한을 비난하는 데" 동참해야 한다(FCO, 1988c: 4). 정부는 다음과 같은 말도 잊지 않았다. "관심 있는 국가들의 요청이 있을 경우 용의자에 대한 특별한 접근이 가능하도록 적극적으로 협조할 것이다"(FCO, 1988c: 4). 남한의 공식 설명은 이 사건을 반공-반북 의식과 분명히 연결시키고 있다. 이는 죄 없는 남한 국민들이 북한 정권에 의해 살해되었기 때문이다. 대한항공기 사건은 남한의 안정과 번영을 파괴하려는 북한의 무자비한 테러 정책의 한 부분이었다. 이 만행은 은폐될 수도 있었다. 그러나 김현희가 북한에 의해 이용당했다고 깨달았고, 결국 그녀는 북한의 지시로 자신이 비행기를 폭파했다고 자백했다. 이것이 대한항공 858기 사건의 진실이며, 따라서 북한은 비난받아야 한다.

앞의 7장에서 인용했던 김현희의 말로 돌아간다면, 위의 진실은 그녀가 기자회견을 가졌던 순간에 잘 드러났다.

저는 이 사건의 비밀을 끝까지 유지하고 싶었고, 진실을 부인함으로써 친애하는 지도자 동지의 명예를 더럽히지 않으려 했습니다. …… 하지만 내가 지금까지 속았구나라는 배신감이 들어서 진실을 말하기로 마음 먹었습니다(FCO, 1988c: 4).

요약하면, 김현희가 없었다면 이 세상은 대한항공 858기 사건의 진실을 알 수 없었다. 이것이 김현희 자백이 갖는 의미다. 그리고 공식 수사 결과를 받아들인 어느 실종자 가족이 다음과 같이 말한 이유이기도 하다.

재판 받을 적에도 이, 저, 저만치 앉혀놓고, 우리 뒤에 앉아 있는데, "이 사람을 죽여야 됩니까, 살아야 됩니까" 글 적에 내가 손들었어. 그러니께네, 재판관이 할머니 말하라고. 죽이지 말라고, 이 죽이믄 증거가 없으니까 죽이지 말라고 그랬어. 근데 또 그 다음 날에 신문에 났는데, 뭐라 그랬는지 알아? …… 아들 잃은 엄마가 김현희 죽이지 말라고 그랬다고, 이렇게 왔다고. 신문에 나왔어요. 그래 …… 그, 그 애 생각해 죽이지 말라고 그러냐? 너희들 공산당이 핸 거니까, 그걸 죽이지 말라고 그랬지. 죽일라믄 115번 죽이라 그랬어. 내가 한 번에 죽이지 말고 115번을 죽이라 그랬어(면접, 주덕순, 2009년 8월 8일).

이처럼 공식 수사 결과의 틀에서 김현희는 진실에 대한 절대적 증거 자체다. 바로 이것이 고백 서사가 지닌 힘이다.

공식 수사 결과는 1988년 2월 유엔 안전 보장 이사회에서도 논의되었다. 남한은 앞서 언급했듯 핵심을 분명히 했다. "민간 항공기에 대한 이 만행은 북한이 인류의 평화와 화합을 위한 진정한 축제가 될 서울올림픽 대회를 방해하기 위한 시도의 하나로 저질렀습니다(UNSC, 1988a: 11)." 이 평화와 화합의 축제에 반대한 "자신의 행위로 북한은 문명 세계에서 스스로 버림을 받은 국제적 부랑자가 되었습니다"(UNSC, 1988a: 18). 남한이 보기에 북한은 대한항공기 사건을 일으켜 스스로를 국제적 부랑자로 만들었다. 게다가 이 사건과 1983년 랑군(아웅산) 폭파 사건을 관련해서 언급했다.

북한이 대한민국에 테러 공격을 한 것은 이번이 처음이 아닙니다. …… 버마를 방문 중이던 대한민국 대통령을 암살하려 했던 1983년 랑군 폭파 사건은 아직도 우리의 기억에 생생합니다(UNSC, 1988a: 9~10).

미국 정부도 비슷한 말을 했다. 1983년 폭파 사건을 기억했을 때 북한은 "논리적으로 용의자"가 된다(DOS, 1988d: 2).[5] 결론적으로, 남한에 따르면, "그 누구도 북한이 대한항공기를 폭파시켜 115명을 죽였다는 것을 의심하지 못할 것입니다"(UNSC, 1988b: 3). 그러므로 북한은 "폭력 정책을 폐기하여 국제사회의 책임 있는 구성원이 될 필요가 있습니다"(UNSC, 1988b: 3). 곧, 북한이 115명의 남한 국민을 죽였고, 이는 누구도 부인하지 못할 진실이다. 이 주장을 뒷받침하기 위해 남한은 김현희의 자백 내용을 공개한다.

그렇다면 공식 수사 결과에 대해 북쪽은 어떻게 반응했는가. 북쪽에 따르면, 공식 결과는 "거짓말과 위선과 모순으로 가득한 조작"이다(UD, 1988a: 1). 예를 들어, 북한은 김현희의 나이가 북한 학제에 따른 연령과 맞지 않다고 말한다. 수사 결과대로 하면 그녀의 나이는 26살이 아닌 28살이 되어야 한다(UD, 1988a: 2). 북한은 또한 블랙박스에 대한 질문도 제기한다. "범죄 수사의 관점에서 봤을 때 …… 어떤 사건도 물증 없이 용의자의 진술만으로 조사할 수는 없다"(UD, 1988a: 3). 여기서 남한이 1972년 북에서 찍힌 김현희의 사진과 구명보트를 포함한 몇몇 기체 잔해를 물증으로 제시했다는 점이 지적되어야 한다(하지만 앞에서 언급했듯 이들이 진짜인지 대해서 의혹이 있다). 증거 문제와 관련해 북한은 공식 수사 결과가 "과학적 근거 없이 …… 시작된 반공화국 책동"의 하나라고 분명히 한다(UD, 1988a: 6). 나아가 북은 이 사건이 남한의 자작극이라고 주장한다(UD, 1988a: 3, 5).

5　미국 국무부 비밀문서 가운데 일부는 2009년 신성국이 제공한 것이다. 한편 2012년 6월, 국무부는 이 문서들을 (약간의 새로운 자료들과 함께) 갑자기 공개했다. 나는 한글 번역서를 준비하는 과정에서 국무부에 그 공개 절차에 대한 정보공개를 청구했다.

한마디로 북한은 "대한항공 858기 사건과 아무런 관련도 없"으며(UD, 1988a: 5), "남조선 인민들은 이 진실을 똑바로 봐야만 한다"(UD, 1988a: 8).

결국 북쪽의 공식 입장은 북한은 대한항공기 사건과 전혀 관련이 없다는 것이다. 남한의 수사 결과는 조작되었으며 핵심 문제는 물증이 없다는 점이다. 하지만 남한에 따르면, 이 사건은 북한이 저지른 천인공노할 만행이다. 다시 말해, 양쪽은 서로 완전히 반대되는 주장을 하고 있다. 그렇지만 나는 양쪽 주장에 비슷한 점 또한 있다고 생각한다. 모두 '증거'의 중요성을 강조하려 한다는 점이다. 물론 이 사건의 경우 물증을 찾는 것이 매우 어려웠을 수 있다. 왜냐하면 비행기가 바다 위에서 폭발했다고 되어 있기 때문이다. 하지만 이와 관련해 어떤 일이 있었는지를 알고 자백한 사람이 있었다. 바로 김현희. 남한은 이 자백한 범인을 증거로 내세웠다. 사형 선고에도 불구하고 특별히 사면한 이유다. 이 증거(김현희)가 안전하게 보존되어야 했던 것이다. 하지만 북한이 보기에는, 이 자백이 물증에 의해 뒷받침되어야 한다. 김현희 홀로 증거가 될 수는 없다. 이렇듯 증거의 '물리성'에 대해 서로 다른 해석이 충돌하고 있다. 남한에게는 김현희가 물리적이며 살아 있는 증거 자체다. 북한에게는 그렇지 않다. 남북-북남 각각의 주장 뒤에는 이와 같은 증거를 둘러싼 경쟁적 해석이 존재한다. 다시 말해, 진실로서의 김현희 '고백 서사'에 대한 다른 입장들이 경합하고 있다.

2. 문제들

책의 앞부분에서 말했듯 사건의 공식 설명에 대해 풀리지 않은 의문들이 많이 있다. 예컨대 수색에 대한 문제들, 수사와 공식적 종결 그리고 김현희 진술에 있는 모순들이다. 또한 잠깐 언급했듯, (수사 결과의 대중화에 결정적 기여를 한) 김현희의 수기가 당시 안기부가 고용한 작가(노수민)에 의해 대필되었다는 점도 지적되어야 한다.[6] 이는 정보기관이 왜 그런 식으로 개입했는지 의문을 자아낸다. 그러므로 진실 문제는 전반적으로 검토되어야 할 필요가 있다. 그런데 공식 수사 결과의 문제들을 살펴보는 일이 수사 결과 자체가 틀렸다고 말하는 것이 아니라는 점을 강조하고 싶다. 나의 관심사는 진실을 둘러싼 복잡한 상황들을 나름대로 살펴보는 것이다. 핵심은, 사건의 진실이 안정적인 지위를 확보하지 못하고 있다는 점이다. 다시 말해, 민감하고 복합적인 진실의 정치학이 존재한다. 그러면 지금부터 관련 자료에 나타나 있는 여러 문제를 살펴보기로 한다. 논의의 대상은 주로 몇몇 국가가 작성한 정부 문서들이다. 이는 (정보수집 역량에서 개인보다 훨씬 뛰어난) 각 정부가 생산한 문건들에서도 혼란스러운 정보가 담겨 있다는 점을 지적하기 위해서다. 그렇다고 하면 실종자 가족들이나 다른 관찰자들이 사건에 대해 의문을 갖는 것은 어떤 면에서 자연스럽다고 하

---

6 이와 관련해 국정원에 정보공개를 청구했으나 기각되었다(2009년 8월 13일). 한편 김현희는 당시 언론과의 인터뷰에서 수기는 기본적으로 자신이 썼다고 주장한 바 있다. "문장의 흐름이나 책의 구성이 너무 매끄러워 '이 책이 과연 김현희가 쓴 것이냐'는 의구심을 갖고 있는 독자들이 적지 않다. 완곡하게나마 이 점을 추궁해 보지 않을 수 없었다. ······ "남과 북의 표현법에 차이가 있고 모르는 단어도 적지 않아 처음에는 고심을 많이 했습니다. 함께 생활하고 있는 언니들로부터 많은 도움을 받은 것은 사실입니다. 그러나 평소 글짓기에 취미가 좀 있었고 대학에서 외국어를 전공했기 때문에 그 덕을 좀 봤습니다. 또 어머니가 부업으로 출판사 원고 정리를 하셨고 제가 때때로 옆에서 그것을 도와드렸기 때문에 글 쓰는 일이 그리 힘겹지는 않았습니다""(오명철, 1991).

겠다. 하지만 무엇보다 중요한 것은, 정부 문서들이 진실의 경합성 및 결정 불가능성의 논의와 관련될 수 있다는 점이다.

미국 중앙정보국은 사건의 동기와 관련해 조심스러운 질문을 던진다. 1987년 12월 21일 기준, 비록 중앙정보국은 "북한의 공작원들이 대한항공 858기의 실종과 관련 있다는 것은 거의 확실해 보인다"라고 판단했지만(CIA, 1987: 1), 같은 비밀문서에서 동기와 관련된 부분이 확실하지 않다고 적었다.

만약 이 폭파 사건이 올림픽을 방해하기 위한 계획들 가운데 첫째로 실행되었다면, 평양이 왜 이렇게 빨리 행동했는지 그 이유를 설명할 수 없다. 시기로 본다면 12월 16일 남한의 대선에 영향을 주기 위한 시도일 수 있었겠지만, 그렇더라도 이는 평양에게 가장 불리한 여당의 노태우 후보에게 득이 되었을 것이다(CIA, 1987: 2~3).

중앙정보국은 북한의 동기를 분석하는 데 어려움을 겪었다. 문서에 나와 있는 것처럼, 북한은 이 사건을 통해 얻을 수 있는 것이 없었다. 또 다른 문서에서 중앙정보국은 동기의 문제를 다시 언급한다. "생존한 용의자는 …… 이 사건이 여름 올림픽을 방해하기 위한 것이었다고 주장한다. 이 행동은 대회에 영향을 직접 주기에 너무 빨랐고 올림픽은 평양에게 여전히 유혹적인 표적으로 남아 있다"(CIA, 1988b: 1). 그리고 다음과 같은 말이 이어진다. "우리는 폭파 사건이 올림픽 대회 참가자들과 관중들의 안전을 보장할 남한의 역량에 대한 의구심을 높일 의도의 캠페인 가운데 첫 번째 계획인 것으로 믿는다"(CIA, 1988b: 3). 그런데 이 판단대로 하자면, 북한은 이후 특별히 폭력적인 작전을 실행하지 않았다. 미국 중앙정보국만 동기를 이해하기 어려워했던 것은 아니다. 미국 국무부의 비밀문서에 따르면, 사건의 동기에 처음 의문을 나타냈던 쪽은 한국 정부였다.

통일원[현 통일부]은 북한의 대한항공 858기 폭파에 대한 개입을 "강하게 의심하고" 있지만 그 동기에 대해서는 "당황하고" 있다. …… 여당의 노태우 후보에게 너무나 당연히 유리할 이 행동을 북한이 왜 하겠는가. 긔송한호 당시 남북회담사무국장는 통일원 분석가들이 이 질문 또는 왜 위험이 높은 올림픽 테러를 이리도 빨리 감행했어야만 했는지에 대해 아직까지 가능한 답을 찾지 못했다고 말했다(DOS, 1987c: 2).

미국 국무부 역시 이러한 남한의 분석에 동의하면서 의문을 나타낸다. "그럴 만한 동기를 찾기 힘들다. …… 올림픽 방해의 시나리오가 가능할 수 있지만, 그 시기가 너무 빨랐다"(DOS, 1987d: 2). 공식 수사 결과를 따른다고 했을 때, 북한은 시기에도 맞지 않은 이 사건을 왜 일으켰을까? 남한의 한 외무부 관리도 동기를 이해하기 어렵다고 말하는데, 대선의 경우를 예로 든다. "이 사건이 여당 후보에게 득이 될 가능성이 …… 평양에게는 이상할 수 있다"(DOS, 1987a: 2). 한편 미 국무부는 사건에 대한 기자회견을 준비하는 과정에서 동기 부분이 포함된 다음과 같은 회견 지침(예상 질문과 답변)을 마련했다. "질문: 북한이 어떤 동기로 이 사건을 일으켰다고 생각하는가? 답변: 우리는 추측하지 않겠다"(DOS, 1988b: 4). 이 수수께끼와 같은 동기는 영국의 비밀문서에도 언급되어 있다. 수사 발표가 있던 날, 남한의 관리들이 영국의 외무성을 방문했다. 그리고 외무성 관리가 오재희 당시 영국 주재 한국 대사에게 정부가 북쪽의 동기에 대해 어떤 결론에 이르렀는지 물었다. 그러자 대사는 "북쪽 사람들의 마음을 읽기가 참으로 어렵다"라고 말한다(FCO, 1988e: 1).

이렇듯 이해하기 어려운 북쪽의 동기는, 적어도 사건 전개 과정 초기에 있었던, 증거에 대한 의문으로 이어진다. 1987년 12월 2일 기준, 제임스 릴리 당시 한국 주재 미국 대사는 북한의 개입에 대해 다음과 같이 적고 있다. "우리가 지금까지 본 증거로는 확실한 결론을 내리기 어렵다"(DOS, 1987a: 2). 그의 지위로 봤을 때, 제임스 릴리 대사는 한국에서 증거를 자세히 살펴볼 수 있는 극소수의 미국 관리 중 한 명이었을 것이다. 다음 날 대사는 "북한의 개입에 대한 상황적 증거들이 쌓여 가지만 용의자들의 신원 확인 및 그들이 평양-대한항공 858기 사건과 어떤 관련이 있는지는 대체로 추측 정도다"라고 적었다(DOS, 1987b: 3). 비록 상황적 증거들이 많이 있었지만 대사는 판단을 내리는 데 신중했다. 그렇다고 했을 때 미국이 사건 10여 일 뒤에 왜 다음과 같이 말했는지 이해할 수 있다. "우리는 아직 사실들을 모른다"(DOS, 1987f: 2). 한편 미국과 구소련은 1987년 12월 7일부터 10일까지 워싱턴에서 정상회담을 갖고 있었다. 레이건 미국 대통령이 고르바초프 소련 서기장과 의논했던 문제들 가운데 하나가 바로 대한항공 858기 사건이다. "우리는 증거가 아직 확실하지 않지만, 소련에게 북한이 자제하도록 영향력을 행사해달라고 요청했다"(DOS, 1987g: 6). 결론은 초기 단계에 미국은 증거 문제에 신중했다는 것이다

다른 한편으로, 한국은 미국이 증거의 신빙성에 대해 더 긍정적이길 바랐다. 1988년 1월 5일, 당시 청와대 관계자(대통령 비서실의 김용갑 또는 김윤환으로 추정)는 스티븐 솔라즈(Stephen J. Solarz) 미국 공화당 의원이 방문했을 때 "북한 개입의 확실한 증거"를 갖고 있다고 말했다(DOS, 1988a: 2). 그보다 앞선 1987년 12월, 최광수 당시 외무부장관은 제임스 릴리 대사에게 "북쪽 책임에 대해 매우 확신하고 있다"라고 말했다(DOS, 1987a: 2). 하

지만 미국 대사관의 한 관리는 미국은 "지금 당장 확정적 성명서를 낼 정도의 증거를 갖고 있지 않다"라고 반복해서 말한다(DOS, 1988e: 3). 이는 수사 결과가 발표되기 전 작성되었던 1988년 1월 11일자 문서의 내용이다. 이러한 조심스러운 태도는 다른 문서들에서도 발견되는데, "설득력 있는 증거의 부재"와 같은 표현이다(DOS, 1987e: 2). 그런데 미국의 태도가 수사 결과 발표 뒤에 분명히 달라졌다는 점이 지적되어야 한다. 예를 들어 1988년 2월 19일 미국은 "북한이 대한항공 858기 폭파 사건의 뒤에 있다는 증거는 압도적이다"라고 확실히 표현한다(DOS, 1988f). 다시 말해, 미국은 북한의 개입에 대해 확신하게 되었다. 같은 해 11월 미국은 증거가 "결정적"이고 "아주 확실"하다고 말한다(DOS, 1988g: 7). 이처럼 미국은 한국이 제시한 증거에 대해 처음에는 조심스러워했지만, 일단 수사 결과가 발표되자 한국의 입장을 지지하게 되었다.[7]

'증거'의 문제와 관련해서 영국은 미국보다 더 조심스러운 입장을 지녔던 듯하다. 미국이 북한의 개입을 나중에 확신하게 된 이유 가운데 하나는 자체적으로 한 조사 때문이었다. 수사 발표 뒤에 작성된 영국의 비밀문서에 따르면, 김현희와 관련된 미국의 자체적 증거에는 문제가 있었다. "미국 대사관에 있는 우리 정보원이 말하길, 미국은 국무부 대변인이 제시한 증거들 외에 추가적 사항들이 있다고 한다. …… 하지만 그것들은 모두 상황적 증거다"(FCO, 1988f: 2). 미국과 대비되는 이러한 태도는 아래에서도

---

7 이와 관련해, 특히 중앙정보국 문서에 대해 브루스 커밍스는 다음과 같은 의견을 제시했다. "미국은 사건의 원인에 대해 한국이 제공한 것들을 받아들였지만 우리는 알 수 없습니다. 한국의 정보들을 인정하지 않으면 동맹관계에 부정적 영향을 줄 수 있었기 때문에, 중앙정보국에게 그 외의 다른 대안들은 없었을 것입니다"(면접, 2011년 5월 6일).

확인된다. 로렌스 미들턴(Lawrence Middleton) 당시 한국 주재 영국 대사는 수사 결과에 대해 다음과 같이 말한다. "기본적인 이야기는 분명한 것처럼 보이지만, 공식 설명은 전체적 진실, 특히 김현희의 갑작스러운 고백에 대해 많은 의문을 자아낸다"(FCO, 1988d: 2). 한국의 확신에도 불구하고 영국 대사는 진실이 불확실하다고 지적했다.

이와 비슷한 조심스러움이 호주의 비밀문서에서도 관찰된다. 수사 결과의 몇 가지 내용을 요약하고 있는 문서의 경우가 그렇다. 김현희의 공작이 북한 지도부(김정일)에 의해 직접 지시되었다는 내용 밑에 호주 관리가 다음과 같이 따로 적어놓았다. "핵심적이지만, 이에 대한 증거가 있는가?" (DFAT, 1988c: 1). 김현희에 따르면, 그녀는 최고 지도자의 친필 지령을 받았고 이는 사건의 아주 중요한 증거로 여겨졌다. 문제는 물증이 없다는 것이다. 리처드 브로이노브스키(Richard Broinowski) 당시 한국 주재 호주 대사도 비슷한 지적을 하고 있다. "나의 정치분과가 사건을 일정 기간 분석했는데, 북쪽이 저지른 것일 수도 있지만 …… 정확히 평양의 누구를 비난해야 할 것인지에 대해서는 어떤 결정적 증거도 없다고 결론 내렸습니다" (면접, 2009년 4월 27일). 이 부분과 관련해서 한 역사학자는 다음과 같이 해석한다.

당시 (1983년 버마 사건 같은) 모든 테러 행위나 위협에 대해 김정일을 비난하는 것이 남한 정보 당국의 관행이었습니다. 왜냐하면 1970년 정도부터 그가 아버지를 승계할 것으로 이미 알고 있었기 때문입니다(면접, 브루스 커밍스, 2011년 5월 6일).

한편 호주 정부는 이미 1987년 12월 초 한국의 사건 관련 진행 상황에 대해 비판적인 입장을 지니고 있었다.

지금 단계에서 비행기가 어떻게 추락했는지 어떤 확실한 증거도 없는 상황이지만(아무런 잔해도 발견되지 않음), 정부 대변인과 언론들은 실종과 관련해 벌써부터 북한을 비난하고 있다(DFAT, 1987a: 1).

증거에 대한 신중한 태도가 다시 한 번 드러난다. 그렇더라도 호주가 수사 결과를 나중에 받아들여 "확실한 증거가 있는 것으로 보인다"(DFAT, 1988d)라고 한 것이 확인된다.

그러면 증거에 대한 신빙성과 권위는 과연 어디에서 오는 것인가. 남한 정부에 따르면, 앞 절에서도 이야기했지만, 폭파범이자 유일한 생존자인 김현희 자체가 절대적 증거다. 그녀가 모든 것을 자백했기 때문에 물증이 충분하지 않더라도 북한 개입 문제에 대한 답이 나온다는 말이다. 이것이 바로 '고백 서사'의 힘과 권위다. 이 논리는 설득력 있게 들린다. 하지만 다음과 같은 질문이 나올 수 있다. 만약 그녀의 자백 자체에 문제가 있다면 어떻게 될까? 김현희의 자백 내용이 모두 확실한가? 책의 앞부분에서 언급했듯, 김현희의 진술에는 중요한 모순점들이 있다. 이를 제쳐 두고라도, 이제까지 살펴본 비밀문서들 또한 민감한 문제들을 지적하고 있다. 미국 국무부의 기자회견 지침으로 돌아가 김현희 자백에 대한 부분을 보자.

질문: 과거 대한민국 정부가 문제적 심문 기법을 사용했다고 봤을 때, 김현희 자백이 믿을 만합니까?
답변: 우리는 그 고백을 검증할 기회를 아직 갖지 못했습니다. 하지만 이미 말했듯이, 우리는 북한 개입에 대한 독자적인 증거를 모아왔습니다(DOS,

1988d: 4).

이 예상 질문과 답변은 미국 정부가 사건의 절대적 증거라 할 수 있는 자백의 신빙성에 대해 그만큼 신경을 쓰고 있었다고 일러준다. 특히 미국은 남한 당국의 문제적 심문 관행이 혹시 자백으로 이어지지 않았나 우려했던 것 같다. 제임스 릴리 대사도 비슷한 물음을 품고 있었다. "대사는······ 마유미[김현희]가 진술을 번복할 가능성이 있는지 물었다; 그녀가 거짓말 탐지기 시험을 거쳤는가? [남한 관계자인] 박은 탐지기 시험은 없었지만, 정부는 그녀가 진실을 말하고 있다고 확신한다고 대답했다"(DOS, 1988c: 4). 곧, 미국 대사는 김현희의 자백이 믿을 수 있는지를 확실히 하고 싶었다. 이 문서에 따르면, 한국은 특별한 검증 절차가 없었음에도 김현희가 진실을 말했다고 확신했던 듯하다. 그런데 호주의 문서에서도 이와 비슷한 우려를 찾아볼 수 있다. 한국의 뉴스통신사가 김현희와 김승일의 사체가 서울에 도착했다고 알렸다. 문서에는 이 부분에 밑줄이 그어져 있는데, 당시 호주의 관리는 남성도 살아서 압송된 것으로 알고 다음과 같이 적었다. "한국의 심문 기법을 고려할 때, 그는 결국 입을 열게 될 것이다"(DFAT, 1987b). 이로 판단하건대, 당시 외교계는 한국 군사정권의 혹독한 수사 방식에 대해 분명히 우려했던 듯하다. 또한 영국 대사가 김현희의 "갑작스러운 고백"에 대해 의문을 가졌던 것까지 떠올린다면, 외국 정부들은 자백에 대해 조심스러운 입장을 가졌었다고 하겠다.

비밀문서와는 별도로, 의문들과 관련된 여러 가지 의견을 잠시 살펴보고자 한다. 어느 탈북자는 이 사건이 민감하다고 지적한다.

저게 벌써 의문투성이가 아니야, 이제 보니까. 그래서 과거사 진실 위원회,

뭐 그런. …… 전략적인 문제점이 뭐냐면 북한에 대한 국제적인 제재 공세의 …… 연계화된 거란 말이야. …… 이게 만약 옳게 밝혀졌다, 미국의 대북 정책이라든가 이게 다 거짓으로 밝혀진단 말이야. …… 그러니까 저기서 접근하는 거 봐서, 난 오히려 사람들이 상식적으로 봐도 마치 친북적으로, 그렇게 비춰질 수 있는 공간이 많단 말이야. 그 여파가 크단 말이야(면접, 김 아무개, 2009년 8월 4일).

이 말은 한국에 존재하는 강력한 반공-반북주의 정치를 확인해준다. 만약 누군가 북한과 관련해 긍정적인 뜻으로 해석될 수 있는 발언이나 행위를 하면 이는 '빨갱이'나 '친북'으로 몰리기 쉽다. 다시 말해, 단지 북한에 대해 좋게 들릴 수 있는 말을 했다는 이유로 공산주의자 또는 북한 추종자가 된다. 앞서 말한 대로, 이러한 낡은 반공주의가 힘을 발휘하는 부분적 이유는 북한을 남한의 반국가단체로 규정하고 있는 국가보안법 때문이다. 어느 역사학자는 사건의 진실에 대해 다음과 같이 말한다. "저는 진상을 알 수 없지만, 북조선 당국의 적극 부정과 증거 부족, 각종 의혹 등을 고려해 결론을 유보하고 있습니다"(면접, 박노자, 2012년 1월 2일). 그는 사건의 동기에 대해서도 의문을 갖고 있다.

노태우가 고전을 면치 못할 대선을 앞두고 일어난 이 사건은 보수표 결집효과를 발휘시켜 군사 정권의 생명을 연장시킨 부분은 있었지만, 북조선에백해무익이었습니다. 그 사건이 빌미가 되어 미 국무부의 테러 지원국 명단에 올라 대서방 관계 정상화의 길이 막혔을 뿐입니다(면접, 박노자, 2012년 1월 2일).

위에서 살펴본 여러 가지 조심스러운 언급에 비해, 사건에 관한 지배적 의견은 분명하고 단호하다. 곧, 대한항공 858기 사건은 북의 테러다. 김현희를 인터뷰했던 어느 기자는 다음과 같이 말한다.

이미 그런 거, 태양이 동쪽에서 뜬다는 게 이미 확정된 사실인데, 왜 동쪽에서 뜨느냐, 그걸 설명하려면은 얼마나 힘이 들겠어요? 왜 서쪽에서 안 뜨느냐를 설명하려면 설명하는 사람도 시간낭비고 그걸 읽는 사람도 시간낭비고. …… 그건 김정일이가 서울올림픽을 방해하기 위해서 일으킨 사건이다. 김정일이의 직접 지령에 의해서 일어난 사건이다(면접, 조갑제, 2009년 8월 18일).

이 기자는 공식 수사 결과를 확실하게 받아들이고 있다. 실종자 가족회 회장의 말을 들어보자.

아니, 아무 일도 밝혀진 게 없고. 다만 밝혀졌다 그러면은 돌아오지 않은 115명이고. 그리고 뭐, 그게 제일 중요한 거죠. 안 오니까. 그리고 우리는 그 비행기가 폭파됐다든지, 김현희가 테러했다, 이런 거는 하나도 물증이 없으니까 뭐 인정하고 싶어도 인정할 수가 없는 거죠. 그러니까 지금까지 싸우는 거고요(면접, 차옥정, 2009년 7월 18일).

이 가족에게 태양은 증명되지 않는 한, 동쪽에서 뜨지 않는다. 과학자들에 의해 태양이 떠오르는 방향이 밝혀졌듯, 대한항공 858기 사건도 제대로 된 물증을 통해 밝혀져야 한다. 전직 정부 관리도 이 가족의 말에 동의하는 듯하다. "설명하는 데 있어서 혼돈이 조금 끼어 있다. 의문이 많이 제기됐으니까. 그래서 그런 것들이 좀 제대로 밝혀졌으면 좋겠다"(면접, 황인성, 2009년 7월 20일). 이 사건의 진실이 무엇이냐는 질문에 대한 전 진실 위원회 위원장의 말도 들어보자. "내가 그거를 뭐 지금 우리가 조사를 하다 말았으니깐. 거기 어떤 대답을 할 수는 없지만. 사실은 명쾌한 해석이 안 돼 있다, 그런 말은 할 수 있을 것 같아요"(면접, 송기인, 2009년 7월 30일). 같은 위원회에서 재조사를 책임지고 관리하는 위치에 있었던 이의 말이다. "물증이 있어야 뭐 어떻게. 물증은 찾는 거고, 없으면 못 찾는 거지 뭐 근데, 어 ……, 이 사건도 말만 남은 사건이 됐죠"(면접, 익명, 2009년 8월 14일). 이처럼 사건의 진실에 문제가 있다고 지적하는 사람들이 있다. 그중에서도 위의 두 사람 이야기는 특별히 주목할 필요가 있다. 사건의 재조사에 직접 관여했기 때문이다. 종합하자면, 공식 수사 결과에 대해 조심스러운 의문과 해석들이 있어 왔고 이는 외국 정부의 비밀문서들에서도 알 수 있다. 다시 말해, 진실로 간주되는 김현희의 자백이 도전을 받아온 것이다.

3. 재조사

대한항공 858기 사건과 관련해 재조사가 두 번 있었다. 첫째로 국정원 발전 위원회가 2005년부터 2007년까지 재조사를 했고, 둘째로 진실 위원회가 2007년부터 2009년까지 재조사를 시도했다. 그러면 정치적 맥락을 이해하기 위해, 먼저 이 위원회들이 세워지기까지의 과정을 살펴보도록 하자. 기나긴 군사주의/권위주의 정권의 시기를 거쳐 1997년 12월, 야당 지도자였던 김대중 후보가 대통령으로 당선되면서 한국 역사에서 처음으로 정권 교체가 이루어졌다. 이 민주정부는 2002년 12월 노무현 후보가 대통령으로 당선되는 것으로 이어졌는데, 이는 김대중 정부가 추진했던 민주주의-인권 관련 정책이 계승될 수 있었다는 뜻이다. 그리고 2004년 비교적 민주적이라 불릴 수 있는 여당이 1961년 이후 처음으로 국회의원 선거에서 과반수의 의석을 확보했다. 여기에서 중요하게 지적할 점은, 이와 같은 전환 과정에서 시민사회의 역할이 컸다는 것이다. 과거사 및 진실 규명 관련된 위원회들을 이해하기 위해서는 이러한 정치적 맥락을 고려해야 한다. 예전에는 국가의 잘못된 행위들을 조사하는 것이 늘 가로막히거나 굉장히 어려웠는데, 바로 기득권 세력이 오랫동안 정치권력을 장악해왔기 때문이었다. 하지만 시민사회와 민주 진영의 노력으로 정치권력의 교체가 가능했고, 이로써 과거 (군사주의/권위주의) 정권들에 의해 가로막혔던 일들이 조금씩 풀릴 수 있는 환경이 마련될 수 있었다.

2004년 8월 노무현 대통령은 광복절 기념사에서 역사적 쟁점이 되어 왔던 사안들을 어떻게 다룰 것인가에 대한 기본적 원칙을 제시했다. 그는 이 문제를 포괄적으로 다루기 위해 진상 규명 위원회[8]의 설치를 제안했다. 이에 처음으로 응답한 곳이 국정원으로, 2005년 2월 내부 위원회 형식의 국정원 발전 위원회를 만들었다. 그 역사적 중요성에도 불구하고 국정원 발전 위원회는 부족한 권한 문제 등 많은 한계를 안고 있었다. 대한항공 858기 사건과 관련해서는 철저하고 충분한 재조사가 어려웠는데, 무엇보다 폭파범으로 알려진 김현희를 조사하는 데 실패했다. 2007년 위원회는 공식 수사 결과가 기본적으로 맞지만 군사정권이 정치적으로 활용했다는 재조사 결과를 최종 발표했다. 한계가 많았지만, 국정원 발전 위원회는 일

---

8 이와 같은 기구는 특히 남아프리카공화국 사례를 통해 많이 알려졌다. 위원회에 대한 일반적 논의에 대해서는, 예컨대 Hayner(1996); TRC(1998); Hunt(2004); Mendeloff(2004); Brahm(2007); Hayner(2011) 등.

정 정도 성과를 거두기도 했다. 예를 들어, (많은 이들이 추측할 수 있었던 일이기도 했지만) 당시 정부가 사건을 정치적으로 이용했다고 말해주는 문건을 찾은 것이다(국정원 과거 사건 진실 규명을 통한 발전 위원회, 2007: 532~537).

포괄적 성격의 진실 위원회의 경우 2005년 12월에 세워졌다. 하지만 국정원 발전 위원회와 마찬가지로 많은 한계를 안고 활동해야 했다. 가장 큰 어려움은 노무현 정부의 과거사 관련 정책을 마땅치 않게 여기던 보수적 성격의 이명박 정부가 출범하면서 생겼다. 예컨대 이명박 대통령이 임명한 새로운 위원장은 진실 위원회의 영문 보고서 배포를 중단시켰다. 표면적으로는 번역 관련 문제가 이유였으나, 많은 이들이 그 정치적 배경을 의심했다(Hayner, 2011: 66; Kim, 2010: 551). 대한항공 858기 사건을 보면 2007년 7월 재조사를 진행하기로 한다는 결정이 내려졌다. 조사 대상을 직접 선정했던 국정원 발전 위원회와는 달리, 진실 위원회의 재조사는 실종자 가족들의 신청에 의해 시작됐다. 그러나 진실 위원회가 안고 있던 포괄적 한계와 갈수록 의심을 샀던 조사 의지의 부족으로, 가족들은 2009년 6월 재조사 신청을 철회했다(이와는 별도로 위원회는 2010년까지 활동한 뒤 해산했다).[9] 그리하여 이 재조사는 도중에 중단되었다. 요약하면, 대한항공

---

9 당시 위원회의 재조사는 부족한 권한 등의 문제로 국정원 발전 위원회의 재조사를 크게 넘어서지 못하고 있었다. 또한 가족들에 따르면, 조사관의 의지가 갈수록 부족해져서 그를 신뢰하기 어려웠다고 한다. 두 명의 관계자가 있었는데, 한 명은 관리자의 위치에 있었고 또 다른 한 명은 실무자의 위치에 있었다. 가족들이 지칭한 이는 바로 실무자 성격의 조사관이다(재조사가 철회된 뒤 이 조사관은 나의 면접 요청을 거절했다. 비밀 유지의 의무가 이유였는데, 이후 그는 보수적으로 알려진 언론과의 공개 인터뷰에는 응했다). 그는 내가 대한항공 858기 사건을 이 책의 바탕이 된 박사 논문에서 다루겠다고 했을 때 그러지 말 것을 당부하기도 했다(2008년 8월 26일).

858기 사건에 대한 두 번의 재조사 시도는 철저한 조사의 원칙에서 봤을 때 그다지 성공적이었다고 하기 어려운 듯하다.

재조사 이전과 그 논란의 과정에서 가족들은 여러 가지 어려움을 겪었다. 이는 다음 가족에 따르면, 젠더와 관련된 것이기도 했다.

제일 아쉬운 거는, 어, 진짜 여자들이 당하고 남자들이 살아 있다면은 우리 같이 저기는 안 했을 거라는 생각이 들어요. …… 아빠들이었잖아요. 어, 남자분들은 우리보다는 더 힘이 있잖아요, 그래도(면접, 박서영, 2009년 8월 16일).

이미 말했듯 대다수의 탑승객은 건설노동자였다. 그들 대부분은 전통적 의미에서 가족 전체의 생계를 책임지는 남성이었고, 이는 재조사 운동에 참여한 이들이 대부분 여성이었다는 뜻이다. 위의 가족은 바로 이런 상황을 얘기한 것으로 재조사의 사회적 맥락에 젠더가 관련되었다고 암시한다. 남성 중심의 사회에서 그녀는 여성이 약자의 위치에 있다고 말하는 듯하다. 나는 남자들이 살았다면 상황이 좀 나았을 것이라는 말에 꼭 동의하지는 않지만, 그녀의 힘든 일상을 생각했을 때 절박함을 어렴풋이나마 느낄 수 있을 것 같다. 이와 더불어 김현희가 재조사 협조를 거부했던 이유 가운데 하나가 자신의 아이들과 관련되었다는 점을 지적해야겠다. 한 탈북자가 이에 대한 자신의 의견을 말한다.

사람이라면은 누구나 다 그런 …… 살아갈 수 있잖아요. 더구나, 특히 모성이라는 거는, 아무리 부성애가 깊다고 해도 모성애는 따라 못 가요, 그건. 모성이라는 거는, 그런 말 있잖아요? 여자는 태어나서는 아버지를 믿고 살다가 그 다음에는 남편 믿고 살고, 그 다음에는 아들 믿고 산다는 말이 있죠. 그러니까 이거는 뭐, 여자가 어떤 무슨 남자 그늘에 파묻힌 인생이라기보다는, 우선 여자는 남자보다도 약하잖아요. 그러니까 결국 아이를 낳으면, 그게 뭐 여자는…… 근데 그렇게 아들이라는 건 자기 목숨보다 더 귀중히 여기거든요(면접, 이지명, 2009년 8월 19일).

6장에서 다뤘듯, 이 '모성'은 사건 이후 전개 과정에서 계속 얘기되고 있다. 그리고 위의 말에서도 알 수 있듯, 나는 이 부분이 진실과 관련된 문제에서도 예외가 아니라고 생각한다. 모성은 재조사 관련 상황에서도 언급되고 이는 진실의 정치학의 한 부분을 이룬다. 다시 말해, (제한적 사례들이기는 하지만) 진실의 정치학에는 젠더화된 요소들이 포함되어 있다고 할 수 있다.

이와는 별개로 재조사 자체는 역사적이고 중요했다는 점을 강조할 필요가 있다. 특히 대한항공 858기 사건과 관련된 경합성과 민감성을 고려했을 때 그렇다. 이는 재조사가 보수적인 세력들의 강력한 반대에 부딪혔던 이유이기도 하다. 이 사건은 당국의 공식 수사와 대법원 판결 등을 통해 이미 끝난 것이고, 따라서 재조사는 필요 없다는 말이다. 한마디로 재조사는 국민의 세금만 낭비하는 일이다. 또한 공식 수사 결과에 문제를 제기하는 것은 국익에 어긋나는 것으로, 이는 주로 '친북'이기 때문에 그렇다. 하지만 실종자 가족들이 생각하기에, 이러한 주장들은 문제가 있다.

가족들이 인정을 안 하면 안 끝난 거죠. …… 100%라면 80%만 되도 인정을 하겠는데 그게 안 되는 거죠. 이게 너무 답답한 거예요. …… 김현희 직접 조사하는 게 중요하죠. 안 했잖아요(면접, 황금순, 2009년 7월 22일).

가족들이 단순히 결과를 인정하고 싶지 않다는 것이 아니라, 재조사가 철저하고 충분하지 않았다는 말이다. 남편이 실종된 이 가족은 100% 확실한 조사를 기대하지는 않는다. 80% 정도만 되더라도 인정을 하겠지만 그렇지가 않다. 이 때문에 가족의 입장에서 이 사건은 끝날 수 없다. 가족이 아닌 이들에게는 이야기가 다를 수도 있겠다. "[이 사건은 이미 끝났고 재조사도 필요없다고 말하는 사람들이] 당연히 있겠죠. 남의 일이니까"(면접, 익명, 2009년 7월 22일). 다른 가족도 비슷한 말을 한다. "그것은 아까도 저, 초장에도 얘기했지만 당하지 않은 사람은 몰라요. …… 그러니까, 제3자들은 그래요"(면접, 김재명, 2009년 8월 5일). 또 다른 가족도 이에 동의한다. "가족들이 아니기 때문에 그런 거죠. 가족들한테는 밝혀진 게 없는 상태잖아요. 가족이 아니라서 쉽게 말한다고 생각해요"(면접, 이익자, 2009년 8월 7일). 대한항공 858기 사건은 이 가족들에게 끝나지 않았다. 그렇기 때문에 재조사가 필요하다.

아니 저, 의심나는 게 있으면은 해야지. 돈이 아무리 들어도. 어떤 사건인데 이게, 해야 되지. 국민으로서 다 우리가 낸 세금인데. 저는 그렇게 생각해요, 그런 거는. 의심나는 부분이 있고 이건 꼭 재조사를 해야 되겠다는 …… 아무리 세월이 백년이 지나도. 우리 영화라든가 보면은 2차 대전 1차 대전 때 그런 비밀 같은 것도 나오는 거 있잖아요. 군사적인 비밀. 왜 해야지. 저는 그래서, 내가 죽고 없고 우리 후세라도, 언젠가는 이게 밝혀져야 되고 언제라도 밝혀야 된다고 생각해요(면접, 채성림, 2009년 8월 13일).

자신의 동생이 실종된 이 가족은 대한항공기 가족들도 국민이고 다른 이들과 마찬가지로 세금을 낸다고 항변한다. 그리고 얼마나 오래 걸릴지 모르지만 의문점들이 밝혀져야 한다고 말한다. 중요한 것은, 제대로 된 조사가 있어야 한다는 점이다. 바로 이 문제가 많은 가족들이 괴로워하는 부분이다.

근데 우리 가족은 억울하다는 이야기죠. 정확한 사실을 안 알려주니까. 우리는 가족으로서는 증거품도 하나도 없고, 어디서 이렇게 당했다는 거를 하나도 모르니까, 억울하니까. 입장을 바꿔 생각하면, 그자들도, 입장이 바뀌지면 그러지 않겠느냐 이거지. 그러니깐 그랬다고 정부에서 세금 뭐 많이 들어간 것도 아니고. 해준 것도 없는데, 무슨 돈이 들어가? 해준 것도 없는데, 뭔 세금이 들어가?(면접, 한 아무개, 2009년 7월 24일).

이에 따르면, 가족들은 사건에 대한 사실과 증거를 모른다. 왜냐하면 정부가 처음부터 철저한 조사를 하지 않았기 때문이다. 또 다른 가족은 자신에게 힘이 없다고 탄식한다.

이왕에 뭐 끝난 사건인데 자꾸 그렇게 …… 들춰서, 보나마나 뭐 힘없는 약자로서는 도저히 좋은 말을 들 한 가지 것도 한 가닥 희망도 없다고 봤어. 이 모든 게 정치가 뭐냐. …… 돈줄도 많아야 …… 일이 되는 거지 힘없는 자에게는 아―무리 날고뛴들 힘이 없는. …… 그러니까 과거사 위원회고 뭐고, 첫째는 힘이고, 둘째도 …… 이 자본이 풍부해야 뭐가 되지. 이 자본주의 국가에서 뭐 힘없고 돈 없으면 뭐가 될 것도 안 되는 거여(면접, 김영춘, 2009년 8월 6일).

돈이 힘이고, 정치는 돈이다. 한국 사회에서 가진 것이 없으면 고통받게 된다. 아무런 희망도 없다. 이 가족은 동생이 실종되었는데, 그가 보기에 재조사는 (7장에서 고통의 정치학과 관련해 잠깐 언급했듯) 사회계급과 관련이 있다. 또 다른 가족은 다음과 같이 어려움을 호소한다.

당사자 아니니까, 가족이 아니니까 그렇죠. 이 사건을 규명을 해야 하는데, 노력을 해야 하는데, 어떻게 해야 될지 모르겠어요. 하루하루 먹고 살기가 바빠요. …… 제 딸이 1987년에 태어났거든요. 딸도 힘들게 살았겠지(면접, 익명, 2009년 8월 13일).

면접 도중 그녀는 딸이 보내온 휴대전화 문자를 받았다. 그녀는 딸을 남편이 비행기와 함께 사라졌던 1987년에 낳았다고 했다. 아울러 아빠 없이 자랐을 그녀도 나름대로 어려운 시간을 보냈을 거라고 한다. 이처럼 가족들 대부분은 힘든 생활을 하고 있고 재조사 요구가 정당하며 꼭 필요하다고 말한다. 진실 위원회를 초대 위원장으로 이끌었던 이도 재조사 부분에 동의한다.

그거는 여하튼 이제 유족의 이의가 없다면은 그 말을 그대로 받아들일 수가 있는데 이의가 있기 때문에 재론되는 것 아니겠어요? 그리고 실제로 그 조사보고서를 보더라도, 국정원 걸 보더라도, 현지에 그, 파견되서 뭐, 그 물증을 찾으려고 했던 것도 아마 빈손으로 왔잖아요. 갔다 온 것밖에 없잖아요. 그러니까 그, 예컨대 구체적인 물증이 있다거나 그러면은 뭐가 그래 그랬구나 하고 시원히 생각이 되겠지만은, 우리 국민들이 생각할 때 물증 하나도 못 찾고 종결할 수 있나, 이런 의혹이 확실히 남게 되는 사건이라고 생각해요(면접, 송기인, 2009년 7월 30일).

그는 2007년 진실 위원회가 대한항공 858기 재조사를 시작했을 때 위원장으로 있었다(2005년부터 시작해서 2년의 임기를 마친 뒤 물러났으며, 재조사 취하는 새로운 위원장이 왔을 때 이루어졌다). 중요한 문제가 지적되었는데, 바로 국정원 발전 위원회가 철저하게 조사를 하지 못했기 때문에 만족스러운 결과가 나오지 않았다는 것이다. 예를 들어 이 위원회는 대한항공 858기의 잔해를 찾기 위해 인원을 현지에 파견하고 이를 언론에도 알렸지만, 결국 실패했다. 그러므로 국정원 발전 위원회의 재조사가 만족스럽다고 평가하기 어렵다(게다가 이미 지적했듯 김현희 조사에도 실패했다). 핵심은 구체적이고 새로운 물증을 확보하는 데 있다는 이야기다. 그러나 국정원 발전 위원회에서 활동했던 인사는 다른 입장을 가지고 있다.

국정원하고…… 10명이 들어가서 남아 있는 자료를 확인해서 재조사를 한 결과, 그게 그 김현희가 했었다는, 그러니까 국정원 최초의 발표가, 이제 지엽적인 사실에서는 좀 잘못된 부분이 있더라도, 그러니까 김현희가 북한 공작원이고 김현희가 폭파했고, 그리고 안기부가, 그러니까 그 사건을 안기부가 터뜨린 거 아니냐? 그게 아니라는 걸 우리가 조사관들이 밝혔음에도 우리 사회에서 안 믿는다는 것, 인제 그게 뭐 충격이라면 충격이고. 우리 사회의 불신이나 뭐 그런 게 이렇게 깊구나. …… 안기부가 그쪽에서 하는 걸 무조건 안 믿는다는 게 깊구나 하는 걸 느꼈고(면접, 한홍구, 2010년 4월 13일).

이 말은 공식 수사 결과가 기본적으로 맞는다는 뜻이다. 공식 수사 결과로 이 사건은 끝난 것인지에 대해 한 천주교 사제는 다음과 같이 말한다.

법적으로나 논리적으로는 맞죠. 법치국가에서 대법원까지 다 끝났고, 국가기관에서도 발표했고 음, 다음은 논리적으로나 법적으로 맞는 거지. 맞는 거지만은, 논리적으로나 법적으로 맞다고 그게 진실인가 할 적에는, 또 다른 생각을 가질 수도 있다는 거고. 결국 대법원 판단도 판결도 인간이 했는데 인간이 완전무결한 수는 없는 거고. …… 왜 그 당시에 안기부든 우리 정부든 뭐, 아니면 뭐, 항공국이든 거기든 간에 왜 제대로 그 조사를 안 했냐는 거예요. 조사를 했어야지 정확하게. …… 북한도 칼기에 대해서 잘못한 일을 했으면 유감 표명해야지, 사실이라면. 그게, 그게 올바른…… 그렇다 치더라도 나는, 북에서 그렇다치더라도 그거를 남쪽에서 이용한 거에 대한 것은 난 충분한 조사를 더 했어야 된다고 보는 거지(면접, 박창일, 2009년 7월 27일).

남한 정부는 1988년 1월 수사 결과를 발표했고 김현희는 재판 과정을 거쳐 1990년 3월 사형선고를 받았다. 논리적이고 법적인 면에서 이 사건은 끝났다고 하겠다. 그렇지만 위의 말대로 핵심 문제는 공식 조사가 부족했다는 것이고, 따라서 또 다른 조사가 필요하다. 곧, 제대로 된 재조사다. 그리고 여기에는 김현희에 대한 조사도 포함되어야 한다. 수사 결과를 믿고 있는 한 탈북자의 말을 들어보자.

아 뭐 언론이라는 게 뭐예요? 더 이상 칼기 사건이라는 걸, 그거 같은 경우에 국민들한테 다시 한 번 알리자면, 이게 옛날에 있었으니까, 이제 와서 실지 살아 있는 증인인 그 김현희 씨 같은 경우에도 다시 한 번 티비에 내보내서 무슨 뭐, 국민들한테 말하게 해본다는 게, 그런 액션이라도 뭐, 취해야 된다. 무슨 이런 노력이 있어야 되잖아요? …… 싫어하는 사람이 있을 수도 있지. 그렇지만 어쨌든 정확하게 실상을 알려서 긴가민가하고 믿지 않는 사람들이라면, 정확히 믿도록 또 하는 조치를 취해야지, 계속 그걸 덮어둬 가지고 계속 국론을 분열시킬 필요는 없지 않는가(면접, 정 아무개, 2009년 8월 19일).

이 말은 김현희가 충분히 대응하지 않았기 때문에 부분적으로는 그녀
도 계속되는 논란에 책임이 있다고 암시한다. 또 다른 탈북자의 말이다.

그러니까 내 생각에는 이제 그, 김현희 씨가 자기가, 어떤 뭐, 이제 정치권
력 구도의 그런 뭐, 그……그 어떤 비약이라든가, 자기가 맡아야 된다고 생
각을 해서 거짓 진술을 했다고 하면, 그러면은 사실을 밝히는 기가 역사를
뭐, 우리 후세에 바로 알리는 것도 참 중요한 일이죠? 그니까 뭐, 나는 재조사
가 그 이전에 핸 조사가 잘못된 것이다 이렇게 하면은 재조사가 필요하지만,
그 조사가 그렇지 않고 뭐 진심으로 된 조사였다 그렇게 생각을 하면, 다시
그렇게 할 필요는 없는 거죠. 근데, 본인 자체도 그 어떤 뭐, 아직도 비밀을
안고 있는, 그 어떤 감을 많―이 줍니다. 그니까 김현희 씨의 행동이라든가
그 어떤……보면은, 참 이거는 아직도 그 어떤 말 못 하는 이런 내막적인 비
밀적인 게 있구나, 이런 게 좀 느낌이 가는 거죠(면접, 이 아무개, 2009년 8월
19일).

물론 김현희가 자백한 대로 북한이 비행기를 폭파했다고 할 수 있다.
이 북쪽 책임에 대한 다음 이야기를 들어보자.

나중에 결론상 북쪽이 또 고의적으로 뭐, 계획해서 이렇게 하거나 나오면
그쪽에 또 명확한 책임을 물어야 된다 이거지. 지금의 증거와 지금의 결론으
로는 북쪽 책임을 나는 못 묻는다는 거야, 지금은. 그러니까 북쪽의 책임을
정확히 묻기 위해서도, 아, 북쪽이 지금 계속 발뺌을 하잖아. 어쨌든. 그러면

발뺌을 못 하게 명확한 근거로 해가지고, …… 명확한 근거를 가지고 절대로 빠져나가지 못하는(면접, 익명, 2009년 7월 21일).

이 말에 따르면, 재조사 요구를 북쪽이 비행기를 폭파하지 않았다는 주장으로 받아들이는 것은 오해다. 가족들이 재조사를 바라는 이유는 공식 수사 결과가 확실하지 않고 물증이 부족하기 때문이다. 이는 북쪽이 테러를 했더라도 쉽게 부인할 수 있는 이유이기도 하다. 그러므로 적어도 북쪽의 책임을 확실히 하기 위해서라도 제대로 된 재조사가 필요하다. 달리 표현하면, 일부 보수 진영의 주장대로 '친북'이기 때문에 재조사를 요구하는 것이 아니라는 말이다. 나는 이 부분에 특별히 주목해야 한다고 생각한다. 재조사가 곧바로 북쪽에게 이로운 것이 될 수는 없다. 가족들 입장에서 재조사는 실종자들에게 도대체 무슨 일이 있었는지와 관련된 기본적인 인권 문제라 하겠다. 물론 새로운 재조사의 결과가 공식 결과를 재확인하는 내용일 수 있다. 충분히 가능한 일이다. 중요한 것은, 그 내용이 무엇이든 전면적이고 철저한 조사를 통해 결론에 도달해야 한다는 점이다. 그런데 몇 번 언급했듯, 아쉽게도 국정원 발전 위원회와 진실 위원회의 재조사는 그렇지 못했다. 진실 위원회에서 재조사에 관여했던 이의 말을 들어보자.

어, 뭔가 이렇게 실마리가 있어서 그렇게 파도 우리 위원회의 그 능력 말하자면, 시기나 예산이나 이런 걸로도 어려운데 그 전 단계의 탐문 수준의 조사가 필요한 사건이라는 ……, 그렇게 할 만한 사건이 될려면 약간의 한시적인 조직이나 이러면 안 되고 좀 더 장기적으로, 그 다음에 많은 인원이 투자되고, 상당히 많은 외교적 해결책도 필요하고, 북한, 소련, 동구, 아랍 에미리트 뭐 이런 나라들하고, 또 미얀마도 그렇고. 근데 그런 역량을 총동원하기에는 우리 위원회의 구조가 안 맞다. …… 그런 상황이면, 우리 진실 화해 위원회가 칼기 접근하는 데는 좀, 일정한 제약이 너무 제약이 크고 능력도 좀 부친다. 이런 생각이 들었죠. 최종적인 이야기입니다(면접, 익명, 2009년 8월 14일).

나는 위에서 살펴본 재조사와 관련된 상황은 대한항공 858기 사건이 그만큼 어렵고 복잡하다는 것을 말해준다고 생각한다. 또는 더 넓게, 자크 데리다(Derrida, 1988, 1992, 1999) 및 리처드 애슐리와 롭 워커(Ashley and Walker, 1990a, 1990b)가 일러주듯, 이는 진실의 결정 불가능성에 대해 말해주고 있는 듯하다. 동시에 이는 김현희 고백 서사의 권위에 문제가 있다는 뜻이기도 하다.

4. 진실 경합

이 장에서는 진실의 정치학에 대해 고민해보았다. 구체적으로는 공식 수사 결과, 문제들 그리고 사건에 대한 재조사를 검토했고, 이를 통해 진실이 경합하고 있음을 살펴봤다. 북한 지도부의 지령을 받아 김현희가 대한항공 858기를 폭파했다는 정부의 수사 결과는 사건의 공식 진실로 여겨지고 있다. 이에 따르면, 김현희는 진실에 대한 증거 자체다. 그녀가 사건에 대해 자백을 한 것이다. 다시 말해, 김현희의 고백은 사건의 절대적 증거다. 이것은 공식 결과를 생산하고 유통하는 데 결정적 역할을 했다. 여기에서 중요한 점은, 진실이 김현희의 말, 곧 '고백 서사'에 근거하고 있다는 것이다. 이는 진실이 구체적 물증이 아닌 '말'에 바탕을 두고 있다는 뜻이다. 서사 또는 담론에 민감한 분석이 필요한 지점이다. 언어와 이를 둘러싼 권력관계가 고려되어야 한다. 이 언어적 속성과 복합성에 주목한다면, 이른바 진실이라는 것은 경합적일 수밖에 없다. 이 때문에 정부가 주장하는 것처럼 진실에 도달하는 과정이 간단하지 않다. 이 책의 관심사가 바로 이 경합적인 부분이다. 아울러 진실로서의 김현희 고백 서사는 도전을 받아왔다. 중요하게 지적할 점은, 이 도전 과정에는 미국을 포함한 외국 정부의 비밀문서도 포함되었다는 것이다. 물론 이 정부들은 공식 수사 결과를 받아들였지만, 사건의 동기와 같은 부분에 대해서는 심각한 의문을 제기했다. 특히 증거 문제를 중요하게 언급했는데, 김현희의 자백과 친필지령을 둘러싼 것들이었다. 그렇다고 한다면, (실종자 가족들과 같은) 사람들이 재조사를 요구하는 것은 놀랄 일이 아니다. 재조사에 대해 반대하는 목소리도 있지만, 특히 가족들의 요구는 정당한 것이었다. 이에 따라 국정원 발전 위원회와 진실 위원회가 재조사를 각각 시도했지만 철저한 조사가 이루어지지는 못했던 듯하다.

이 장에서는 진실, 젠더 그리고 고통 사이에 어떤 관계가 있는지도 살펴보려 했다. 예를 들어 가족들의 재조사 운동 관련해서는 진실과 고통이 서로 얽혀 있다는 것을 알 수 있었다. 김현희의 모성과 관련된 문제를 포함해 젠더화된 진실 또한 부분적으로 관찰되었다.

다음 장에서는 책을 전체적으로 다시 살펴보려 한다. 이 작업은 '공감적 국제관계학 탐정'이라는 개념을 제안하면서 시작된다.

09 공감하는 탐정, 공감하는 연구

누군가 음악을 듣고 있다, 한 손을 이마에 댄 채. 조용한 클래식 음악이 흐른다. 이 사람은 형사이며 이름은 쿠트 발란더(Kurt Wallander)다. 누군가 이야기를 하고 있다, 뭔가 중요한 것을 깨달으며. 조금 뒤 총소리가 고요함을 뒤흔든다. 이 사람은 형사이며 이름은 사라 룬드(Sarah Lund)다. 이들은 인기 있는 스칸디나비아 영화/드라마(〈Wallander〉, 〈Forbrydelsen〉)의 주인공이다. 나에게 그들은 모든 어려운 사건을 과학적이고 이성적으로 해결할 수 있는 초인들이 아니다. 그들은 자신의 고통을 지니고 있고, 감정에 힘들어하며, 여러 가지 일상 문제에 허덕인다. 경험 많고 유능한 형사인 발란더는 피해자들의 고통을 생각하며 미심쩍은 사건들과 관련해 문제를 겪는다. 그래서 음악을 들으며 평온과 고요를 찾으려 한다. 주도적이고 뛰어난 형사인 룬드는 마지막 순간에야 얘기를 나눈 그 사람이 사건의 범인임을 알게 된다. 그래서 완전 범죄로 벗어나려는 그를 향해 방아쇠를 당긴다. 여기에서 핵심은 발란더가 음악으로 평온을 찾으려 하고, 룬드가

법 밖에서 정의를 찾으려 하는 것이 아니다. 중요한 것은, 그들이 공감하고, 힘겨워하고, 최선을 다하며, 결국 그들도 평범한 인간이라고 인정한다는 점이다.

1. 공감적 국제관계학 탐정

이 이야기를 바탕으로, 국제관계학 분야에서 '공감적 국제관계학 탐정'이라는 개념을 생각해볼 수 있다. 쿠트 발란더와 사라 룬드처럼 국제관계학 연구자는 (때로 부족한) 증거나 정보에 근거해 조사를 진행한다. 이와 같은 연구자와 형사/탐정의 비교는 새로운 것이 아니다. 사회과학에서 로버트 커헤인(Keohane, 1998: 196)은 연구자를 탐정과 동일시한다(또한 Thies, 2002; Bennet and Elman, 2006 참조). 몇 번 언급했듯, 제임스 데 데리안은 그의 국제관계학 연구물을 탐정 작업/이야기라고 부른다. 이런 면에서 나는 거의 모든 국제관계학 연구자들이 어떤 형태로든 일정 부분 탐정이라고 생각한다. 핵심은, (형사/탐정들이 그러하듯) 연구자들도 때때로 힘겨워하고 투쟁한다는 것이다. 그렇다면 이는 누구를 위한 투쟁인가. 그것은 연구자 자신을 위한 것일 수도, 다른 사람들을 위한 것일 수도 있다. 이 지점에서 공감이 필요하다. 다른 이들을 느끼거나 이해하려고 노력하는 일이다. 이 과정에서 나의 초점은 상상적 요소에 있다. 공감하는 행위는 스스로 다른 사람의 위치에 서보려는 노력을 포함한다. 곧, 나 자신을 다른 이의 위치로 옮기는 것이며, 이는 상상의 하나라고 할 수 있다.

공감을 정의하려는 다양한 시도들도 이 부분을 지적한다. 서사이론 연구자인 수잔 킨(Suzanne Keen)은 문학에서의 공감 연구를 통해, 공감은 목격, 듣기, 또는 다른 이의 상황 읽기를 통해 만들어지는 "[상상을 통한] 대리적, 자발적 감정 공유"라고 말한다(Keen, 2006: 208). 옥스퍼드 사전도 이와 비슷하게 공감을 정의하는데, 바로 "다른 사람의 감정, 경험 등을 상상하고 공유할 수 있는 능력"이다(Crowther, 1996: 392). 다시 말해, 공감은 우리들이 다른 누군가가 하는 것을 "그 다른 사람의 위치에 있다는 상상을 통해" 느낄 수 있게 해준다(Coplan and Goldie, 2011: xxxiii). 여기에서 공감은 국제관계학에서도 이미 연구되어왔다는 점을 지적할 필요가 있다(Sylvester, 1994a). 기존 논의들을 바탕으로 내가 하고자 하는 작업은 '상상'의 요소에 새롭게 관심을 두는 일이다. 자신을 다른 곳으로 위치시키지 않고서는 공감을 할 수 없다. 공감하는 것은 상상하는 것이다. 이는 책의 주요 주제이기도 한 국제관계학에서 상상력을 어떻게 이용하는가의 문제와 맞닿는다.

나는 공감적 탐정 연구의 목적이 꼭 문제를 '해결'하는 것이 아니라고 강조하고 싶다. 목적은 앎의 불가능성 또는 불완전성에 대해 적극적이고 겸손하게 사유하는 것이다. 내가 중요하게 생각하는 질문은 어떻게 이 '알 수 없음'을 '알 수 있는' 방식으로 논의하는가이다. 핵심은 노력하는 것이며, 나름대로 최선을 다하는 것이다. 이는 전통적 국제관계학의 주요 목적인 '문제 해결'이 중요하지 않다는 뜻이 아니다. 그보다는, 연구자가 감정이나 투쟁이 거의 삭제되어 있는 '객관적이고 중립적인 과학자'인 척 할 필요는 없다는 말이다. 이 공감적 국제관계학 탐정의 의미에 대해서는 뒤에서 다시 살펴볼 예정이다. 하지만 지금은 탐정의 마음으로 책의 첫 장에 소개했던 연구 목표/질문을 돌아보고, 아울러 책 전체에 대해서도 다시 생각해볼까 한다.

2. 탐정 연구를 돌아보며

1) 소설 쓰기 국제관계학과 정보

그 형태와 상관없이 거의 모든 사유, 글쓰기 그리고 연구에서 정보나 자료의 부족은 문제를 불러온다. 이는 특히 정보가 의도적으로 '오염'되었을 때 심해진다. 예를 들어 대한항공 858기 사건에서 김현희의 "언니 미안해"는 안기부가 의도적으로 조작한 정보다. 2013년에 있었던 '간첩사건'에서 남한의 국정원은 조선족 남성을 북한의 간첩이라고 조작했다. 그의 여동생은 정보기관의 가혹 행위와 회유에 못 이겨 오빠가 간첩이라고 거짓 진술을 했다. 그런데 여동생이 계속 버티다 거짓 진술을 하게 된 이유 가운데 하나는, 오빠가 간첩이라고 말하면 '김현희처럼 살게 해주겠다'는 국정원의 회유였다고 한다(이유진, 2013; 〈뉴스타파〉, 2013). 이를 단독 기사로 처음 보도한 기자는 김현희가 다른 간첩 조작 사건에서도 회유 형식으로 언급되었을 가능성에 대해 다음과 같이 말한다.

개인적으로는 충분히 그럴 수 있다고 생각합니다만, 증명할 방법이 요원한 점이 아쉬울 뿐입니다. 국정원 직원이 나서서 내가 그런 말을 했다고 말하지 않을 뿐더러, 그런 말을 들었다고 한들, 이번 사건처럼 언론에 용기 있게 밝힐 수 있는 사람이 몇이나 될까?(면접, 이유진, 2013년 11월 28일).

이 조작 사건은 대한항공기 사건을 둘러싼 또 다른 의문을 불러일으키는 동시에, 탐정 수사와 같은 연구가 필요하다고 일러준다.

나는 이와 같은 문제를 다루기 위해, 부분적으로 소설 쓰기 방식을 책에 도입했다. 중요한 것은 어떻게 결핍 또는 차이를 채우냐이다. 이 책에서 제안하는 방법은 이 결핍을 '상상력'으로 채우자는 것이다. 이는 어떤 특정한 기존 설명을 반대한다는 뜻이 아니다. 제한적이고 확실하지 않은 정보가 있을 경우 이를 바탕으로 하되, 상상력의 힘을 빌리자는 말이다. 바로 이 점에서 소설 쓰기가 유용할 수 있다고 생각한다. 상상력의 힘을 긍정적으로 이용하는 작업이다. 예컨대 이 책에 포함된 짧은 소설로 돌아가면, 첫 부분은 실종자 가족들의 입장을 상상하는 것과 관련 있다. 그들의 좌절감과 힘든 삶에 대한 이야기가 그레이스 한이라는 인물을 통해 그려진다. 다음 부분은 대체로 김현희에 대한 상상과 관련 있다. 그녀의 임무 수행 이전, 도중 그리고 이후에 젠더의 정치학이 어떻게 작동했는지에 대한 내용이다. 마지막 부분은 두 인물이 만나는 장면을 그려본 것이다. 진실 문제에 관한 대화가 오갈 수 있는 상황을 조심스럽게 상상해본 결과다. 중요한 것은, 이 얘기들은 이미 '제한적으로' 접근이 가능한 정보들에 바탕을 두고 있다는 점이다. 소설 쓰기는 이 제약의 문제를 다루기 위해 사용되었다. 앞서 말했듯, 이 방법으로 모든 결핍과 간격을 채우지는 못한다. 핵심은 자료의 부족과 불확실성에 대해 좀 더 적극적이고 민감하게 고민한다는 것이다.

정보와 자료 문제에 대해 더 말하자면, 국가 기밀의 경우 보통 특정한 관계자들만 접근이 가능하다. 그렇다고 해서 그것들이 영원히 비밀로 남을 수는 없다. 누군가에 의해 유출 또는 폭로될 수 있다. 예컨대 미국의 경우를 보면, 다니엘 엘스버그(Daniel Ellsberg)는 1971년 베트남-미국 전쟁과 관련된 국방부의 비밀문서를 폭로했다. 2010년 첼시 (또는 브래들리) 매닝(Chelsea Manning)의 외교 문건 사건과 2013년부터 이어지고 있는 에드워드 스노든(Edward Snowden)의 안보국 국제 감시 체계에 대한 폭로도 그렇다. 이와 같은 폭로/유출과 달리, 법규에 따라 특정 시기가 지난 뒤 비밀 자료들이 해제되는 경우도 있다. 그렇다 하더라도 중요한 국가 기밀은 여전히 접근이 어려운 경우가 많다. 이는 마치 뛰어넘기에는 너무나 높은 비밀의 '벽'과도 같다. 그러면 이 벽 뒤에 있는 국가 기밀에 어떻게 접근할 것인가? 이 비밀의 벽을 어떻게 뛰어 넘을 것인가? 몇 가지 방법이 있을 수 있다. 예를 들어, 먼저 이 벽 자체를 허물어버리는 것이다. 또는 비밀리에 벽 뒤에 있는 이의 도움을 받는 방법도 있다. 이런 것들이 가능하다면 괜찮을 수 있다. 하지만 그렇지 않다면? 나의 제안은 상상력의 힘을 빌리자는 것이다. 정보의 벽에 대해 고민하는 과정에서 상상적 지식을 활용할 수 있다고 생각한다. 소설 쓰기는 이 과정의 한 부분이다. 물론 이 상상의 힘이 완벽하다고 말하는 것은 아니다. 문제를 완전히 '해결'할 수는 없다. 상상력 자체 또한 불확실한 것이기 때문이다. 그러나 만약 벽을 부수거나 벽 뒤 누군가의 도움을 받는 것이 방법이 될 수 있다면, 상상력 또한 방법이 될 수 있다.

이런 이유로 제임스 데 데리안(Der Derian, 2009: 223)은 탐정 작업과 용기에 대해 다루고 있는 책의 한 장을 상상력에 대한 다음과 같은 인용문들로 시작한다. "지식은 제한적이다. 상상력은 세계를 둘러싼다"(알버트 아인슈타인). "상상력은 관료들에게 흔히 발견되는 재능이 아니다"(미국 9/11 위원회 보고서). 다시 한 번 강조하건대, 이 탐정 (상상적) 기획에는 분명히 한계가 있다. 새로운 증거나 자료가 드러나면, 바로잡히거나 다듬어져야 한다. 그래엄 앨리슨과 필립 젤리코(Philip Zelikow)는 이 점을 그들의 『결정의 본질(Essence of Decision)』(2009: 223) 개정판에서 분명히 한다. "새로운 증거로 초판의 설명 가운데 많은 부분이 틀렸거나 충분하지 않았음이 밝혀졌다." 쿠바 미사일 사태에 대한 (당시 미국 케네디 정부의 녹음 내용을 포함해) 여러 가지 새로운 자료가 나오자, 그들은 케네디 대통령의 말을 적절하게 인용한다. "혐의들과 이에 대한 반론들로 가득한 이 지뢰밭을 거니는 역사가는 누가 되었든 신중해야만 한다"(Allison and Zelikow, 2009: xiii; 또한 Allison, 1971: vi 참조). 정보 부족과 불확실함과 관련해, 상상적-탐정 연구의 한계에 대해 알고 있을 필요가 있다. 이런 조심스러움으로 소설 쓰기의 구체적 방식에 대해 말하면, 이야기를 쓸 때 대화 형식을 활용하는 것이 좋다고 생각한다. 기록 자료들과 면접을 비롯한 관련 자료들은 이 대화의 형식에 녹여낼 수 있다. 더욱 구체적으로는 인물들 사이의 대화나 독백의 형태로 반영될 수 있겠다. 종합하면, 소설 쓰기는 정보의 결핍 또는 불확실함을 상상력을 활용해 다룬다는 맥락에서 국제관계학의 방법론이 될 수 있다.

이와 같은 점에서 이 책은 국제관계학 분야에 공헌을 할 수 있지만, 소설 쓰기를 좀 더 깊이 있게 살펴봤다면 좋았을 것이다. 이 책에서는 관련 논의가 주로 방법론의 영역으로 한정되었다. 다만 국제관계학 연구에서 소설을 직접 쓰는 일이 매우 드물기 때문에, 이 자체로 의미가 있다고도 하겠다. 그렇지만 이 논의는 다른 차원의 질문과 연구로 확장될 수도 있었다. 예컨대, 이와 같은 시도가 다른 (사회과학) 학문 분야에서도 있었는지 하는 문제다. 또한 국제관계학에서의 소설 쓰기는 사실과 허구 또는 실재와 비실재의 경계를 묻는다는 차원에서 좀 더 적극적으로 논의될 수도 있었다. 이 부분을 살짝 다루기는 했지만, 더 깊이 있고 포괄적인 논의는 책의 범위를 벗어나는 일이다. 이 국제관계학 소설 쓰기에 대한 정교한 연구가 계속될 필요가 있고, 모쪼록 이 책이 관련 논의의 조그마한 출발점 가운데 하나가 되었으면 한다. 이 과정의 하나로 나는 서사적 국제관계학, 곧 자문화기술지/자서전 국제관계학 같은 작업들이 더 많이 나올 수 있기를 바란다. 이와 더불어, 소설 쓰기 국제관계학은 국제관계학에서 상상력을 더욱 넓고 적극적인 차원에서 논의하는 문제와 연결될 수 있다. 예컨대 이 분야에서의 상상력의 역할/힘과 그 지적 역사, 또는 '상상력의 계보학'을 본격적으로 살펴보는 작업이다.

2) 여성주의 국제관계학과 젠더-고통-진실의 정치학

여성주의 국제관계학에 대해 말하는 방식에는 여러 가지가 있을 수 있다. 나는 이 학문이 대체로 젠더 정치학, 감정-이성의 경계 재구성, 위치성 그리고 관계성에 민감한 분야라고 생각한다. 그리고 책에서는 대한항공 858기 사건을 통해 젠더-고통-진실이 어떻게 작동하는지 살펴봤다. 젠더의 정치학에서는 구체적으로 미모, 처녀성 그리고 결혼에 대한 연구가 진행되었다. (아름다운) 여성 테러리스트나 간첩이 특별한 주목을 받는 것은 새로운 이야기가 아니다. 그들이 '여성은 그런 것을 해서는 안 된다'는 고정관념에 균열을 내기 때문이다. 대한항공기 사건에서 주목되는 부분은 국가가 적극 개입하여 관련 과정에 함께했다는 점이다. 안기부는 김현희의 자백 문구를 왜곡했고, 그녀의 출판 작업들을 기획·관리했으며, 그녀의 결혼에 관여했다(또는 관여했다는 의혹을 받았다). 이 점에서 로라 쇼버그와 케론 젠트리(Sjoberg and Gentry, 2007)가 개념화한 '엄마, 괴물, 창녀' 서사에 더해, 나의 연구는 대한항공기 사건에 국가가 부분적으로 기획한 '젠더 폭탄' 서사가 있다고 말해준다.

한편 감정을 진지하게 생각하고 다룬다면 고통의 정치학에 민감해질 수 있다. 이미 논의했듯, 감정을 지적 연구의 한 부분으로 포함할 필요가 있다. 그랬을 때 실종자들, 가족들 그리고 폭파범의 고통을 연구하는 것이

(더욱) 가능해진다. 1987년 11월 이후, 이 고통은 사건과 관련 있는 이들의 세계를 새로 만들거나 파괴했다(Scarry, 1985). 그들의 삶은 갑자기 뒤집혔다. 특히 비행기에 타고 있던 사람들의 이 갑작스러움과 '살아 있지만 살지 않음'은 고통의 정치학에서 중요한 부분을 차지한다. 그리고 이는 사건에 대한 경합적 진실의 존재와도 관련이 있다. 정부는 수사 결과의 객관성과 확실함을 주장한다. 하지만 실종자 가족과 같은 이들의 입장에서는 꼭 그렇지 않다. 수사 내용의 다양한 모순과 어긋남을 생각할 때 질문들이 나올 수밖에 없다. 공식 결과는 절대적 진실이라는 그 자신의 입장에서 봤을 때 객관적이고 맞는 이야기가 된다. 도나 해러웨이(Haraway, 1988)의 말을 바꿔 표현하면, '상황적 진실'이라 할 수 있다. 그렇다면 공식 설명이 자신의 권위적 위치를 이유로 관련 질문들을 단순히 무시해버리는 것은 옳지 않다. 진실은 확정될 수 없는 그 무엇일 수 있다. 이는 계속되는 긴장의 과정이며, 결정 불가능성의 가능성을 안고 있다(Derrida, 1988, 1997, 1999).

사건 자체와 이후 전개 과정에서 젠더, 고통, 진실이 어떻게 얽혀 있는지 살펴봤다. 예컨대 여성 김현희의 예쁘고 가련한 이미지는 동정심 및 피해자 정치학과 연결된다. 김현희의 여성성과 성적 자극에 민감한 말과 출판물은 부분적으로 남한 당국에 의해 기획·관리되었고, 이는 진실과 관련된 질문을 불러온다. 아울러 김현희는 '힘없고 연약한 여성' 이미지와 자신의 고통을 연결시키려 한다. 그리고 실종자 가족들의 애도 과정은 진실에 대한 계속되는 논란과 깊이 연관되어 있다. 재조사를 둘러싼 논쟁은 진실 문제가 타자의 고통을 이해하는 것과 관련되어 있다고 말해준다. 이 정치학에서 가족들의 어려움은 부분적으로 젠더와 관련 있는 듯한데, 곧 많은 수의 가족들이 ('생계 부양자'로서의 남편을 잃은) 여성인 것이다. 또한 정부는 공식 수사 결과를 젠더화된 맥락이 포함된 차갑고, 고정되고, 객관적이며 중립적인 진실로 제시했다. 이처럼 책은 대한항공 858기 사건에서 젠더-고통-진실이 서로 얽혀서 작동한다고 일러주고, 이는 '교차성'의 개념으로 설명할 수 있다. 그런데 더 이야기하자면, 기존의 교차성 개념은 위와 같은 점을 관찰해내는 데 한계가 좀 있다고 생각한다. 그래서 각 문제들/항목들이 어떻게 '그들 사이 또는 각 내부에서' 복잡하게 얽혀 움직이는지와 관련해 아래와 같이 고민하게 된다.

첫째, 교차성은 흑인 여성들의 복합적인 사회적 불평등을 이론화하려는 목적에서 처음 소개되었다. 곧, 인식론적 초점이 여러 가지 '불평등'의 연결 관계에 있다고 생각한다. 둘째, 교차성은 서로 다른 항목들 사이의 상호작용에 대체로 주목하고 있다. 이는 각 항목들 안에서의 자체적 작동에 덜 민감해질 수 있다는 얘기다. 셋째, '3중 억압'이라는 용어가 일러주듯 교차성 개념은 주로 젠더-인종-계급 관계를 살펴보는 데 활용된다. 물론, 이들 외의 것을 살펴보는 데 적용될 수도 있다. 예컨대 여성주의 국제관계학자 브룩 애커리와 재키 트루(Ackerly and True, 2008: 156)는 이 개념을 통한 분석 대상에 학문으로서의 국제관계학 자체를 포함시키기도 한다. 하지만 나는 교차성의 개념이 아직도 주로 젠더-인종-계급 관계를 떠올리게 한다고 생각한다. 이러한 개념적 한계는 교차성에 대한 다른 용어 또는 더욱 정교한 개념화가 필요하다고 말해준다. 이런 맥락에서 니라 유발-데이비스의 연구가 주목된다. 그녀는 일단 이 단어를 그대로 가져갈 필요가 있다고 한다. 왜냐하면 이 말이 굉장히 널리 알려졌기 때문이다. 곧, 용어 자체에 대한 의구심에도 불구하고 어떤 직관적인 이해를 하는 데 도움이 될 수 있다(Yuval-Davis, 2011: 6). 나는 이러한 지적을 교차성 개념을 더욱 정교히 하거나 관계를 개념화하는 유용한 방식 가운데 하나로 받아들이고 싶다.

용어를 그대로 유지하는 동시에, 나는 이 개념이 처음 등장했을 때로 돌아가 당시 중요했던 요소 가운데 하나를 적극적으로 재해석하고자 한다. 그 요소란 상황성 또는 위치 지어짐(situatedness)이다. 킴벌리 크렌쇼(Crenshaw, 1989)가 용어를 처음 만들었을 때, 이는 기존의 여성주의 논의로는 제대로 살펴볼 수 없는 흑인 여성의 경험을 이론화하기 위해서였다. 기존 논의가 대체로 백인 중산층 여성의 경험에 바탕을 두고 있었기 때문이다. 그렇다면 이 용어는 기존 논의를 흑인 여성의 경험에 맞게 위치 지으려는 시도의 하나로 만들어졌다고 할 수 있다. 나는 이 점이 중요하다고 생각한다. 다시 말해, 교차성은 처음부터 위치성과 깊은 연관이 있었다. 나의 제안은 교차성에 스며 있는 바로 이 맥락에 더욱 주목하자는 것이다. 내가 보기에 이 점이 충분히 관심을 못 받아온 듯한데, 왜냐하면 논의 자체가 불평등과 소외 문제를 중심으로 이루어졌기 때문이라 생각한다. 관련 논의들이 진행되는 과정에서 위치성 부분이 비교적 주목을 덜 받게 된 것이다. 바로 이 점에 더 민감해지자는 것이 나의 제안이다. 위치성 부분을 확장해서 해석하게 되면, 교차성 개념이 또 다른 논의들/영역들로 더욱 연결될 수 있을 것이다. 좀 더 넓은 의미에서 관계들을 이론화하는 개념으로 재해석될 수 있다는 뜻이다. 곧, 젠더-인종-계급의 범주를 넘어설 수 있다(이 범주가 중요하지 않다는 뜻이 결코 아니다). 그렇다고 했을 때 교차성은 여성주의 국제관계학에서 관계들의 이론화를 고민하는 문제와 더 깊이 연결된다. 따라서 이 책에서처럼 젠더-고통-진실의 얽혀 있는 관계도 이 개념을 통해 살펴볼 수 있게 된다.

그러면 넓은 의미에서의 여성주의 국제관계학으로 넘어가보자. 여성주의 국제관계학은 협상에 관한 것이 아닐까 싶다. 긴장을 이론화하는 또는 견뎌내는 데 도움을 준다. 여성주의에 기반을 둔 연구는 어떤 면에서 여성과 관련된 내용이라 할 수 있다. 동시에 이는 나의 생각에 긴장을 일으킨다.

흔히 여성주의 연구는 '(오직) 여성'에 대한 것이라고 오해되곤 한다. 이 책의 경우, '여성' 테러(혐의)범을 다루었기 때문에 여성주의 연구의 하나라고 할 수 있다. 나는 이런 의견에 동의하지 않는다. 나의 연구가 여성에 대한 것이라는 점은 맞다. 하지만 이 연구가 여성주의 작업이라고 할 수 있는 이유는 꼭 이것 때문이 아니다. 내가 생각하는 이유는 책이 젠더-고통-진실 나아가 안보가 서로 어떻게 얽혀 있는지에 대해 다루고 있기 때문이다. 이는 경계들 또는 범주들을 어떻게 가로질러 사유하느냐의 문제다. 더불어 위치성, 관계성 그리고 권력 같은 여성주의와 깊이 연관된 개념들이 예를 들어, '너무나 뜨거운 냉전', '노더' 그리고 '살아 있지만 살지 않는 존재' 등을 고민하는 데 도움이 되었다. 어떤 면에서 이것이 대한항공 858기 사건을 여성주의 국제관계학 연구의 소재로 삼은 이유였다. 나는 여성주의 국제관계학이 여성/젠더를 포함해 더 넓게 사유할 수 있다는 가능성을 보여주고 싶었다. 곧, 여성주의 국제관계학은 여성/젠더에 관한 것인 동시에 그 이상의 것이다. 앞에서 말했듯, 여성주의 국제관계학은 처음부터 경계를 가로지르는 학문으로 출발했다. 젠더 관련 질문을 국제관계학 분야의 단단한 경계 안으로 들여온 것이다. 다른 비판적 접근들과 비교했을 때 여성주의 국제관계학은 기존 주류 국제관계학의 매우 냉랭한 대접을 받아야 했다. 1980년대 말 또는 1990년대 초 이후 20년 넘게 지난 지금, 여성주의 국제관계학은 다양한 내부 논쟁들(양적-질적 방법론 등)을 통해 계속 발전해가고 있다. 나는 이 연구가 여성주의 국제관계학의 또 다른 가능성과 힘을 보여주었길 바란다.

3) 대한항공 858기 사건과 수수께끼

책의 앞부분에서 말했듯, 대한항공 858기 사건 자체는 거의 연구되지 않았다. 나의 작업은 그 부분적 이유가 경합적 진실 또는 사건의 민감함과 관련 있다고 암시한다. 기존 연구가 거의 없다는 것은 지식 축적의 측면에서 이 책이 공헌할 수 있는 지점이다. 무엇보다 이 연구는 사건에 대한 지배적 사유 방식과는 다른 질문과 해석을 시도했다. 예컨대, 진실의 문제 관련해서는 공식 수사 결과가 진실이냐 아니냐의 논의를 넘어선다. 이 연구를 진행하면서 진실 문제가 사건에 대한 지배적 틀이라는 점을 다시 확인했다. 나는 면접을 하면서 거의 모든 이들에게 첫 번째 질문으로 다음과 같이 물었다. "대한항공 858기 사건이라고 했을 때 가장 먼저 떠오르는 생각이 무엇인지요?" 압도적 다수가 공식 수사 결과가 진실인지 아닌지와 관련해 답을 했다. 이는 실제로 진실 문제가 사건에서 가장 논쟁적이고 중요한 사안이라고 말해준다. 그런데 이러한 논의 구도에서는 젠더/고통과 같은 문제들이 충분히 얘기되지 못한다고 생각한다. 바로 이 점에서 나의 연구가 의미 있지 않을까 싶다. 진실에 대한 다른 관점의 물음(불확실함과 결정 불가능성)을 던지는 한편, 이 책은 진실 외의 부분들에 대해서도 물음을 던지고 있다. 이 점에서 책은 사건에 대한 기존 논의들을 재구성한다. 여기서 어떤 이는 왜, 특히 (한국의) 학계에서 사건을 다루는 일이 드물었냐에 대해 궁금해할 수 있다. 이는 진실 문제로 다시 돌아간다. 관련 연구가 '사건이 진실이냐 아니냐'라는 지배적 틀로 해석될 가능성이 많기 때문에, 연구자들이 적극적으로 개입하기를 꺼려했던 게 아닌가 싶다. 이러한 망설임은 남북-북남 관계 문제가 굉장히 정치화되어 있는 상황을 고려하면 이해될 만하다.

책은 또한 이 사건을 냉전의 맥락에서, 곧 '너무나 뜨거운 냉전'의 관점에서 살펴봤다. 대한항공 858기 사건은 한반도에서 분단과 갈등이 계속되고 있다는 '슬픈' 증거의 하나다. 이처럼 이 책은 여러 가지 면에서 사건에 대한 연구를 확장시킨다. 한편 나는 정보공개 청구를 통해 얻은 미국, 영국, 호주 그리고 스웨덴 정부의 비밀/기록문서들을 활용했다. 사건 전체로 본다면, 아직도 이 자료들은 제한적이지만 이 한계에도 불구하고 새롭게 얻은 자료들은 사건을 연구하는 데 분명히 도움이 되었다. 새로 발굴된 자료들은 연구에서 때로 중요한 역할을 했다(Cumings, 1981, 1990; Moon, 1997). 아울러 미국이 다른 정부들의 비밀문서와 관련해 흥미로운 위치에 있는 듯하다. 영국 정부는 미국과의 협의가 필요하다며 특정 문서들의 공개를 거부했다. 이는 미국이 사건과 관련해 중요하다는 점을 간접적으로 말해준다. 그도 그럴 것이, 미국은 사건과 관련해 의회 청문회를 가졌던 유일한 국가이기도 하다. 미국은 또한 사건이 있고 나서 수색 작업에 나서기도 했다. 그렇다면 이 사건을 제대로 살펴보기 위해서는 미국 쪽에 대한 본격적인 연구가 필요하다고 하겠다. 이와는 별개로 내가 아는 한, 영어권에서 (적어도 학계에서) 사건을 전반적으로 다루는 동시에 계속되는 의문들을 맥락화하는 주요 연구로는 이 책이 거의 첫 작업물이라는 점을 지적하고 싶다. 이는 중요한 학문적 의미를 지닌다.

3. '무언가'에 대해

넓은 맥락에서 나는 이 책이 통제 (불)가능성에 대해 고민하고 있다고 생각한다. "계속되는 파도를 맞고, 하루를 목표, 기획, 계획과 함께 시작하고, 좌절한다. 추락하는 것이다. 지치지만 왜인지는 모른다. 뭔가 의도적인 계획보다 큰, 자신의 기획과 앎과 선택보다 큰 무언가가 있다" (Butler, 2004a: 21). 주디스 버틀러의 이 말이 논의의 출발점이 될 수 있다. 예상할 수 없는 무엇인가가 있는 것이다. 계획했던 것과는 다른, 통제할 수 없는 그 무언가가 있다. 그래서 고뇌하고 힘들어한다. 하지만 바로 이 '무언가'가 삶의 한 부분이다. 물론 이 말을 일반화할 수는 없다. 나는 모든 이들이 늘 추락하고 지쳐 있다고 생각하지 않는다. 특정한 상황이 그렇게 만든다. 문제는 그 상황들이 갑자기 찾아온다는 점이다. 그렇다고 해서 이 상황들이 모든 이에게 똑같은 형태로 오는 것도 아니다. 핵심은 그 누구도 앞으로 어떤 일이 일어날지 확실히 알기 어렵다는 것이다. 바로 이 점이 '무언가'와 관련 있다. 그렇다면 우리는 이 '무언가'에 대해 어떻게 할 수 있을까? 이것을 통제하려고 노력해야 할까? 만약 실패한다면? 그러면 통제하려는 노력을 더 해야 하는 것일까? 나는 통제보다 '전환'이 필요하다고 생각한다. 그 '무언가'를, 다른 종류의 정치학을 구성할 수 있는 디딤돌로 삼는 것이다. 다시 말해, 인식의 전환이 필요하다. 통제 불가능성을 받아들이는 것은 약해진다는 뜻이 아니다. 이는 약하다는 의미 그 자체를 질문할 수 있는 기회를 갖고, 따라서 통제가 어려운 것들을 어떻게 대해야 하는지에 더 민감해질 수 있다는 얘기다. 바로 다른 관점의 해석과 정치학으로 이어갈 수 있는 가능성이다.

대한항공 858기 사건은 이와 같은 다른 해석과 정치학의 사례가 될 수 있다. 진실 문제의 경우, 남한 정부는 공식 수사 결과가 그 외의 다른 어떤 해석이나 질문도 통제해내길 바랐다고 하겠다. 하지만 수사 결과는 통제에 충분히 성공하지 못했던 듯하다. 고통 문제의 경우, 실종자들은 그들의 삶을 갑자기 통제할 수 없게 되었다. 어떤 예고도 없이, 갑자기 사라졌다.

그 가족들 또한 갑자기 상실의 충격을 받아야 했다. 김현희 역시 그녀의 공작을 계획대로 통제할 수 없었다. (수사 결과를 따른다면) 그녀는 북으로 돌아가려 했지만 붙잡혔고, 남한으로 압송되어 반북 선전 활동에 나섰다. 젠더 또한 진실-고통과 마찬가지로 (하지만 약간 다른 맥락에서) 통제 불가능성과 관련된 문제로 해석할 수 있다. 여성으로서 김현희는 대체로 남성성과 폭력성이 지배적이라 할 수 있는 공작원 세계에 들어왔다. 이는 통제를 벗어난 것이다. 곧, 여성주의 국제관계학이 여성은 평화적이고 비폭력적이어야 한다는 지배적 관념에 도전하듯 젠더 규범의 통제를 위반한 것이다. 어떤 면에서 이것이 삶이라 하겠다. '갑작스러움'과 '통제 불가능성'은 삶의 한 부분이다. 나는 주디스 버틀러의 말을 이런 맥락에서 해석할 수 있다고 생각한다. 확실한 것은 거의 없다. 인간과 사회와 관련된 거의 모든 것에는 불확실함이 섞여 있다. 그렇다면 이 갑작스러움과 통제 불가능성을 겸손하게 인정할 필요가 있을지 모른다.

소설 쓰기 국제관계학도 통제 불가능성에 관한 것일 수 있다. 흔히 '정보의 부족'을 말할 때, 이는 부분적으로 정보가 어떤 존재의 통제 아래에 있음을 뜻한다. 예를 들어, 있었던 정보를 누군가 파괴하거나 조작할 수 있다("나는 남한 정부가 1948년까지 거슬러 올라가 문서들을 파괴하고 왜곡했다는 것을 사실로서 알고 있습니다. 북한의 경우 그 정도가 더 심하다고 확신합니다", 면접, 브루스 커밍스, 2011년 5월 6일). 이 경우 정보의 부족은 의도적으로 만들어졌다. 다시 말해, 이는 통제의 정치학에 관한 것이다. 그렇다면, 정보공개 청구는 이러한 통제를 문제화하는 시도의 하나라고 하겠다. 그렇더라도 바라는 모든 정보를 얻기는 힘들 때가 있다. 많은 부분이 국가 안보를 비롯한 이유들로 삭제된 채 공개되거나, 공개 자체가 거부될 수 있다. 통제가 계속 존재하는 것이다. 이런 면에서 예를 들어, 비밀문서들 또는 유출된 정보들을 공개하는 국제단체 위키리크스(WikiLeaks)의 활동은 주목할 만하다. 정부에 의한 정보 통제를 강력히 비판하며 그에 도전하고 있다. 다시 말해, 정보공개 청구의 한계를 넘어서는 시도다. 소설 쓰기 국제관계학의 경우, 이 정보 부족 문제를 다루기 위한 방법의 하나로 상상력의 힘을 활용한다. 어떤 면에서 소설은 위에서 언급한 통제 불가능성을 인정하고 이를 상상력의 자원으로 전환시키는 문제에 관한 것이다. 소설 쓰기 형식이 유연한 것은 이 때문이 아닐까 싶다. (이 책도 큰 틀에서 예외가 될 수 없겠지만) 사회과학 성격의 글쓰기를 생각해보자. 대체로 통제에 관한 것이다. 예컨대, 변수와 자료를 통제하고 가설 같은 것들을 세운다. 그렇다고 했을 때, 이 책의 소설 쓰기는 그 통제 작업을 다른 관점에서 고민하려는 조그마한 시도라 할 수 있다. 따라서 소설 쓰기 국제관계학도 통제(불)가능성에 관한 것이 된다.

여성주의 국제관계학이 등장했던 초기 시점의 논쟁도 통제에 관한 문제라 할 수 있다. 많은 면에서 이는 전통적이며 남성 중심적인 국제관계학 분야가 여성주의를 통제하기 어렵다는 것을 증명해주었다. 로버트 커헤인(Keohane, 1991)이 탈근대주의 여성주의 국제관계학의 재앙적 운명에 관해 말했을 때, 이는 주류 남성 학자의 여성주의에 대한 통제 욕망이 반영된 것이었다고 하겠다. 곧, 여성주의 국제관계학을 인정하기는 하되, 이 흐름이 전통적 국제관계학의 규범에 급진적으로 도전할 정도는 되지 않게 제약하려 했을 수 있다. 기존의 국제관계학 문법에 맞게 여성주의를 끼워 맞추려는 욕망이었다. 누군가는 이러한 시도가 꼭 여성주의에만 해당되는 것이 아니라, 새로 떠오르는 관점들에 대한 지배적 관점의 흔한 대응 형태라 말할 수도 있다. 하지만 이는, 그렇다면 왜 여성주의 국제관계학이 큰 맥락에서 비슷하다고 할 수 있는, 곧 주류 국제관계학에 비판적이던 다른 접근법들 사이에서도 무시당했는지 설명할 수 없다(Peterson, 1998; Sylvester, 2007 등 참조). 이것은 마치 젠더 관련 질문들은 여성학과 같이 더 직접 연관된 분야에서만 다뤄져야 한다고 말하는 듯하다. 국제관계학은 그런 젠더 질문들을 다룰 분야가 아니라는 얘기다. 따라서 여성주의 국제관계학의 등장도 부분적으로 통제와 관련된 것이라는 해석이 가능하다.

어떤 면에서 보면, 통제 불가능한 것들을 '통제'하려는 데서 문제가 생긴다고 하겠다. 그렇다면 이런 경우 통제 불가능성을 인정하고 이를 다른 관점의 정치학과 개념으로 만들어내려는 시도가 필요하지 않을까. 이는 산드라 하딩(Harding, 1986: 164)이 (비)일관성에 대해 말한 맥락과도 통한다고 생각한다. "일관적인 것이 아님이 분명한 이 세상에서 일관적인 이론들이란 어리석고 지루하거나, 아니면 억압적이고 문제적이다." 중요한 것은, 모순들을 솔직하게 인정하고 세상의 복잡함에 대해 더 민감한 개념 체계를 만들려고 노력하는 일이다(Harding, 1986: 164). 주디스 버틀러(Butler, 2004a: 21)의 말을 바꿔 표현하면, 모든 이들이 언젠가는 파도에 한 번쯤 휩쓸린다. 이 갑작스러운 파도를 견뎌내려고 노력하는 과정에서 우리는 상처받기 쉽고 연약한 존재임을 깨닫는다. 예측 불가능한 것들이 가득하다 (또한 Chan, 2010 참조). 미국 9·11 사건이나 이 책의 대한항공 858기 사건을 예로 들어보자(이 비극들은 일어나지 말았어야 했다). 삶은 통제하기 어렵다. 정보는 부족하다. 어떤 확실한 이유로 설명될 수 없는 것들이 많다. 바로 이러한 불확실함, 갑작스러움 그리고 통제 불가능성을 생각한다면, 우리는 지식 추구의 과정에서 좀 더 겸손해져야 하지 않겠는가.

4. '무언가'에 대해 이어가며

이 책의 주요 관심사 가운데 하나는 특히 진실 문제와 관련된 탈구조주의 및 서사 연구라 하겠다. 무엇보다 핵심은 언어와 관련 있다. 이는 사건의 공식 수사가 폭파(혐의)범의 말에 바탕을 두었다는 점에서 특히 그렇다. 곧, 김현희 '고백 서사'의 문제다. 그러므로 이른바 언어적 전환(linguistic turn)은 이 책에 잘 맞는다. 그런데 나는 더 넓은 의미의 탈구조주의와 관련해 좀 신중한 입장에 있다. 비록 내가 언어와 진실의 결정 불가능성에 대한 탈구조주의 관점에 도움을 받았지만, 큰 틀에서 탈구조주의가 적용되는 것에 대해서는 조심스러워진다. 이는 한마디로 학문적 특권에 관한 문제다(또는 내가 탈구조주의를 오해한 데서 비롯된 문제일 수 있다). 나의 우려는 탈구조주의가 예컨대, 혹시 실종자 가족들의 구체적이고 실질적인 투쟁을 무화시키지 않을까 하는 점이다. 내가 진실의 결정 불가능성을 이야기할 수 있는 것은 연구자의 위치에 있기 때문이라고 생각한다. 앞 장에서 살짝 언급했지만, 만약 실체적 진실 규명이 나에게 사느냐 죽느냐에 가까운 문제라면, 진실은 결정 불가능한 것이라고 과연 얘기할 수 있을까?

한 가족은 나에게 이렇게 말했다. "우리 이야기가 논문에 도움이 될지 몰라도 가족들에게 도움은 안 될 거예요"(면접, 이인순, 2009년 8월 11일). 내가 조심스러워지는 지점이 바로 여기다. 가족들에게 진실 문제는 주로 상처와 치유에 관한 것이다. 그들의 삶 자체다. 다시 말해, 진실은 그들의 길고 힘겨운 싸움을 통해 규명할 수 있는, 또는 규명'해야만' 하는 그 무엇이다. 그들의 생존에 필요한 그 무언가다. 그들에게 진실은 약자의 언어이며, 고통을 국가 중심의 직선적 서사 확립에 이용한 정부에 맞설 수 있는 힘의 원천이기도 하다(Edkins, 2003: 230). 하지만 나에게 진실은 꼭 그런 성격이 아니다. 물론 나 자신도 이 사건 때문에 나름대로 어려운 시간을 보냈다. 하지만 이는 실종자들과 그 가족들의 경우에 비할 바가 못 된다. 바로 이런 점들이 진실의 결정 불가능성과 해체주의 흐름의 관점을 이야기할 때 고려될 필요가 있다. 나에게 탈구조주의는 이런 면에서 연구자의 위치성과 관련된 조심스러운 고민의 과정에 있다고 하겠다.

이 위치성의 문제를 좀 더 밀고 나가면, 더 중요하게는 글쓰기 지원으로서의 경험과 관련해 몇몇 (미국) 국제관계학자와 '너무나 뜨거운 냉전'의 직접적 출발점이라 할 수 있는 한반도 전쟁 사이에 주목할 만한 연결 관계가 있는 듯하다. 세계에서 처음으로 국제관계학과를 설립한 곳으로 알려진 아버리스트위스대학교(Aberystwyth University)에서 '사상의 왕'으로 칭송받았고 2013년 5월 세상을 떠난 케네스 왈츠(Waltz, 1954 / 2001: viii)는 전쟁 기간 동안 미국 육군에 복무하며 한국에 머물기도 했다. 전직 미국 중앙정보국 자문관이자 베스트셀러 『블로우백(Blowback)』(2000: x) 저자이기도 한 찰머스 존슨(Chalmers Johnson)은 역시 전쟁 기간에 미국 해군 장교로 복무했다. 영향력 있는 국제관계학자로 책의 앞부분에서 언급했던 진 엘슈타인(Elshtain, 1987 / 1995: 18)은 그녀가 기억하는 첫 전쟁이 그녀가 10살 정도였을 때의 한반도 전쟁이라고 말한다. 이러한 경험과 기억이 그들의 사유와 글쓰기에 어떤 영향을 미쳤는지 깊이 있게 살펴볼 수 있다면 좋을 듯싶다. 다시 말해, 이론은 추상적인 것이 아니라, 결국 이론가의 삶 어느 부분을 바탕으로 나왔다고 일러주는 (제한적) 증거가 될 수 있다.

한편 책에서 관심을 두었던 몇 가지 중요한 주제가 있다. 바로 사람, 감정, 경험 그리고 위치성이다. 어떤 면에서 '사람'은 이 책의 출발점이기도 하다. 지배적 설명에 따르면, 대한항공 858기 사건은 북쪽의 테러이며 따라서 북에 대한 안보태세를 강화해야 한다. 이 틀에서는 테러 관련 안보 담론 외에 다른 해석이 차지할 자리가 없다. 하지만 사건 때문에 여러 가지 면에서 고통을 받은 사람들은 어떻단 말인가? 진실에 대한 논란은 제쳐 두고라도, 김현희의 삶은 어쩌란 말인가? 이런 질문들은 감정의 정치학과 연결된다고 생각한다. 사람에 관심을 기울이기 위해서는 감정에 관심을 갖는 것이 중요하다. 그 사람은 어떻게 느끼는가? 그 사람은 왜 분노하는가? 무엇이 그들을 고통스럽게 하는가? 어떤 이는 왜 죽을 때 눈을 감지 못하는가? 사람을 연구한다는 것은 그 사람의 이야기를 듣는 것이다. 그 사람이 표현하는 것과 어떻게 느끼고 있는지를 듣는다는 말이다. 앞에서도 지적했지만, 전통적 국제관계학은 그동안 사람과 감정에 민감하지 못했다고 생각한다.

이 맥락에서 제니 에킨스의 『실종(Missing: Persons and Politics)』(2011: viii)은 중요한 통찰을 제공한다. "이 책은 사람을 대상화하고 도구화하는 정치적 또는 삶정치적 협치(biopolitical governance)의 지배적 형태에 분노해서 쓰게 되었다." 그리고 그녀는 대한항공기 실종자들과 직접 관련된 듯한 얘기로 이어간다.

사람이 실종되면 그 가족과 친척은 행동을 요구한다. 특정한, 유일한, 대체 불가능한 사람이 사라지면, 그들은 그 사람이 돌아오길 바란다. …… 하지만 행동해야 할 당국에게는 대체 불가능한 사람이라는 개념이 없다. 특정한 어떤 사람은 대체로 다른 어떤 사람과 같은 존재인 것이다(Edkins, 2011: viii).

그녀의 말을 빌리면, 나의 연구는 "사람을 놓치는 정치"에서 "사람의 정치"로의 전환을 요구한다(Edkins, 2011: xiii). 사람과 감정에 민감한 정치 말이다. 그렇다면 전통적 국제관계학은 그동안 대개 사람과 감정을 놓쳤다고 할 수 있다.

케네스 왈츠의 『인간, 국가, 전쟁(Man, the State, and War: A Theoretical Analysis)』(1954 / 2001: 9)을 보자. 비록 그는 인간의 마음과 감정이 전쟁을 일으킨다고 짧게 인정하고 있지만, 그의 인간은 주로 고전적인 '남자' 철학자들 말에서의 추상적 형태로 존재한다. 그리고 이 남자들은 개별 국가들 및 그 체제들 밑의 위계적 범주로 자리한다. 이 문제는 케네스 왈츠의 또 다른 책인 『국제정치학 이론(Theory of International Politics)』(1979: 9)에서 더 심해지는 듯하다. 이론은 창의적으로 만들어져야 한다는 그의 말에도 불구하고, 사람과 감정은 체계-구조 중심의 설명 안에 자리 잡기 힘들다. 내 책이 여성주의 국제관계학을 통해 개입하고자 하는 지점이 여기다.

이 과정에서 경험이 중요해진다. 사람은 경험으로 구성된다. 다시 말해, 사람은 특정 경험들에 의해 영향을 받고 변한다. 직접 또는 간접 경험들은 지식 추구 과정에 영향을 준다. 이런 면에서 초기 여성주의 운동/연구가 여성들의 경험에 대해 얘기하고 그 이론화를 통해 길을 열었다는 것은 놀라운 일이 아니다. 중요한 점은 단순히 경험을 이야기하는 것이라기보다, 그 경험의 '정치적 속성'에 주목하는 것이다. 이 경험의 중요성은 위치성의 문제로 이어진다. 어느 위치에 있느냐에 따라 사물은 달라 보인다. 그에 따라 경험/해석이 달라질 수 있다. 지식은 특정한 시간과 공간의 제약을 받는다. 이는 유럽 또는 강대국의 경험에 근거한 냉전 설명('기나긴 평화' 또는 '상상적 전쟁')이 한반도의 경험에 맞지 않은 이유이기도 하다. 한반도의 경우 냉전은 너무나 뜨거워 냉전, 곧 차가운 전쟁이 될 수 없다. 대한항공 858기 사건이 일어난 배경이기도 하다. 이처럼 위치성은 중요하다.

논의를 이어가면, 전혀 새로운 이야기는 아니지만, 냉전(의 끝)에 대한 강대국 중심의 직선적 설명 방식은 국제관계학에서 널리 받아들여져 왔다. 예를 들어 알렉산더 웬트는 『국제정치의 사회이론(Social Theory of International Politics)』(1999: 4)에서 냉전의 끝이 국제정치에 대한 구성주의 시각의 부흥을 촉진했다고 한다. 이 말에 담겨 있는 전제는, 냉전이 확실하게 끝났다는 것이다. 냉전이 과거형으로 쓰이고 있다. 이러한 직선적 설명은 다음 문장에서 분명해진다. "구조에 대한 사회적 정의에서 구조적 변화의 개념은 문화들에서의 변화-바로 1989년 냉전의 종식과 같은-를 뜻한다. 이는 물리적인 극체제의 변화-1991년 양극 질서의 종식과 같은-를 뜻하는 것이 아니다"(Wendt, 1999: 4). 냉전과 관련된 가장 유명한 직선적 설명/연구는 아마 프랜시스 후쿠야마(Francis Fukuyama)의 『역사의 종말과 마지막 인간(The End of History and the Last Man)』(1992: xii)이 아닐까 싶다. 그는 그의 작업을 냉전의 끝에 대한 설명이라고 말한다. 이 직선적 설명 틀에서는 한반도의 '계속되는' 전쟁이 제대로 다뤄지기 어렵다. 이런 점에서 위치성에 바탕을 둔 '상황적 냉전 연구'가 필요하다고 생각한다.

비슷한 맥락에서 더 말하자면, 강대국 중심의 국제관계학 연구 자체에 대해 다시 생각해볼 필요가 있다. 국제관계학 최고의 고전 가운데 하나로 여겨지는 한스 모겐소(Hans J. Morgenthau)의 『국가들 사이의 정치(Politics Among Nations: The Struggle for Power and Peace)』(1948 / 1978: 183~184)를 예로 들어보자. "중국과 가까운 지정학적 위치 때문에 …… 2000년 넘게 한반도의 운명은 이곳을 통제하는 한 국가의 우위력 역할을 하거나, 통제를 위해 경쟁하는 두 국가들 사이의 힘의 균형 역할을 해왔다." 이 설명에서 한반도 자체의 행위자성은 찾기 힘들다. 그리고 한반도 전쟁 및 휴전 관련해 "[중국과 미국] 두 국가는 모두, 위험하고 불안정하더라도, 극동아시아의 힘의 균형을 의미한다는 점에서 한반도가 두 지역으로 나뉜 상태가 임시로 계속되는 것에 만족해했다"(Morgenthau, 1948 / 1978: 426~427). 여기서도 역시 한반도 같은 비강대국 세력은 '힘의 균형' 틀에서 자신의 위치를 제대로 찾지 못하고 있다.

그렇다고 했을 때, 한스 모겐소(Morgenthau, 1948 / 1978: xvi)가 개정판에서 "한반도 전쟁의 경험이 책의 모든 곳에 이론적 틀로 반영되었다"라고 말한 부분이 주목된다. 이는 강대국 중심의 국제관계학 연구가 그 인식론적 출발점에 문제가 있다고 암시한다. 다시 말해, 이러한 연구는 강대국이 국제관계의 유일한 주요 행위자라고 전제하고 있다. 동시에 국제관계학 연구도 이런 인식에서 이루어져야 한다는 의미를 담고 있다. 그렇다면 이런 관점은 강대국 중심의 정치와 이론의 현상 유지에 복무할 가능성이 크다. 한스 모겐소의 '힘의 균형'으로 돌아가보자. 나는 이 표현이 '강대국을 위한 힘의 균형'으로 바뀌어야 한다고 생각한다. 나의 연구는 이처럼 전통적 주류 국제관계학을 문제화하고 있다. 이미 말했듯이, 구체적으로는 강대국 경험에 바탕을 둔 냉전 연구를 재구성하려 했다. 이는 국제관계학을 상대화해가는 과정의 중요한 부분이라 할 수 있다.

이야기를 더 이어가면, 한반도에서의 정치와 관련해 이분법적 규범이 제도화되어온 듯하다. 흔히 쓰이는 이분법적 구분들이 있다. 남한과 북한(북한과 남한), 선과 악, 진실과 거짓 등이다. 이러한 사유는 특히 한반도 전쟁 뒤에 더욱 강화되고 고착된 듯하다. 나는 이것이 복잡함에 대한 두려움을 불러왔다고 생각한다. 직선적이고 분명하고 이분법적인 틀에서는, 뭔가 복잡한 것이 환영받지 못한다. 확실성, 안보, 통제와 같은 가치들이 중요시되는 반면, 불확실성, 경합성 같은 것들은 거의 삭제된다. 내 생각에는, 이것이 대한항공 858기 사건이 남한에서 적극적으로 연구되지 못했던 또 다른 이유가 아닐까 싶다. 경합적 지식이 환영받지 못하고 있다. 공식 수사 결과가 북한의 책임을 확실히 했기 때문에 더 이상의 말이 필요 없다. 수사 결과가 진실이고 다른 것들은 진실이 아니다. 이야기가 끝난 것이다. 하지만 이 확신적 서사를 통해서는 예컨대 실종자 가족들의 고뇌와 싸움에 대해 얘기하기 힘들다. 사건에 대한 여러 가지 물음에 대해서도 마찬가지다. 나는 이것이 '경계 정치'의 비극이라고 생각한다. 한반도 맥락의 이분법적 틀에서, 이 경계는 너무나 높고 튼튼하다.

그러면 이 상황에서 어떤 희망이 있는지 궁금해진다. 이와 관련해, 나는 '쌍둥이 정치'에 대해 고민하고 싶다. 관계성을 중요하게 생각하는 것이다. 어떤 면에서 한반도는 쌍둥이 같다. 남북-북남의 쌍둥이다. 이들은 기나긴 시간 동안 언어, 역사, 문화를 공유해왔고, 또한 사회적 몸이라 할 수 있는 땅을 공유하고 있다. 그들의 운명은 처음부터 깊이 연결되었던 것이다. 이는 국제관계학에서 말하는 전통적 개념의 상호의존이나 상호관계와는 다르다. 내가 코리아가 아닌 '코리아/들(Korea/s)'이라고 쓴 부분적 이유다. 이 깊은 관계성을 인정할 필요가 있다. 다시 말해, '경계 정치'에서 '쌍둥이 정치'로의 전환이 필요하다.

이 정치와 관련해, 나의 연구에 따르면, 한 국가에 특별한 관심이 요구된다. 바로 스웨덴이다. (개념에 대한 논란이 있긴 하지만) 공식적으로 '중립국'으로서 스웨덴은 한반도 갈등을 60년 넘게 관찰해오고 있다. 1953년 휴전 이후 중립국 감독 위원회에 소속되어왔다. 그리고 2001년까지 평양과 서울 양쪽에 대사관을 두고 있던 '서구'의 유일한 국가였다(남한과는 1959년, 북한과는 1973년에 외교 관계를 맺었다). 이 책에서 평양의 스웨덴 대사관에서 생산된 자료들을 활용할 수 있었던 이유다. 중립국이라는 지위 덕에 스웨덴은 분단된 한반도를 관찰하는 독특한 위치에 있다. 이런 스웨덴의 중요성은 예컨대 2009년 미국 기자들이 북한에서 체포되었다 석방되는 과정에서 돋보였다. (북한과 외교관계를 맺지 않은) 미국의 이익대표부 역할을 한 것이다. 그리고 2010년 스웨덴이 천안함 사건 조사에 함께했던 것도 부분적으로 중립국이라는 지위 때문이다. 아울러 2001년 유럽연합 대표단이 북한을 방문했는데 당시 대표단을 이끌었던 이는 스웨덴의 요란 페숀(Göran Persson) 총리였다. 이 방문은 같은 해 북한과 유럽연합의 외교관계 수립으로 이어졌다. 그런네 이런 독특한 스웨덴-한반도 관계가 제대로 연구되지 못했다. 나는 앞으로 스웨덴어 자료들을 바탕으로(Cornell, 1999; Lamm, 2012) 그 공백을 채워나갈 계획이다.

책에는 한계 또한 있다. 앞에서 단일 사례연구의 정당성에 대해 고민한 것과는 별개로, 김현희 사건을 다른 사건들과 비교할 수 있었다면 더 좋았을 것이다. 관심이 가는 (아름다운) 여성 공작원/첩보원에 대한 사건들이 있다. 예컨대 영국에서는 확인된 또는 의심되는 러시아 여성 간첩 사건들이 널리 보도되었다. 2010년 안나 채프만(Anna Chapman)과 2011년 에카테리나 자툴리베테르(Ekaterina Zatuliveter)다. 시기를 더 거슬러 올라가면, 가장 많이 알려진 것 중 하나는 아마도 마타 하리(Mata Hari) 사건일 것이다. 한국의 경우, 수지 김 사건이 주목된다. (김현희 사건과 마찬가지로) 1987년에 있었던 이 사건은 안기부에 의해 조작된 것으로 2002년에 드러났다. 이 사건들과 더불어, 책에서 몇 번 언급했지만, 레일라 칼리드 사건 또한 빼놓을 수 없다(Gentry, 2011 참조). 김현희와 마찬가지로 그녀는 여성 '테러리스트'로 알려져왔다. 우연히도 그녀 또한 비행기 사건과 관련 있다. 아울러 당시의 그녀도 젊었다. 이 모든 사례는 젠더의 정치학 측면에서 특별히 주목할 필요가 있다고 생각한다.

책의 또 다른 한계는, 2장에서 말했듯, 김현희 면접 및 북한 현지 조사와 관련 있다. 어떤 연구에서든, 관련인과 관련 기관의 말을 직접 듣는 일이 중요하다. 하지만 이 사건과 관련해서는, 김현희를 직접 만나는 것이 매우 어렵다. 국정원 발전 위원회와 진실 위원회도 그녀와 만나지 못했다. 계속되는 분단 상황, 그리고 남한의 비교적 보수적인 정부들 및 북한의 권력 교체를 둘러싼 긴장은 북에서의 현지 조사를 거의 불가능하게 만들었다. 그럼에도 북쪽 관련인들을 면접하고 북의 기록 자료들을 직접 살펴보는 것은 꼭 필요하고 중요한 일이다. 여기서 한 가지 지적할 점은, 이러한 접근의 어려움을 책에서는 상상력을 방법론적으로 활용해 다루려 했다는 것이다. 곧, 소설-서사에 민감한 글쓰기를 시도했다.

5. 상상/사람/감정에 민감한 국제관계학

그러면 이제 '공감적 국제관계학 탐정'의 개념으로 다시 돌아갈까 한다. 이 개념은 대체로 상상에 관한 것이다. 이유는 첫째, 연구자는 직업적으로 엄격히 말해 탐정이 아니기 때문이다(그래서 탐정이라고 상상할 필요가 있다). 둘째, 공감하는 것은 상상하는 것이기 때문이다. 이러한 탐정이 되는 것은 상상을 공감적으로 한다는 말이다. 곧, 다른 이들이 무엇을 필요로 하는지 또는 무엇을 우려하는지를 느끼고, 세상을 좀 더 좋게 만들려고 하는 일이다. 이는 노력하는 것이고, 때로 좌절하는 것이며, 때로 과정으로서의 연구를 즐기는 것이다. 이것이 꼭 성공적인 결과나 돋보이는 진전을 가까운 미래에 보장해주지는 않는다. 하지만 노력 자체가 중요하다고 생각한다. 왜냐하면 국제관계학이란 결국 다른 사람들을 느끼는 것, 그리고 자신과 세계 사이의 관계에 대한 것이기 때문이다. 나는 이러한 공감적 국제관계학 탐정이 되는 방법 가운데 하나가 소설 쓰기라고 생각한다. 이는 '학문적 글쓰기에서 영혼은 어디에 있는가'의 질문과도 맞닿아 있다(Doty, 2004). 나는 상상력을 활용하고, 인물을 창조하고, 자료를 이야기와 감정에 민감한 서사 또는 자신의 경험과 혼합하는 작업을 통해 영혼을 글쓰기에 녹여낼 수 있다고 생각한다. 그리고 이 책이 그 길로 가는 작은 시도로 받아들여졌으면 하는 바람이다. '상상/사람/감정에 민감한 국제관계학' 또는 상상적 국제관계학으로 가는 길로.

이런 점에서 마지막으로 짧은 소설 하나를 더 소개할까 한다. 먼저 대한항공 858기 사건을 연구하는 올라이트 정이라는 인물이 나온다. 책에 이미 나온 그레이스 한과 마찬가지로, 그 이름이 특별하다. 올라이트(Olight)는 스웨덴어 '오(o)'와 영어 '라이트(light)'를 합한 것이다. '오'는 '반대의'의 뜻을 지닌 말로, 영어의 '언(un)'과 비슷한 역할을 한다. '라이트'는 밝은 그래서 '분명한'의 맥락으로 쓰고자 한다. 이 때문에 '오'와 '라이트'를 합하면 '분명하지 않은' 또는 어두운 정도의 뜻이 된다. 그런데 '오'와 '라이트'를 같이 발음하면 거의 '올라이트', 다시 말해, 영어로 '괜찮다(all right)' 같은 말과 비슷하게 들린다. 새로운 단어가 역설적인 뜻을 만들어내는 것이다. 정(Jung)은 한국 또는 한반도에서 흔히 들을 수 있는 이름(성)의 하나다. 동시에 이는 예컨대, 그 사람은 정이 있다고 할 때의 그 정이다. 다시 말해, 감정 또는 공감과 관련 있다. 이름 자체가 책의 핵심을 담고 있다고 하겠다. 그러면 지금부터 올라이트 정의 이야기를 들어볼까 한다.

10

10년

1.

2002년 11월 29일, 서울. 저녁 7시 7분. 그가 방에 가만히 서 있다. 방은 이상한 기운으로 가득했다. 그의 동생이 들어오기 전까지.

"무슨 일 있어?" 뭔가 이상했다. 평소 형의 모습이 아니다. 얼굴이 일그러져 있다. 넋이 나가 있다. 한참을 머뭇거리다 동생이 묻는다. "누구……세요?" 대답이 없다. "누구세요?" 똑같은 질문. 대답도 없고 움직임도 없다. "누구냐니까!" 이번에는 뺨을 때린다.

"나는…… 아무도 아니다." 목소리가 이상했다. 혼란스러워 보였다. 그가 아닌 것 같았다.

불안해진 동생이 부엌으로 뛰어간다. 도망치러? 아니.

물을 가지러? 아니.

칼을 숨기러. 그렇다. 동생은 방금 본 형의 모습에 놀랐다. 어떤 불길한 일이 일어날 수 있다. 그래, 만약을 위해 위험한 물건은 감추는 게 좋다. 형이 이상한 쪽으로 사용할 수 있으니. 그리고 동생은 거실로 달려간다. 전화기를 든다. 손가락이 떨린다. "빨리, 빨리, 빨리." 거우 119에 신고를 한다. 그리고 형의 방으로 달려간다.

"나 괜찮아. 이제 괜찮아 ……" 뜨겁고 굵은 눈물이 얼굴을 덮는다. 올라이트 정이 울고 있다.

1년 전 그는 미국에 있었다. 모든 게 좋았다. 그는 교환학생으로 뽑혔고, 자랑스러웠다. 꿈과 계획이 많았다. 새로운 친구들, 새로운 문화, 영어 배우기 그리고 여러 가지 모험. 그는 설레었고 자신 있었다. 이런 꿈과 함께 비행기에 올랐다. 그렇다. 그는 날고 있었다. 높이 날고 있었다. 여름. 그가 꿈의 나라에 도착했다. 사람들은 친절했고 학교는 아름다웠다. 그는 축복받았다고 생각했다. '그래, 내 인생의 황금기야.'

정말 그랬다, 그 날이 오기 전까지는. 도서관 텔레비전 주위에 사람들이 몰려 있었다. 시끄럽게 떠들고 있었다. 무슨 일이었을까. '여기서는 조용히 해야 할 텐데. 도서관에서 떠드는 것도 미국 문화인가?' 그는 고개를 갸우뚱거리며 텔레비전으로 눈길을 돌렸다.

"미국이 공격을 당했습니다." 시엔엔이 누구도 예상하지 못했던 뉴스를 전하고 있었다 …… 9·11.

그리하여 테러와의 전쟁이 시작되었다. 그의 걱정도 시작되었다. "북한, 이란, 이라크는 악의 축을 이루고 있다." 조지 부시 대통령의 선포. 북한? 물음표가 붙는다. 북한은 결코 간단한 문제가 아니다. '악의 축일 수 있지만, 통일의 축일 수도 있어.' 적어도 남한 출신 올라이트에게는 그랬다. 그는 북에 대한 공격을 우려했다. 북한은 미국의 테러 지원국 명단에 이미 올라 있던 터였다. 젊은 남한 학생에게 이는 심각한 일이었다. 그는 전쟁의 불길이 한반도로 번지지 않기를 바랐다. 북에 대한 어떤 형태의 공격도 한반도 전체를 전쟁으로 몰아넣을 수 있었다. 이 조그마한 땅덩이는 이미 끔찍한 전쟁을 겪어야 했다. 다른 전쟁과 마찬가지로, 수많은 사람들이 죽고, 건물들이 무너졌고, 많은 삶이 파괴되었다. 하지만 무엇보다 분단이 고착되었다. 슬픈 쌍둥이의 땅, 바로 한반도였다.

몇 개월이 지났다. 홍보문 하나가 올라이트의 시선을 끌었다. 통일부가 논문 공모전을 주최한다는 소식. 그의 심장이 뛰기 시작했다. 그는 미국을 계획했던 것보다 일찍 떠나기로 했다. 짐을 싸고 비행기에 다시 올랐다. 처음 올 때와 같은 항공사의 비행기였지만 느낌이 달랐다. 그는 날고 있었지만, 높이 날진 않았다.

올라이트는 한국으로 돌아왔고, 그가 가는 곳마다 열기로 가득했다. 한국-일본이 주최한 월드컵이 시작되었던 것이다. 거리마다 응원과 투지가 넘쳐났다. 한국은 굉장히 잘하고 있었다. 준결승까지 올라갔다. 그는 이 경기를 무척 기다렸다. 그리고 그날이 왔다.

탕! 무슨 소리일까. 뭔가 일어났다. 북과 남의 병사들이 총격전을 벌였다. 서해였다. 총알이 축구공을 시기한 걸까. 이게 한반도에서의 삶인가. 이 때문이었는지 한국은 준결승에서 졌다. 그는 실망했다. 동시에 잊고 있던 일이 떠올랐다. 바로 논문 공모전.

얼마 전까지 미국에 있었기에 그는 9·11과 한반도에 대해 쓰기로 했다. 혼자서 열심히 했다. 두 달이 지났다. "축하합니다." 뜻하지 않은 전화. 그렇다. 그가 상을 탄 것이다. 기뻐서 어쩔 줄 몰랐다. "그래, 됐어! 됐어!" 그의 삶이 다시 날기 시작했다.

그런데, 정말 그랬을까? 시상식이 있기 5일 전, 그는 통일부의 또 다른 전화를 받았다. "미안하지만 논문을 좀 수정해줘야 될 것 같습니다." 그는 헷갈렸다. 문제는 대한항공 858기 사건과 관련 있었다. 북한은 이 사건으로 테러 지원국으로 지정되었다. 하지만 사건에 대해 여러 의혹이 있었고, 그래서 그는 재조사가 필요하다고 썼다. 통일부는 이것이 수사 결과와 어긋난다며 문제 삼았다. 정부는 말했다. "수정하지 않으면 상이 취소될 수 있습니다." 올라이트는 말했다. "상을 받기 위해 논문을 고칠 순 없습니다." 다시 날던 그의 삶은, 그렇게 추락했다.

며칠이 지났다. '이상하다……' 묘한 기운이 올라이드를 감쌌다. 그가 학교 식당에서 저녁을 먹고 있을 때였다. 뭔가 으스스했다. 그는 무시하기로 하고 밥을 먹으려 했다. 그런데 그럴 수 없었다. 계속 이상했다. 아니, 이제는 무서워지기 시작했다. 그는 저녁을 먹다 말고 집으로 갔다. 잠을 자기에는 이른 시각. 하지만 다른 수가 없었다. 잠을 자고 나면 모든 게 괜찮아질 것이다. 꼭 그래야만 했다.

그는 누웠고, 고요함이 주위를 둘러쌌다. 이는 오래가지 못했다. 그의 몸이 흔들리기 시작했다. '무슨 일이지?' 어떤 이상한 목소리가 들렸다. 그의 입에서는 알 수 없는 이상한 말들이 새어나왔다. '뭐지? 도대체 무슨 일이……' 눈을 뜨려 했다. 그런데 떠지지 않았다. 그는 어둠 속으로 빨려들었다. 깊은, 아주 깊은 어둠. 그는 그가 아니었다. 몸이 계속 흔들거렸다. 어떤 깊은 터널로 떨어지고 있었다. 어둡고, 끝이 없는, 외로운 터널. '안돼, 안돼, 안돼. 죽고 싶지 않아. 난 죽고 싶지 않아……' 그러던 어느 순간, 불빛이 보였다. 그의 동생이 쳐다보고 있었다. 동생이 걱정스러운 표정으로 그를 바라보고 있었다. 그리고 뭔가를 말하더니 어딘가로 갔다. 깊은 침묵이 흘렀다. 올라이트는 평온함을 느꼈다. 완벽한 평화. "나 괜찮아. 이제 괜찮아……." 눈물이 흘렀다.

2.

영혼이 한숨을 쉰다. 사람들은 대한항공기 사건에 더 이상 관심이 없다. 이미 오래 전 잊은 것이다. 정부의 공식 입장이 유일한 설명이자 답으로 남겨졌다. 증거가 충분하지 않았지만, 정부가 수사 결과를 발표하자 그게 진실이 되었다. 영혼은 자신이 왜 지금까지 이 세상을 떠돌고 있는지 알고 싶었다. 자신의 이야기를 들어줄 누군가가 필요했다.

그는 공군 조종사 출신이다. 1980년 전두환이 대통령이 되자 군복을 스스로 벗었다. 전두환은 5월 광주 학살의 책임자. 전두환은 그의 심복들과 함께 광주 시민들을 죽였다. 그 날 이후, 영혼은 출근할 때마다 자신의 군복에서 피 냄새가 나는 듯했다. 괴로웠다. 군대에서 일하는 것이 수치스러워서 결국 민간항공사로 떠났다.

영혼이 858기 조종석에 앉게 된 건 우연이었다. 어릴 적 친구가 한 명 있었다. 그들은 조그마한 마을에서 함께 자랐고 가까운 친구가 되었다. 고등학교 입학 무렵, 영혼의 가족이 이사를 가야 했다. 두 사람은 헤어졌다. 그래도 연락을 하기로 약속했다. 시간이 흘렀고, 그들은 각자 삶에 바빴다. 영혼은 몇 번 더 이사를 갔고, 친구와의 연락은 뜸해졌다. 놀랍게도 그들이 다시 만난 것은 20여 년이 지나서였다. 이라크 공항에서 우연히 마주쳤다. 얼마나 오래 떨어져 있었건, 친한 친구는 친한 친구를 알아보는 법. 영혼은 비행기 조종사가 되어 있었고, 친구는 건설노동자가 돼 있었다. 영혼은 정기적인 운항 중이었고, 친구는 이라크에 막 도착했을 때였다. "이럴 수가. 이게 얼마 만이야!" 그들은 껴안았다. 친구는 자신의 회사가 이라크 협력사와 큰 계약을 하게 돼서 왔다고 했다. 그들은 연락처를 주고받았다. 이번에는 또 다시 서로를 잃지 않으리.

1987년 어느 날, 전화기가 울렸다. 영혼의 친구였다. "나 11월 29일 한 국으로 돌아가게 됐어." "와, 잘 됐네. 음, 가만 있어 봐…… 나는 그 일주 일 뒤에 비행이 있거든. 그런데 아마 일정을 바꿀 수 있을 거야. 그러면 우 리 같은 비행기를 타게 되는 거지." 영혼은 그렇게 대한항공기를 조종하게 되었다.

그날을 지금도 뚜렷이 기억한다. 친구는 공항에 벌써 와 있었다. 짐이 많아 보였다. "모두 우리 식구들 주려고." 친구는 행복해 보였다. 그 동료 들도 마찬가지. 그날 대부분의 승객들은 영혼의 친구처럼 건설노동자였 다. 모두 즐거워 보였다. 그도 그럴 것이, 몇 년 만에 처음 집에 가는 참이 었다. 그들을 지켜보는 영혼 역시 행복했다. 그랬다. 비행기는 희망과 기 쁨을 가득 싣고 날아올랐다. 승객들은 계획을 많이 세운 것 같았다. 공항 에서 가족들과 어떻게 만날 건지, 어떤 한국 음식을 먹을지 그리고 무엇보 다 자신들이 가족들을 얼마나 그리워했는지를 어떻게 표현할지. 그들은 차례대로 돌아가며 계획을 말하고 한껏 웃었다.

그런데 어찌된 일일까. 모든 게 잘못되었다. 영혼은 어떤 일이 일어났 는지 정확히 기억나지 않는다. 다만 기억할 수 있는 것은, 어느 순간 자신 이 '영혼'이 되었다는 것. 이후 영혼은 자신의 친구와 승객들에게 어떤 일 이 일어났는지, 그리고 무엇보다 자신에게 어떤 일이 있었는지 알려고 애 썼다. 북쪽은 남쪽을 비난했다. 남쪽은 북쪽을 비난했다. 그들은 증거가 아닌, 말로 싸웠다. 영혼과 승객들의 가족들 또한 힘들기는 마찬가지. 그 들은 증거로 유해를 보길 바랐다. 언론은 사건을 직접 취재하고 정부의 수 사를 검증해서 보도해야 했다. 하지만 정부의 말을 받아 적을 뿐이었다. 영혼은 어떤 일이 일어났는지 알고 싶었다. 절박한 심정으로. 자신이 편히 잠들 수 있는 길은 오직 그것뿐. 물론 폭파범이라고 자백한 사람이 있었다. 그런데 그녀의 말은 조종사로서 영혼이 알고 있는 것과 다른 부분이 있었다.

'진실.' 정부는 수사 결과가 진실이라고 했다. 범인이 자백했고, 진실이 알려졌고, 수사는 종결되었다. 하지만 그들은 영혼의 가족이 시신을 보지 못했다는 걸 모른단 말인가. 영혼이 지금껏 떠돌고 있다는 걸 왜 모르는가. 위령탑이 안식을 주지 못한다는 걸 왜 모르는가. 결국, '진실'이라는 말은 산 자들의 것이다. 영혼은 가족에게 돌아갈 수 없다. 다시 비행을 할 수 없다. 다시 친구를 안아볼 수도 없다. '진실'이라는 말은 영혼을 위한 것이 아니다. 결코, 아니다. 그렇다. '진실'은 허상이요, 사치요, 위선이다. 정말로 그것이 필요한 이가 고통받고 있는 한⋯⋯. 영혼은 이 이야기를 다른 이들에게 해줄 누군가가 필요했다.

3.

10년 전, 올라이트는 논문 공모전이 자신의 삶을 바꾸게 될 줄 꿈에도 몰랐다. 그는 이 여정을 선택하지 않았다. 대한항공기 사건을 연구하겠다고 마음먹지 않았다. 오히려 모든 걸 잊으려 했다. 너무나 혼란스러웠다. 그런데 어떤 알 수 없는 힘이 그를 이끌었다. 삶은 수수께끼다. 그는 사건 연구를 위해 영국으로 갔다. 공부를 시작했다. 정말 어떤 묘한 힘이 이끄는 듯했다. 그리고 놀랍게도 박사 논문을 썼다. 쉽지 않았다. 하루하루 수명이 줄어드는 것 같았다. 그는 기적이라 생각했다. 예상치 못했던 많은 일. 그래서다. 〈굿 리듬스(타임 오브 유어 라이프)〉. 어느덧 이 노래가 자신의 주제곡이 된 이유. 그는 이 노래를 듣고 또 들었다. 기도문처럼 노래를 불렀다. 가사를 적어 연구실 문에 걸어 놓았다. 노래에서처럼, 그는 자신이 치르고 있는 시험을 최선을 다해 해내고 싶었다. 결국 모든 것이 잘될 거라 믿고 싶었다.

사람들은 말렸다. "이 사건은 정치적으로 민감합니다. 당신이 그걸 직접 겪었잖아요. 그런데 왜 하려고 하죠? 당신의 경력과 인생을 망칠 거예요." 그들은 이 모든 것이 올라이트를 생각해서 하는 말이라고 덧붙였다. 하지만 그들은 카프카의 소설 『심판』에서처럼 이렇게 속삭이는 듯했다. "그냥 상황을 그대로 받아들이지 그래. 괜히 우리를 괴롭게 하지 말고 말이야. 지금 이 순간, 아마 우리가 이 세상 누구보다 당신 가까이에 있을 거야." 하지만 때로 삶은 논리적이라기보다, 신비롭다. 그렇게 혼란스러워하던 학생. 이제는 대한항공기 사건 덕에 '박사'가 되었다. 그는 자신이 학문적 성취를 위해 '비극을 팔고 있는' 것은 아닌지 고뇌하기도 했다.

몇 개월이 지났을 때, 실종자 가족회의 연락이 왔다. "축하해요 박사님." "아닙니다. 가족분들이 고생하셨죠." "저기, 올해 2012년이 사건 25주기잖아요." "네, 그렇죠. 알고 있어요." "그래서 말인데요, 혹시 추모제에서 논문을 발표해줄 수 있을까요?"

2012년 11월 29일, 서울. "추모제에서 발표를 해달라는 연락을 받았을 때 저는 무슨 말을 해야 할지 몰랐습니다. 저는 이 사건의 전문가가 아닙니다. 여러분들이 전문가입니다. 왜냐하면, 이 사건은 곧 여러분들의 삶이기 때문입니다. 여러분들은 이 사건을 직접 겪어오셨습니다. 저는 연구자로 여러분들 얘기를 살짝 기록했을 뿐입니다. 그런데 이런 제가 어떻게 여러분과, 또 실종된 많은 분들 앞에서 '강의'를 할 수 있겠습니까? 말이 안됩니다." 그가 잠시 숨을 고른다.

"하지만 저는 오늘 여러분과 함께하기로 했습니다. 그냥 제 이야기를 들려드리려고요. 무엇보다 저는, 사건의 실체적 진실이 무엇인지 모릅니다. 공식 수사 결과에 따르면, 이 사건은 북쪽의 테러입니다. 다른 한편에서는 남쪽의 조작이라고 합니다. 모두 맞을 수도, 아닐 수도 있습니다. 아니면 또 다른 무엇이 있을 수 있습니다. 저는 누가 맞는지 모릅니다. 진실이 무엇인지 모릅니다. 제가 하고자 했던 것은, 진실을 밝히는 일이 아닙니다. 저는 이 사건이 얼마나 복잡한 것인지 보여주고 싶었습니다. 진실은 언제나 경합할 수 있고, 그래서 저는 좀 더 겸손해질 필요가 있다고 생각합니다."

그는 이어서 논문 내용을 짧게 얘기해간다. 사람들이 듣는다.

"끝으로, 다른 이야기 하나 해드릴까 합니다. 제가 영국에서 논문 심사를 마치고 자리를 옮기게 되었습니다. 그래서 책들을 비롯해 짐을 싸서 항공편으로 보냈습니다. 그런데, 짐들이 사라졌습니다. 운송회사에 몇 번이고 연락을 했습니다. 절박했습니다. 회사는 짐들이 도중에 실종됐다고 합니다. 어디론가 사라진 것이죠. 하늘이 무너지는 것 같았습니다. 얼마 동안 아무 일도 못했습니다. 그러다 어느 날 아침, 좀 으스스한 느낌이 들면서 잠에서 깼습니다. 그러면서 들었던 생각이, '내 책들, 내 짐들 …… 지금 어디에 있을까. 얼마나 춥고 외로울까 …….' 그러면서 또 들었던 생각이, '아, 바로 이런 게 아닐까. 대한항공기 가족들은 매일 아침 이런 생각으로 깨진 않았을까. 내 딸아 어디에 있니? 내 아들, 내 어머니, 내 아버지는 어디에 있을까. 얼마나 춥고 외로울까 …….' 저는 이게 다 뜻이 있다고 생각합니다. 저는 논문을 다 썼고 이제는 사건을 잊을 수도 있습니다. 그런데 마치 이렇게 말하는 것 같습니다. '제발 잊지 마세요.' 그래서 저는 짐들이 실종됐다고 믿습니다. 저는 이 사건을 저의 사건으로 어떤 형태로든, 안고 가려 합니다. 제 평생 숙제로요 ……. 이야기를 들어주셔서 고맙습니다."

조용한 음악이 흐른다. 사람들이 실종자들 사진 앞에 헌화를 한다. 추모제가 끝나고 그도 떠날 채비를 한다. 누군가 다가온다.

"실례합니다."

"네, 안녕하세요."

"오늘 말씀 잘 들었습니다. 혹시 잠깐 얘기 좀 나눌 수 있을까요?"

"아 네, 그러시죠. 저 그럼 혹시 실종자 가족분이신지?"

"그게 …… 네, 거의 그린 셈이죠. 아무튼 뵙게 돼서 반갑습니다."

"네, 반갑습니다."

그들은 같이 걷는다. 올라이트는 이 사람이 편하게 느껴진다. 왜인지는 모르겠지만.

"오늘 말씀 잘 들었습니다. 그런데 실례가 되지 않는다면, 이 사건에 어떻게 관심을 갖게 됐는지 물어봐도 ……?"

"네, 그게 …… 좀 복잡합니다. 그냥 어쩌다 보니 그렇게 됐어요. 네, 어쩌다 보니 ……. 선생님은 어떠신가요. 따님이나 아드님이 실종된 건지요?"

"……."

"죄송합니다. 제가 실례를 했습니다."

"아, 아닙니다. 그냥 그게, 좀 말하기 어려워서요."

"네 ……."

"아무튼 25년이라니, 긴 시간입니다. 후 …… 그동안 어떻게 지내왔는지 참."

"아마 다른 가족분들도 비슷하지 않을까 싶어요. 유감입니다."

"아닙니다. 그런 말씀 하지 마세요. 다른 사람들 보세요. 그냥 관심 자체가 없습니다. 다른 사람들한테 이 사건은 이미 오래 전 끝난 것이죠 ……."

그들은 한동안 말이 없다. 눈이 내리기 시작한다. "좀 이르죠? 눈이 내리기엔." 올라이트가 침묵을 깼다.

"저 …… 그날 미안했습니다. 10년 전. 놀라게 할 생각은 없었어요."

"네?"

"아닙니다."

"10년 …… 전이요?" 그가 묻는다.

"아, 아니에요. 그냥 혼잣말입니다."

점점 어두워진다. 눈이 계속 내린다. 그들도 계속 걷는다.

참고문헌

국내 문헌

강수웅. 1990. 7. 10. "자유인 김현희 서울신문과 첫 단독인터뷰". ≪서울신문≫, 16면.

국정원 과거 사건 진실 규명을 통한 발전 위원회. 2007. 「KAL 858기 폭파사건 진실규명」. 『과거와 대화 미래의 성찰: 주요 의혹사건편 下권 (III)』. 서울: 국가정보원.

권기정. 2009. 3. 12. "김현희, 납북 다구치 가족 면담". ≪경향신문≫, 2면.

김성호. 2006. 『우리가 지운 얼굴』. 서울: 한겨레출판.

김치관. 2007. 4. 4. "〈단독〉 무지개 공작, '일부 후보들이 집권욕에 어두워…'". ≪통일뉴스≫.

김현희. 1991a. 『이제 여자가 되고 싶어요 제1부』. 서울: 고려원.

_____. 1991b. 『이제 여자가 되고 싶어요 제2부』. 서울: 고려원.

_____. 1992. 『사랑을 느낄 때면 눈물을 흘립니다』. 서울: 고려원.

_____. 1995. 『이은혜, 그리고 다구치 야에코』. 서울: 고려원.

박강성주. 2007. 『KAL858, 진실에 대한 예의: 김현희 사건과 '분단권력'』. 서울: 선인.

박인제. 2011. 〈모비딕〉.

백무현. 2007. 『만화 전두환 2』. 서울: 시대의창.

서현우. 2003. 『배후 1·2』. 서울: 창해.

신상옥. 1990. 〈마유미〉.

신연숙. 1989. 3. 23. "기획 돋보이는 '시사 해설서' 풍성". ≪한겨레신문≫, 7면.

오명철. 1991. 6. 30. "KAL機폭파 告白수기 낸 金賢姬". ≪동아일보≫, 5면.

윤여수. 2010. 11. 25. "[스타, 그때 이런 일이] KAL기 폭파사건 영화 '마유미' 첫 삽". ≪동아일보≫.

이유진. 2013. 4. 29. "'간첩 허위자백' 여동생의 증언". ≪한겨레≫, 10면.

정희선. 2006. 6. 27. "북한여성과 결혼하세요". ≪일다≫.

정희진. 2005. 『페미니즘의 도전』. 서울: 교양인.

조갑제. 2009. 『金賢姬의 전쟁』. 서울: 조갑제닷컴.

최진섭. 1990. 8. "김현희와 KAL폭파사건의 미스테리". ≪말≫, 72~77면.

≪경향신문≫. 1993. 12. 22. "美 金賢姬 비자발급 거부", 22면.

≪동아일보≫. 1988. 3. 15. "KAL사건 大字報 成大生 1명을 구속", 10면.

≪한겨레신문≫. 1991. 6. 21. "김현희씨 안기부서 채용", 15면.

〈뉴스타파〉. 2013. 7. 11. "국정원, 그들의 민낯".

CBS. 2012. 3. 30. 〈김현정의 뉴스쇼〉.

MBC. 2005. 9. 10. 〈제5공화국〉.

KBS. 2004. 5. 22 - 23. 〈KBS 일요스페셜: KAL858의 미스터리〉

해외 문헌

Ackerly, Brooke, Maria Stern and Jacqui True(eds.). 2006. *Feminist Methodologies for International Relations.* Cambridge: Cambridge University Press.

Ackerly, Brooke and Jacqui True. 2008. "An Intersectional Analysis of International Relations: Recasting the Discipline." *Politics & Gender*, Vol. 4, No. 1, pp. 156~172.

_____. 2010. *Doing Feminist Research in Political and Social Science.* Basingstoke: Palgrave Macmillan.

Adler, Emanuel. 1997. "Imagined (Security) Communities: Cognitive Regions in International Relations." *Millennium*, Vol. 26, No. 2, pp. 249~277.

Aggestam, Karin, Astrid Hedin, Annica Kronsell and Erika Svedberg(eds.). 1997. "A World in Transition: Feminist Perspectives on International Relations." *Statsvetenskaplig Tidskrift*, Vol. 100, No. 1, pp. 1~144.

Ahmed, Sara. 2004a. *The Cultural Politics of Emotion.* Edinburgh: Edinburgh University Press.

_____. 2004b. "Affective Economies." *Social Text*, Vol. 22, No. 2, pp. 117~139.

_____. 2010. "Happy Objects." in Melisa Gregg and Gregory J. Seigworth(eds.). *The Affective Theory Reader.* Durham and London: Duke University Press.

Alison, Miranda. 2004. "Women as Agents of Political Violence: Gendering

Security." *Security Dialogue*, Vol. 35, No. 4, pp. 447~463.

Allison, Graham T. 1971. *Essence of Decision: Explaining the Cuban Missile Crisis*. Boston: Little, Brown and Company.

Allison, Graham T. and Philip Zelikow. 1999. *Essence of Decision: Explaining the Cuban Missile Crisis*, 2nd ed. New York: Longman.

Anderson, Benedict. 1983 / 2006. *Imagined Community: Reflections on the Origin and Spread of Nationalism*. London: Verso.

Andrews, Molly. 2007. *Shaping History: Narratives of Political Change*. Cambridge: Cambridge University Press.

Andrews, Molly, Corinne Squire and Maria Tamboukou(eds.). 2008. *Doing Narrative Research*. London: Sage Publications.

Anzaldúa, Gloria E. 2000. *Interviews/Entrevistas*. New York and London: Routledge.

Arendt, Hannah. 1958 / 1998. *The Human Condition*, 2nd ed. Chicago: The University of Chicago Press.

Ashley, Richard K. and R. B. J. Walker. 1990a. "Speaking the Language of Exile: Dissident Thought in International Studies." *International Studies Quarterly*, Vol. 34, No. 3, pp. 259~268.

_____. 1990b. "Reading Dissidence/Writing the Discipline: Crisis and the Questions of Sovereignty in International Studies." *International Studies Quarterly*, Vol. 34, No. 3, pp. 367~416.

Austin, J. L. 1975. *How to do Things with Words*, 2nd ed. Oxford: Oxford University Press.

Bal, Mieke. 2009. *Narratology: Introduction to the Theory of Narrative*, 3rd ed. Toronto: University of Toronto Press.

Banks, Anna and Stephen P. Banks(eds.). 1998. *Fiction and Social Research: By Ice or Fire*. Walnut Creek: AltaMira Press.

Bar On, Bat-Ami. 1991. "Why Terrorism Is Morally Problematic." in Claudia Card(ed.). *Feminist Ethics*. Lawrence: University Press of Kansas..

Barad, Karen. 2003. "Posthumanist Performativity: Toward and Understanding of

How Matter Comes to Matter." *Signs*, Vol. 28, No. 3, pp. 801~831.

Behar, Ruth. 1993. *Translated Woman: Crossing the Border with Esperanza's Story*. Boston: Beacon Press.

_____. 1996. *The Vulnerable Observer: Anthropology That Breaks Your Heart*. Boston: Beacon Press.

Bennett, Andrew and Colin Elman. 2006. "Complex Causal Relations and Case Study Methods: The Example of Path Dependence." *Political Analysis*, Vol. 14, No. 3, pp. 250~267.

Bennett, Jane. 2010. *Vibrant Matter: A Political Ecology of Things*. Durham and London: Duke University Press.

Berlant, Lauren(ed.). 2004. *Compassion: The Culture and Politics of an Emotion*. New York and London: Routledge.

Bermudez, Joseph S. 1998. *North Korean Special Forces*, 2nd ed. Annapolis: Naval Institute Press.

Bernau, Anke. 2007. *Virgins: A Cultural History*. London: Granta Books.

Bill, Nichols. 1994. *Blurred Boundaries: Questions of Meaning in Contemporary Culture*. Bloomington: Indiana University Press.

Bleiker, Roland and Emma Hutchison. 2008. "Fear no more: emotions and world politics." *Review of International Studies*, Vol. 34, Supplement 1, pp. 115~135.

Booth, Ken. 2007. *Theory of World Security*. Cambridge: Cambridge University Press.

Bordo, Susan R. 1987. *The Flight to Objectivity: Essays on Cartesianism and Culture*. Albany: State University of New York Press.

_____. 1995. *Unbearable Weight: Feminism, Western Culture, and the Body*. London: University of California Press.

Boxer, Marilyn J. 1982. "For and About Women: The Theory and Practice of Women's Studies in the United States." *Signs*, Vol. 7, No. 3, pp. 661~695.

Brahm, Eric. 2007. "Uncovering the Truth: Examining Truth Commission Success and Impact." *International Studies Perspective*, Vol. 8, No. 1, pp. 16~35.

Brewster, Anne. 1996. "Fictocriticism: Pedagogy and Practice." in Caroline Gue-
rin, Philip Butters and Amanda Nettlebeck(eds.). *Crossing Lines: Formations
of Australian Culture*. Adelaide: Association for the Study of Australian
Literature.

Brigg, Morgan and Roland Bleiker. 2010. "Autoethnographic International Rela-
tions: exploring the self as a source of knowledge." *Review of International
Studies*, Vol. 36, No. 3, pp. 779~798.

Brinkmann, Svend. 2009. "Literature as Qualitative Inquiry: The Novelist as
Researcher." *Qualitative Inquiry*, Vol. 15, No. 6, pp. 1376~1394.

Briones, Leah. 2009. *Empowering Migrant Women: Why Agency and Rights Are
Not Enough*. Surrey: Ashgate.

Burke, Anthony. 2007. *Beyond Security, Ethics and Violence: War against the
Other*. London: Routledge.

_____. 2008. "Life, in the hall of smashed mirrors: Biopolitics and terror today."
Borderlands, 7(1). Retrieved August 3, 2013, from http://www.borderlands.
net.au/vol7no1_2008/burke_hall.htm

_____. 2013. "Narrative, Politics and Fictocriticism: Hopes and Dangers." Re-
trieved March 28, 2013, from http://thedisorderofthings.com/2013/03/14/
narrative-politics-and-fictocriticism-hopes-and-dangers

Butler, Judith. 2004a. *Precarious Life: The Powers of Mourning and Violence*.
London: Verso.

_____. 2004b. *Undoing Gender*. New York and London: Routledge.

_____. 1990 / 2006. *Gender Trouble: Feminism and Subversion of Identity*. New
York and London: Routledge.

_____. 2010. *Frames of War: When Is Life Grievable?* London and New York:
Verso.

Buzan, Barry and Lene Hansen. 2009. *The Evolution of International Security
Studies*. Cambridge: Cambridge University Press.

Buzan, Barry and Ole Wæver. 1997. "Slippery? Contradictory? Sociologically

Untenable? The Copenhagen School Replies." *Review of International Studies,* Vol. 23, No. 2, pp. 211~239.

Buzan, Barry, Ole Wæver and Jaap De Wilde. 1998. *Security: A New Framework for Analysis.* Boulder: Lynne Rienner Publishers.

Caprioli, Mary. 2004. "Feminist IR Theory and Quantitative Methodology: A Critical Analysis." *International Studies Review,* Vol. 6, No. 2, pp. 253~269.

Carpenter, Laura. 2005. *Virginity Loss: An Intimate Portrait of First Sexual Experiences.* New York: New York University Press.

Carpenter, R. Charli. 2002. "Gender Theory in World Politics: Contributions of a Nonfeminist Standpoint?" *International Studies Review,* Vol. 4, No. 3, pp. 153~165.

Carver, Terrell(ed.). 2003. "Gender and International Relations." *International Studies Review,* Vol. 5, No. 2, pp. 287~302.

Carver, Terrell, Molly Cochran and Judith Squires. 1998. "Gendering Jones: feminisms, IRs, masculinities." *Review of International Studies,* Vol. 24, No. 2, pp. 283~297.

Carrigan, Tim, Bob Connell and John Lee. 1987. "Toward a New Sociology of Masculinity." in Harry Brod(ed.). *The Making of Masculinities: The New Men's Studies.* Boston: Allen & Unwin.

Cha, Victor. 2012. *The Impossible State: North Korea, Past and Future.* New York: HarperCollins.

Chan, Stephen. 2010. *The End of Certainty: Towards a New Internationalism.* London: Zed Books.

_____. 2011. "On the uselessness of new wars theory: lessons from African conflicts." in Christine Sylvester(ed.). *Experiencing War,* London: Routledge.

_____. 2012. "The legend of Sursum Antigone and Under Tao One." nthposition. Retrieved August 15, 2013, from http://www.nthposition.com/thelegendof sursum.php

Chomski, Noam. 1992. "A View From Below." in Michael J. Hogan(ed.). *The End of the Cold War: Its Meaning and Implications.* Cambridge: Cambridge University Press.

Choo, Hae Yeon. 2006. "Gendered Modernity and Ethnicized Citizenship: North Korean Settlers in Contemporary South Korea." *Gender & Society*, Vol. 20, No. 5, pp. 576~604.

Choo, Hae Yeon and Myra Marx Ferree. 2010. "Practicing Intersectionality in Sociological Research: A Critical Analysis of Inclusions, Interactions, and Institutions in the Study of Inequalities." *Sociological Theory*, Vol. 28, No. 2, pp. 129~149.

Clough, Patricia T.(ed.). 2007. *The Affective Turn: Theorizing the Social.* Durham: Duke University Press.

_____. 2010. "The Affective Turn: Political Economy, Biomedia, and Bodies." in Melisa Gregg and Gregory J. Seigworth(eds.). *The Affective Theory Reader.* Durham and London: Duke University Press.

Collins, Patricia Hill. 1990. *Black Feminist Thought: Knowledge, Consciousness, and the Politics of Empowerment.* New York and London: Routledge.

Connell, R. W. 1995. *Masculinities.* Berkeley: University of California Press.

_____. 2009. Gender. Cambridge: Polity Press.

Connolly, William E. 2002. *Neuropolitics: Thinking, Culture, Speed.* Minneapolis: University of Minnesota Press.

_____. 2011. "The Complexity of Intention." *Critical Inquiry*, Vol. 37, No. 4, pp. 791~798.

Coplan, Amy and Peter Goldie(eds.). 2011. *Empathy: Philosophical and Psychological Perspectives.* Oxford: Oxford University Press.

Cornell, Erik. 1999. *Nordkorea: Sändebud till Paradiset.* Lund: Studentlitteratur.

Cott, Nancy F. 2000. *Public Vows: A History of Marriage and Nation.* Cambridge: Harvard University Press.

Cox, Robert W. 1981. "Social Forces, States and World Orders: Beyond International Relations Theory." *Millennium*, Vol. 10, No. 2, pp. 126~155.

Craft-Fairchild, Catherine. 1993. *Masquerade and Gender: Disguise and Female Identity in Eighteenth-Century Fictions by Women*. University Park: Pennsylvania State University Press.

Crawford, Neta C. 2000. "The Passion of World Politics: Propositions on Emotion and Emotional Relationships." *International Security*, Vol. 24, No. 4, pp. 116~156.

Crenshaw, Kimberle. 1989. "Demarginalizing the Intersection of Race and Sex: A Black Feminist Critique of Antidiscrimination Doctrine, Feminist Theory and Antiracist Politics." *University of Chicago Legal Forum*, pp. 139~167.

Crowther, Jonathan(ed.). 1996. *Oxford Advanced Learner's Dictionary*. Oxford: Oxford University Press.

Cumings, Bruce. 1981. *The Origins of the Korean War, Vol. I: Liberation and the Emergence of Separate Regimes, 1945-1947*. Princeton: Princeton University Press.

_____. 1988. 2. 11. "Despite an Air of Mystery, Downing of Korean Jetliner Puts a Chill on Peninsula." *The Los Angeles Times*. Retrieved March 2, 2011, from http://articles.latimes.com/print/1988-02-11/local/me-41784_1_north-korean

_____. 1990. *The Origins of the Korean War*, Vol. II: The Roaring of the Cataract, 1947-1950. Princeton: Princeton University Press.

Currie, Mark. 1998. *Postmodern Narrative Theory*. Basingstoke: Palgrave.

Czarniawska, Barbara. 2004. *Narratives in Social Science Research*. London: Sage Publications.

Dauphinee, Elizabeth. 2007. *The Ethics of Researching War: Looking for Bosnia*. Manchester: Manchester University Press.

_____. 2010. "The ethics of autoethnography." *Review of International Studies*, Vol. 36, No. 3, pp. 799~818.

_____. 2013. *The Politics of Exile*. London: Routledge.

Davis, Kathy. 1991. "Remaking the She-Devil: A Critical Look at Feminist Approach to Beauty." *Hypatia*, Vol. 6, No. 2, pp. 21~43.

_____. 2008. "Intersectionality as buzzword: A sociology of science perspective on what makes a feminist theory successful." *Feminist Theory*, Vol. 9, No. 1, pp. 67~85.

Davis, Lennard J. 1983. *Factual Fictions: The Origin of the English Novel*. New York: Columbia University Press.

De Lauretis, Teresa. 1984. *Alice Dosen't: Feminism, Semiotics, Cinema*. Bloomington: Indiana University Press.

Denzin, Norman K. 1996. "The Facts and Fictions of Qualitative Inquiry." *Qualitative Inquiry*, Vol. 2, No. 2, pp. 230~241.

_____. 1997. *Interpretive Ethnography: Ethnographic Practices for the 21st Century*. Thousand Oaks: Sage Publications.

Der Derian, James. 1989. "Spy versus Spy: The Intertextual Power of International Intrigue." in James Der Derian and Michael J. Shapiro(eds.). *International/Intertextual Relations*. Lexington: Lexington Books.

_____. 1990. "The (S)pace of International Relations: Simulation, Surveillance, and Speed." *International Studies Quarterly*, Vol. 34, No. 3, pp. 295~310.

_____. 2009. *Virtuous War: Mapping the Military-Industrial-Media-Entertainment Network*, 2nd ed. New York and London: Routledge.

_____ and Michael J. Shapiro(eds.). 1989. *International/Intertextual Relations*. Lexington: Lexington Books.

Derrida, Jacques. 1988. *Limited Inc*. Illinois: Northwestern University Press.

_____. 1992. "Force of Law: The "Mystical Foundation of Authority"." in Drucilla Cornell, Michel Rosenfeld and David Gray Carlson(eds.). *Deconstruction and Possibility of Justice*. New York and London: Routledge.

_____. 1997. *Of Grammatology*. Baltimore and London: The Johns Hopkins University Press.

_____. 1999. "The Purveyor of Truth." *Yale French Studies*, Vol. 96(A Commemorative Anthology), pp. 124~197.

Doane, Mary Ann. 1982. "Film and the Masquerade: Theorising the Female

Spectator." *Screen*, Vol. 23, No. 3-4, pp. 74~87.

Doty, Roxanne Lynn. 2004. "Maladies of Our Souls: Identity and Voice in the Writing of Academic International Relations." *Cambridge Review of International Affairs*, Vol. 17, No. 2, pp. 377~392.

_____. 2010. "Autoethnography ― making human connection." *Review of International Studies*, Vol. 36, No. 4, pp. 1047~1050.

Drezner, Daniel W. 2011. *Theories of International Politics and Zombies.* Princeton and Oxford: Princeton University Press.

Eagleton, Terry. 1983. *Literary Theory: An Introduction.* Oxford: Blackwell.

Edkins, Jenny. 2003. *Trauma and the Memory of Politics.* Cambridge: Cambridge University Press.

_____. 2011. *Missing: Persons and Politics.* Ithaca: Cornell University Press.

Elshtain, Jean Bethke. 1987 / 1995. *Women and War.* Chicago: University of Chicago Press.

Ellis, Carolyn. 1995. *Final Negotiations: A Story of Love, Loss, and Chronic Illness.* Philadelphia: Temple University Press.

_____. 2004. *The Ethnographic I: A Methodological Novel about Autoethnography.* Walnut Creek: AltaMira Press.

Ellis, Carolyn and Arthur P. Bochner. 2000. "Autoethnography, Personal Narrative, Reflexivity." in Norman K. Denzin and Yvonna S. Lincoln(eds.). *The Handbook of Qualitative Research*, 2nd ed. Thousand Oaks: Sage Publications.

Enloe, Cynthia. 1993. *The Morning After: Sexual Politics at the End of the Cold War.* Berkley and Los Angeles: University of California Press.

_____. 1989 / 2000. *Bananas, Beaches, and Bases: Making Feminist Sense of International Relations.* London: Pandora Press.

_____. 2004. *The Curious Feminist: Searching for Women in a New Age of Empire.* Berkley and Los Angeles: University of California Press.

_____. 2010. *Nimo's War, Emma's War: Making Feminist Sense of the Iraq War.*

Berkeley and Los Angeles: University of California Press.

Fearon, James D. 1991. "Counterfactuals and Hypothesis Testing in Political Science." *World Politics*, Vol. 43, No. 2, pp. 169~195.

Ferguson, Kathy E. 1993. *The Man Question: Visions of Subjectivity in Feminist Theory*. Berkley and Los Angeles: University of California Press.

Fishkin, Shelly Fisher. 1985. *From Fact to Fiction: Journalism & Imaginative Writing in America*. New York: Oxford University Press.

Foucault, Michel. 1972. *The Archaeology of Knowledge and the Discourse on Language*. New York: Pantheon Books.

_____. 1980. Colin Gordon(ed.). *Power/Knowledge: Selected Interviews and Other Writings 1972-1977*. New York: Pantheon Books.

_____. 1984. Paul Rabinow(ed.). *The Foucault Reader*. New York: Pantheon Books.

_____. 1994. *The Order of Things: An Archaeology of the Human Sciences*. New York: Vintage Books.

Freedman, Diane P. and Olivia Frey(eds.). 2003. *Autobiographical Writing Across the Disciplines: A Reader*. Durham: Duke University Press.

Fukuyama, Francis. 1992. *The End of History and the Last Man*. London: Penguin Books.

Gad, Ulrik Pram and Karen Lund Petersen(eds.). 2011. "The Politics of Securitization." *Security Dialogue*, Vol. 42, No. 4-5, pp. 315~480.

Gaddis, John Lewis. 1987. *The Long Peace: Inquiries into the History of the Cold War*. New York and Oxford: Oxford University Press.

_____. 1992/93. "International Relations Theory and the End of the Cold War." *International Security*, Vol. 17, No. 3, pp. 5~58.

Gallie, W. B. 1955 - 1956. "Essentially Contested Concepts." *Proceedings of the Aristotelian Society*, Vol. 56, pp. 167~198.

Gardiner, Judith Kegan(ed.). 1995. *Provoking Agents: Gender and Agency in Theory and Practice*. Chicago: University of Illinois Press.

Garthoff, Raymond L. 2004. "Foreign Intelligence and the Historiography of the Cold War." *Journal of Cold War Studies*, Vol. 6, No. 2, pp. 21~56.

Gentry, Caron E. 2011. "The Committed Revolutionary: Reflections on a Conversation with Leila Khaled." in Laura Sjoberg and Caron E. Gentry(eds.). *Women, Gender, and Terrorism*. Athens: University of Georgia Press.

George, Jim and David Campbell. 1990. "Patterns of Dissent and the Celebration of Difference: Critical Social Theory and International Relations." *International Studies Quarterly*, Vol. 34, No. 3, pp. 269~293.

Grant, Judith. 1993. *Fundamental Feminism: Contesting the Core Concepts of Feminist Theory*. New York and London: Routledge.

Grant, Rebecca and Kathleen Newland(eds.). 1991. *Gender and International Relations*. Buckingham: Open University Press.

Grossman, Alyssa and Selena Kimball. 2011. *Memory Objects, Memory Dialogues*. Film, 26 mins.

Guetzkow, Harold. 1959. "A Use of Simulation in the Study of Inter-Nation Relations." *Behavioral Science*, Vol. 4, No. 3, pp. 183~191.

Guetzkow, Harold, et al. 1963. *Simulation in International Relations: Developments for Research and Teaching*. Englewood Cliffs: Prentice-Hall.

Halliday, Fred. 1983. *The Making of the Second Cold War*. London: Verso.

Halpern, Cynthia. 2002. *Suffering, Politics, Power: A Genealogy in Modern Political Theory*. Albany: State University of New York Press.

Hancock, Ange-Marie. 2007. "When Multiplication Doesn't Equal Quick Addition: Examining Intersectionality as a Research Paradigm." *Perspectives on Politics*, Vol. 5, No. 1, pp. 63~79.

Hansen, Lene. 2000. "The Little Mermaid's Silent Security Dilemma and the Absence of Gender in the Copenhagen School." *Millennium*, Vol. 29, No. 2, pp. 285~306.

_____. 2006. *Security as Practice: Discourse Analysis and the Bosnian War*. London: Routledge.

Haraway, Donna. 1988. "Situated Knowledges: The Science Question in Feminism and The Privilege of Partial Perspective." *Feminist Studies*, Vol. 14, No. 3, pp. 575~599.

Harding, Sandra. 1986. *The Science Question in Feminism*. Ithaca: Cornell University Press.

_____. 1991. *Whose Science? Whose Knowledge?: Thinking from Women's Lives*. Ithaca: Cornell University Press.

_____. 2008. *Sciences From Below: Feminisms, Postcolonialities, and Modernities*. Durham and London: Duke University Press.

Hayner, Pricilla B. 1996. "Commissioning the truth: further research questions." *Third World Quarterly*, Vol. 17, No. 1, pp. 19~29.

_____. 2011. *Unspeakable Truths: Transitional Justice and the Challenging of Truth Commissions*, 2nd ed. New York and London: Routledge.

Higate, Paul and Marsha Henry. 2004. "Engendering (In)security in Peace Support Operations." *Security Dialogue*, Vol. 35, No. 4, pp. 481~498.

Hirschmann, Nancy J. 1998. "Western Feminism, Eastern Veiling, and the Question of Free Agency." *Constellations*, Vol. 5, No. 3, pp. 345~368.

Hogan, Michael J.(ed.). 1992. *The End of the Cold War: Its Meaning and Implications*. Cambridge: Cambridge University Press.

Hollowell, John. 1977. *Fact & Fiction: The New Journalism and the Nonfiction Novel*. Chapel Hill: University of North Carolina Press.

Hooper, Charlotte. 1998. "Masculinist Practices and Gender Politics: The Operation of Multiple Masculinities in International Relations." in Marysia Zalewski and Jane Parpart(eds.). *The "Man" Question in International Relations*. Boulder: Westview Press.

Hunt, Tristram. 2004. "Whose Truth? Objective Truth and a Challenge for History." *Criminal Law Forum*, Vol. 15, No. 1-2, pp. 193~198.

Hutchison, Emma. 2010. "Unsettling Stories: Jeanette Winterson and the Cultivation of Political Contingency." *Global Society*, Vol. 24, No. 3, pp. 351

~368.

Huysmans, Jef. 1998. "Revisiting Copenhagen: Or, On the Creative Development of a Security Studies Agenda in Europe." *European Journal of International Relations*, Vol. 4, No. 4, pp. 479~506.

Inayatullah, Naeem. 2011. *Autobiographical International Relations: I, IR*. London: Routledge.

Jacoby, Tami. 2006. "From the trenches: dilemmas of feminist IR fieldwork." in Brooke Ackerly, Maria Stern and Jacqui True(eds.). *Feminist Methodologies for International Relations*. Cambridge: Cambridge University Press.

Jaggar, Alison M. 1989. "Love and Knowledge: Emotion in Feminist Epistemology." in Ann Garry and Marilyn Pearsall(eds.). *Women, Knowledge, and Reality: Explorations in Feminist Philosophy*. Boston: Unwin Hyman.

Jehlen, Myra. 2008. *Five Fictions in Search of Truth*. Princeton and Oxford: Princeton University Press.

Jin, Ha. 2004. *War Trash*. New York: Vintage Book.

Johnson, Chalmers. 2000. *Blowback: The Costs and Consequences of American Empire*. New York: Henry Holt and Company.

Johnson, Paul E. 1999. "Simulation Modeling in Political Science." *American Behavioral Scientist*, Vol. 42, No. 10, pp. 1509~1530.

Jones, Adam. 1996. "Does 'Gender' Make the World Go Round?" *Review of International Studies*, Vol. 22, No. 4, pp. 405~429.

_____. 1998. "Engendering debate." *Review of International Studies*, Vol. 24, No. 2, pp. 299~303.

Jonsson, Gabriel. 2009. *Peace-keeping in the Korean Peninsula: The Role of Commissions*. Seoul: Korea Institute for National Unification.

Josephson, Jyl. 2005. "Citizenship, Same-Sex Marriage, and Feminist Critiques of Marriage." *Prospectives on Politics*, Vol. 3, No. 2, pp. 269~284.

Kafka, Franz. 2009. *The Trial*. Oxford: Oxford University Press.

Kaldor, Mary. 1990. *The Imaginary War: Understanding the East-West Conflict*.

Oxford: Basil Blackwell.

Kearney, Richard. 2002. *On Stories*. London: Routledge.

Keen, Suzanne. 2006. "A Theory of Narrative Empathy." *Narrative*, Vol. 14, No. 3, pp. 207~236.

Keller, Evelyn Fox. 1985 / 1995. *Reflection on Gender and Science*. New Haven and London: Yale University Press.

Keohane, Robert O. 1991. "International relations theory: contributions of a feminist standpoint." in Rebecca Grant and Kathleen Newland(eds.). *Gender and International Relations*. Buckingham: Open University Press.

_____. 1998. "Beyond Dichotomy: Conversations Between International Relations and Feminist Theory." *International Studies Quarterly*, Vol. 42, No. 1, pp. 193~198.

Kerr, Heather. 2001. "Sympathetic Topographies." *parallax*, Vol. 7, No. 2, pp. 107 ~126.

Kim, Dong-Choon. 2010. "The Long Road Toward Truth and Reconciliation: Unwavering Attempts to Achieve Justice in South Korea." *Critical Asian Studies*, Vol. 42, No. 4, 525~552.

Kim, Hyunhee. 1993. *The Tears of My Soul*. New York: William Morrow & Company.

_____. 1994. *Mitt Hjärta Gråter*. Malmö: Richters.

Kim, Samuel S. 1980. "Research on Korean Communism: Promise versus Performance." *World Politics*, Vol. 32, No. 2, pp. 281~310.

Kim, Suzy. 2010. "(Dis)orienting North Korea." *Critical Asian Studies*, Vol. 42, No. 3, pp. 481~495.

King, Gary, Robert O. Keohane and Sidney Verba. 1994. *Designing Social Inquiry: Scientific Inference in Qualitative Research*. Princeton: Princeton University Press.

Kristeva, Julia. 1980. *Language in Desire: A Semiotic Approach to Literature and Art*. New York: Columbia University Press.

Kwon, Heonik. 2006. *After the Massacre: Commemoration and Consolation in Ha My and My Lai.* Berkeley and Los Angeles: University of California Press.

_____. 2008. *Ghosts of War in Vietnam.* Cambridge: Cambridge University Press.

_____. 2010. *The Other Cold War.* New York: Columbia University Press.

_____. 2011. "Experiencing the cold war." in Christine Sylvester(ed.). *Experiencing War.* London: Routledge.

Lacy, Mark. 2008. "Designer Security: Control Society and MoMA's SAFE: Design Takes On Risk." *Security Dialogue*, Vol. 39, No. 2-3, pp. 333~357.

Lamm, Lovisa. 2012. *Ambassaden i paradise: Sveriges unika relation till Nordkorea.* Stockholm: Norstedts.

Lanser, Susan S. 1986. "Toward a Feminist Narratology." in Robyn R. Warhol and Diane Price Herndl(eds.). 1997. *Feminisms: An Anthology of Literary Theory and Criticism.* New Brunswick: Rutgers University Press.

Lebow, Richard Ned. 2010. *Forbidden Fruit: Counterfactuals and International Relations.* Princeton: Princeton University Press.

Le Carré, John. 1963 / 1999a. *The Spy Who Came in from the Cold.* London: Sceptre.

_____. 1965 / 1999b. *The Looking Glass War.* London: Sceptre.

_____. 1974 / 1999c. *Tinker Tailor Soldier Spy.* London: Sceptre.

_____. 1991 / 1999d. *The Secret Pilgrim.* London: Sceptre.

_____. 1983 / 2000. *The Little Drummer Girl.* London: Sceptre.

Lee, Soo-jung. 2006. "Making and Unmaking the Korean Division: Separated Families in the Cold War and Post-Cold War Eras." *Doctoral Dissertation*, University of Illinois at Urbana-Champaign.

Leys, Ruth. 2011. "The Turn to Affect: A Critique." *Critical Inquiry*, Vo. 37, No. 3, pp. 434~472.

Lilley, James and Jeffrey Lilley. 2004. *China Hands: Nine Decades of Adventure, Espionage, and Diplomacy in Asia.* New York: PublicAffairs.

Ling, L. H. M. 2014. *Imagining World Politics: Sihar & Shenya, a fable for our times*. London: Routledge.

Lobasz, Jennifer K. and Laura Sjoberg(eds.). 2011. "The State of Feminist Security Studies: A Conversation." *Politics & Gender*, Vol. 7, No. 4, pp. 573~604.

Lorde, Audre. 1984. *Sister Outsider*. Freedom: The Crossing Press.

Lutz, Catherine. 1986. "Emotion, Thought, and Estrangement: Emotion as a Cultural Category." *Cultural Anthropology*, Vol. 1, No. 3, pp. 287~309.

Lyotard, Jean-François. 1984. *The Postmodern Condition: A Report on Knowledge*. Manchester: Manchester University Press.

Löwenheim, Oded. 2010. "The 'I' in IR: an autoethnographic account." *Review of International Studies*, Vol. 36, No. 4, pp. 1023~1045.

MacDonald, Eileen. 1992. *Shoot The Women First*. London: Arrow Books.

MacKenzie, Megan. 2010. "Securitization and de-securitization: female soldiers and the reconstruction of women in post-conflict Sierra Leone." in Laura Sjoberg(ed.). *Gender and International Security*. London: Routledge.

_____. 2011. "Ruling exceptions: female soldiers and everyday experiences of civil conflict." in Christine Sylvester(ed.). *Experiencing War*. London: Routledge.

_____. 2012. *Female Soldiers in Sierra Leone: Sex, Security, and Post-Conflict Development*. New York: New York University Press.

Manning, Erin. 2007. *Politics of Touch: Sense, Movement, Sovereignty*. Minneapolis: University of Minnesota Press.

_____. 2009. *Relationscapes: Movement, Art, Philosophy*. Cambridge: The MIT Press.

Marcus, George E. 1991. "Emotions and politics: hot cognitions and the rediscovery of passion." *Social Science Information*, Vol. 30, No. 2, pp. 195~232.

_____. 2000 "Emotions in Politics." *Annual Review of Political Science*, Vol. 3, pp. 221~250.

Massumi, Brian. 1995. "The Autonomy of Affect." *Cultural Critique*, Vol. 31, No. Fall, pp. 83~109.

_____. 2010. "The Future Birth of the Affective Fact: The Political Ontology of Threat." in Melisa Gregg and Gregory J. Seigworth(eds.). *The Affective Theory Reader.* Durham and London: Duke University Press.

McNay, Lois. 2000. *Gender and Agency: Reconfiguring the Subject in Feminist and Social Theory.* Cambridge: Polity Press.

McCall, Leslie. 2005. "The Complexity of Intersectionality." *Signs*, Vol. 30, No. 3, pp. 1771~1800.

McEvoy, Sandra. 2010. "Loyalist women paramilitaries in Northern Ireland: beginning a feminist conversation about conflict resolution." in Laura Sjoberg(ed.). *Gender and International Security.* London: Routledge.

Meijer, Maaike. 1993. "Countering Textual Violence: On the Critique of Representation and the Importance of Teaching Its Methods." *Women's Studies International Forum*, Vol. 16, No. 4, pp. 367~378.

Mercer, Jonathan. 2010. "Emotional Beliefs." *International Organization*, Vol. 64, No. 1, pp. 1~31.

Mendeloff, David. 2004. "Truth-Seeking, Truth-Telling, and Postconflict Peacebuilding: Curb the Enthusiasm?" *International Studies Review*, Vol. 6, No. 3, pp. 355~380.

Mernissi, Fatima. 1982. "Virginity and Patriarchy." *Women's Studies International Forum*, Vol. 5, No. 2, pp. 183~191.

Miller, J. Hillis. 1990. "Narrative." in Frank Lentricchia and Thomas McLaughlin(eds.). *Critical Terms for Literary Study.* Chicago: University of Chicago Press.

Mills, C. Wright. 1959 / 2000. *The Sociological Imagination.* Oxford: Oxford University Press.

Mohanty, Chandra Talpade. 1992. "Feminist Encounters: Locating the Politics of Experience." in Michèle Barrett and Anne Phillips(eds.). *Destabilizing Theory: Contemporary Feminist Debates.* Cambridge: Polity Press.

Moi, Toril. 1985. *Sexual/Textual Politics: Feminist Literary Theory.* London:

Routledge.

Moon, Katharine H.S. 1997. *Sex Among Allies: Military Prostitution in U. S. - Korea Relations*. New York: Columbia University Press.

Moore, Cerwyn. 2010. "On Cruelty: Literature, Aesthetics and Global Politics." *Global Society*, Vol. 24, No. 3, pp. 311~329.

Moore, Jane. 1995. "Theorizing the body's fictions." in Barbara Adam and Stuart Allan(eds.). *Theorizing Culture: An Interdisciplinary Critique after Postmodernism*. London: UCL Press.

Morgan, Robin. 1990. *The Demon Lover: On the Sexuality of Terrorism*. New York and London: W. W. Norton.

Morgenthau, Hans J. 1948 / 1978. *Politics Among Nations: The Struggle for Power and Peace*, 5th ed. New York: Alfred A. Knopf.

Muecke, Stephen. 1997. *No Road (bitumen all the way)*. South Fremantle: Fremantle Art Centre Press.

_____. 2002. "The Fall: Fictocritical Writing." *parallax*, Vol. 8, No. 4, pp. 108~112.

Mulinari, Diana and Kerstin Sandell. 1999. "Exploring the Notion of Experience in Feminist Thought." *Acta Sociologica*, Vol. 42, pp. 287~297.

Murray, Davis S. 1986. "'That's Classic!' The Phenomenology and Rhetoric of Successful Social Theories." *Philosophy of the Social Sciences*, Vol.16, No.3, pp.285~301.

Neary, Ian. 2002. *Human Rights in Japan, South Korea and Taiwan*. London: Routledge.

Neumann, Iver B. and Daniel H. Nexon(eds.). 2006. *Harry Potter and International Relations*. Lanham: Rowman & Littlefield Publishers.

Nietzsche, Friedrich. 1887 / 2003. *The Genealogy of Morals*. New York: Dover Publications.

Oberdorfer, Don. 1997. *The Two Koreas: A Contemporary History*. New York: Basic Books.

Odysseos, Louiza and Hakan Seckinelgin(eds.). 1998. "Gendering the "International"." *Millennium*, Vol. 27, No. 4, pp. 809~1100.

Orford, Anne. 2003. *Reading Humanitarian Intervention: Human Rights and the Use of Force in International Relations*. Cambridge: Cambridge University Press.

Orwell, George. 1949 / 2003. *Nineteen Eighty-Four*. London: Penguin Books.

Ortner, Sherry B. 1978. "The Virgin and the State." *Feminist Studies*, Vol. 4, No. 3, pp. 19~35.

Parashar, Swati. 2010. "Women, militancy, and security: the South Asian conundrum." in Sjoberg, Laura(ed.). *Gender and International Security*. London: Routledge.

_____. 2014. *Women and Militant Wars: The Politics of Injury*. London: Routledge.

Park, Keun. 2009. *Hibiscus: The Journey of a Korean Man Through the Rise of His Country*. Tokyo: Random House Kodansha.

Park-Kang, Sungju. 2011. "Utmost Listening: Feminist IR as a Foreign Language." *Millennium*, Vol. 39, No. 3, pp. 861~877.

_____. 2012. "Gendered Agency in Contested Truths: The Case of Hyunhee Kim (KAL 858)." in Linda Åhäll and Laura J. Shepherd(eds.). *Gender, Agency and Political Violence*. Basingstoke: Palgrave.

Pateman, Carole. 1988. *The Sexual Contract*. Stanford: Stanford University Press.

Petersen, Alan. 2003. "Research on Men and Masculinities: Some Implications of Recent Theory for Future Work." *Men and Masculinities*, Vol. 6, No. 1, pp. 54~69.

Peterson, V. Spike(ed.). 1992. *Gendered States: Feminist (Re)Visions of International Relations Theory*. Boulder and London: Lynn Rienner Publishers.

_____. 1998. "Feminisms and International Relations". *Gender & History*, Vol. 10, No. 3, pp. 581~589.

Peterson, V. Spike and Anne Sisson Runyan. 1993. *Global Gender Issues*,

Boulder: Westview Press.

Pettman, Jan Jindy. 1996. *Worlding Women: A Feminist International Politics*. London: Routledge.

Polkinghorne, Donald E. 1988. *Narrative Knowing and the Human Sciences*. Albany: State University of New York Press.

Prins, Baukje. 2006. "Narrative Accounts of Origins: A Blind Spot in the Inter-sectional Approach?" *European Journal of Women's Studies*, Vol. 13, No. 3, pp. 277~290.

Ramsden, Maureen A. 2000 "The Play and Place of Fact and Fiction in the Travel Tale." *Forum for Modern Language Studies*, Vol. 36, No. 1, pp. 16~32.

Reynolds, David. 1992. "Beyond Bipolarity in Space and Time." in Michael J. Hogan(ed.). *The End of the Cold War: Its Meaning and Implications*. Cambridge: Cambridge University Press.

Richardson, Laurel. 1997. *Fields of Play: Constructing an Academic Life*. New Brunswick: Rutgers University Press.

_____. 2000. "Writing: A Method of Inquiry." in Norman K. Denzin and Yvonna S. Lincoln(eds.). *The Handbook of Qualitative Research*, 2nd ed. Thousand Oaks: Sage Publications.

Richardson, Laurel and Ernest Lockridge. 1998. "Fiction and Ethnography: A Conversation." *Qualitative Inquiry*, Vol. 4, No. 3, pp. 328~336.

Riviere, Joan. 1929 / 1986. "Womanless as a Masquerade." in Victor Burgin, James Donald and Cora Kaplan(eds.). *Formations of Fantasy*. New York: Mathuen & Co.

Rosenau, James N. 1965. "Book Reviews." *The Journal of Politics*, Vol. 27, No. 1, pp. 201~203.

Rosenberg, Justin. 1994. "The International Imagination: IR Theory and 'Classical Social Analysis'." *Millennium*, Vol. 23, No. 1, pp. 85~108.

Rosenblatt, Paul C. 2002. "Interviewing at the border of fact and fiction." in Jaber F. Gubrium and James A. Holstein(eds.). *Handbook of Interview Research*.

Thousand Oaks: Sage Publications.

Rowe, Cami. 2013. *The Politics of Protestand US Foreign Policy: Performative Construction of the Waron Terror.* London: Routledge.

Ruddick, Sara. 1995. *Maternal Thinking: Toward a Politics of Peace.* Boston: Beacon Press.

Said, Edward. 1978 / 1994. *Orientalism.* New York: Vintage.

Sakai, Naoki. 2005. "The West — A Dialogic Prescription or Proscription?" *Social Identities*, Vol. 11, No. 3, pp. 177~195.

Scarry, Elaine. 1985. *The Body in Pain: The Making and Unmaking of the World.* New York and Oxford: Oxford University Press.

_____. 2001. *On Beauty and Being Just.* Princeton: Princeton University Press.

Scheper-Hughes, Nancy and Margaret M. Lock. 1987. "The mindful Body: A Prolegomenon to Future Work in Medical Anthropology." *Medical Anthropology Quarterly*, Vol. 1, No. 1, pp. 6~41.

Schlink, Bernhard. 2010. *The Weekend.* London: Phoenix.

Scott, Joan W. 1992. ""Experience"." in Judith Butler and Joan W. Scott(eds.). *Feminists Theorize The Political.* New York and London: Routledge.

Security Dialogue. 2013. "Special Issue on Elizabeth Dauphinee's The Politics of Exile." Vol. 44, No. 4, pp. 281~361.

Shapiro, Michael J. 1988. *The Politics of Representation: Writing Practices in Biography, Photography, and Policy Analysis.* Madison: The University of Wisconsin Press.

_____. 1990. "Strategic Discourse/Discursive Strategy: The Representation of "Security Policy" in the Video Age." *International Studies Quarterly*, Vol. 34, No. 3, pp. 327~340.

_____. 2013. *Studies in Trans-Disciplinary Method: After the aesthetic turn.* London: Routledge.

Shepherd, Laura J.(ed.). 2010. *Gender Matters in Global Politics: A feminist introduction to international relations.* London: Routledge.

_____(ed.). 2013. "The State of the Discipline: A Security Studies Forum." *International Studies Perspectives*, Vol. 14, No. 4, pp. 436~462.

Silver, Kimberly and Eric Giordano(eds.). 1993. "Gender and International Relations." *Fletcher Forum*, Vol. 17, No. 2, pp. 1~116.

Singer, David J. 1965. "Data-making in International Relations." *Behavioral Science*, Vol. 10, No. 1, pp. 68~80.

Sjoberg, Laura and Caron E. Gentry. 2007. *Mothers, Monsters, Whores: Women's Violence in Global Politics.* London and New York: Zed Books.

Smith, Hazel. 2000. "Bad, mad, sad or rational Actor? Why the 'securitization' paradigm makes for poor policy analysis of north Korea." *International Affairs*, Vol. 76, No. 3, pp. 593~617.

_____. 2005. *Hungry for Peace: International Security, Humanitarian Assistance, and Social Change in North Korea.* Washington D. C.: United States Institute of Peace.

Sontag, Susan. 2004. *Regarding the Pain of Others.* London: Penguin Books.

Spelman, Elizabeth. V. 1989. "Anger and Insubordination." in Ann Garry and Marilyn Pearsall(eds.). *Women, Knowledge, and Reality: Explorations in Feminist Philosophy.* Boston: Unwin Hyman.

_____. 1997. *Fruits of Sorrow: Framing Our Attention to Suffering.* Boston: Beacon Press.

Squires, Judith and Jutta Weldes. 2007. "Beyond Being Marginal: Gender and International Relations in Britain." *British Journal of Politics and International Relations*, Vol. 9, No. 2, pp. 185~203.

Steans, Jill. 1998. *Gender and International Relations: An Introduction.* New Brunswick: Rutgers University Press.

_____. 2003. "Engaging from the margins: feminist encounters with the 'mainstream' of International Relations." *British Journal of Politics and International Relations*, Vol. 5, No. 3, pp. 428~454.

Stern, Maria. 2005. *Naming security — constructing identity: 'Mayan-women' in*

Guatemala on the eve of 'peace'. Manchester: Manchester University Press.

Suh, Dae-Sook. 1988. *Kim Il Sung: The North Korean Leader*. New York: Columbia University Press.

Suri, Jeremi. 2002. "Explaining the End of the Cold War: A New Historical Consensus?" *Journal of Cold War Studies*, Vol. 4, No. 4, pp. 60~92.

Sumera, Lara. 2009. "The Mask of Beauty: Masquerade Theory and Disney's Beauty and the Beast." *Quarterly Review of Film and Video*, Vol. 26, No. 1, pp. 40~46.

Sylvester, Christine(ed.). 1993. "Feminists Write International Relations." *Alternatives*, Vol. 18, No. 1, pp. 1~118.

_____. 1994a. "Empathetic Cooperation: A Feminist Method for IR." *Millennium*, Vol. 23, No. 2, pp. 315~334.

_____. 1994b. *Feminist Theory and International Relations in a Postmodern Era*. Cambridge: Cambridge University Press.

_____. 2000. *Producing Women and Progress in Zimbabwe: Narratives of Identity and Work from the 1980s*. Portsmouth: Heinemann.

_____. 2002. *Feminist International Relations: An Unfinished Journey*. Cambridge: Cambridge University Press.

_____. 2007. "Anatomy of a Footnote." *Security Dialogue*, Vol. 38, No. 4, pp. 547 ~558.

_____ (ed.). 2011a. *Experiencing War*. London: Routledge.

_____ (ed.). 2011b. "The Forum: Emotion and the Feminist IR Researcher." *International Studies Review*, Vol. 13, No. 4, pp. 687~708.

_____. 2012. "War Experiences/War Practices/War Theory." *Millennium*, Vol. 40, No. 3, pp. 483~503.

_____. 2013. *War as Experience: Contributions from International Relations and Feminist Analysis*. London: Routledge.

Sylvester, Christine and Swati Parashar. 2009. "The Contemporary 'Mahabharata' and the many 'Draupadis'." in Richard Jackson, Marie Breen Smyth and

Jeroen Gunning(eds.). *Critical Terrorism Studies: A New Research Agenda.* London: Routledge.

Tetlock, Philip E. and Aaron Belkin(eds.). 1996. *Counterfactual Thought Experiments in World Politics: Logical, Methodological and Psychological Perspectives.* Princeton: Princeton University Press.

Tetlock, Philip E., Richard Ned Lebow and Noel Geoffrey Parker. 2006. *Unmaking the West: "What-If" Scenarios That Rewrite World History.* Ann Arbor: University of Michigan Press.

Thies, Cameron G. 2002. "A Pragmatic Guide to Qualitative Historical Analysis in the Study of International Relations." *International Studies Perspective,* Vol. 3, No. 4, pp. 351~372.

Tickner, J. Ann. 1988. "Hans Morgenthau's Principles of Political Realism: A Feminist Reformulation." *Millennium,* Vol. 17, No. 3, pp. 429~440.

_____. 1992. *Gender in International Relations: Feminist Perspectives on Achieving Global Security.* New York: Columbia University Press.

_____. 1997. "You Just Don't Understand: Troubled Engagements Between Feminists and IR Theorists." *International Studies Quarterly,* Vol. 41, No. 4, pp. 611~632.

_____. 2001. *Gendering World Politics: Issues and Approaches in the Post-Cold War Era.* New York: Columbia University Press.

TRC(Truth and Reconciliation Commission). 1998. *Truth and Reconciliation Commission of South Africa Report: Volume One.* Cape Town: Juta.

Visweswaran, Kamala. 1994. *Fictions of Feminist Ethnography.* Minneapolis: University of Minnesota Press.

Wæver, Ole. 1995. "Securitization and Desecuritization." in Ronnie D. Lipschultz(ed.). *On Security.* New York: Columbia University Press.

Waltz, Kenneth N. 1979. *Theory of International Politics.* Reading: Addison-Wesley Publishing Company.

_____. 1954 / 2001. *Man, the State, and War: A Theoretical Analysis.* New York:

Columbia University Press.

Weber, Cynthia. 1994. "Good Girls, Bad Girls, and Little Girls: Male Paranoia in Robert Keohane's Critique of Feminist International Relations." *Millennium*, Vol. 23, No. 2, pp. 337~349.

_____. 2005. *International Relations Theory: A Critical Introduction*, 2nd ed. London: Routledge.

Weedon, Chris. 1987. *Feminist Practice and Poststructuralist Theory*. Oxford: Blackwell.

Weldes, Jutta. 1999. "Going Cultural: Star Trek, State Action, and Popular Culture." *Millennium*, Vol. 28, No. 1, pp. 117~134.

_____ (ed.). 2003. *To Seek Out New Worlds: Science Fiction and World Politics*. New York: Palgrave.

Wendt, Alexander. 1999. *Social Theory of International Politics*. Cambridge: Cambridge University Press.

Westad, Odd Arne. 2007. *The Global Cold War*. Cambridge: Cambridge University Press.

White, Hayden. 1973. *Metahistory: The Historical Imagination in Nineteenth-Century Europe*. Baltimore: The Johns Hopkins University Press.

_____. 1987. *The Content of the Form: Narrative Discourse and Historical Representation*. Baltimore and London: The Johns Hopkins University Press.

Whitworth, Sandra. 1994 / 1997. *Feminism and International Relations*. Basingstoke: Palgrave Macmillan.

Wibben, Annick T.R. 2004. "Feminist International Relations: Old Debates and New Directions." *Brown Journal of World Affairs*, Vol. X, No. 2, pp. 97~114.

_____. 2009. "Feminist Security Studies." in Myriam Dunn Cavelty and Victor Mauer(eds.). *The Routledge Handbook of Security Studies*. London: Routledge.

_____. 2011. *Feminist Security Studies: A Narrative Approach*. London: Routledge.

Winter, Jay. 1995. *Sites of Memory, Sites of Mourning: The Great War in European Cultural History*. Cambridge: Cambridge University Press.

Winnubst, Shannon. 2003. "Vampires, Anxieties, and Dreams: Race and Sex in the Contemporary United States." *Hypatia*, Vol. 18, No. 3, pp. 1~20.

Wolf, Naomi. 1991. *The Beauty Myth: How Images of Female Beauty Are Used Against the Body*. New York: William Morrow & Company.

Woodward, Kathleen M. 1991. *Aging and Its Discontents: Freud and Its Other Fictions*. Bloomington: Indiana University Press.

Youngs, Gillian. 2006. "Feminist International Relations in the Age of the War on Terror: Ideologies, Religions and Conflict." *International Feminist Journal of Politics*, Vol. 8, No. 1, pp. 3~18.

Yuval-Davis, Nira. 2006. "Intersectionality and Feminist Politics." *European Journal of Women's Studies*, Vol. 13, No. 3, pp. 193~209.

_____. 2011. *The Politics of Belonging: Intersectional Contestations*. London: Sage Publications.

Zalewski, Marysia. 2007. "Do We Understand Each Other Yet?: Troubling Feminist Encounters With(in) International Relations." *British Journal of Politics and International Relations*, Vol. 9, No. 2, pp. 302~331.

_____. 2013. *Feminist International Relations: Exquisite Corpse*. London: Routledge.

Zalewski, Marysia and Jane Parpart(eds.). 1998. *The "Man" Question in International Relations*. Boulder: Westview Press.

Zehfuss, Maja. 2007. *Wounds of Memory: The Politics of War in Germany*. Cambridge: Cambridge University Press.

해외 공식 문서

Central Intelligence Agency, US

CIA. 1987. "Terrorism Review (U)." Secret. 21 December.

_____. 1988a. "Policy Toward Seoul After KAL Bombing." Top Secret. 2

February.

_____. 1988b. "Terrorism Review (U)." Secret, 11 February.

Department of Foreign Affairs and Trade, Australia

DFAT. 1987a. "SE17509." 4 December.

_____. 1987b. "ROK: Suspect in KAL Disappearance Enroute to Seoul." 15 December.

_____. 1988a. "KAL Crash." 12 January.

_____. 1988b. "KAL Air Crash." 15 January.

_____. 1988c. "SE17708." 15 January.

_____. 1988d. "KAL Sabotage." 16 February.

_____. 1988e. "UN43603." 17 February.

Department of State, US

DOS. 1987a. "E2." 2 December.

_____. 1987b. "E6." 3 December.

_____. 1987c. "E7." 4 December.

_____. 1987d. "E15." 7 December.

_____. 1987e. "E23." 11 December.

_____. 1987f. "E24." 12 December.

_____. 1987g. "Summit Treatment of Regional Issues." Confidential, 15 December.

_____. 1988a. "E30." 6 January.

_____. 1988b. "E32." 7 January.

_____. 1988c. "E40." 14 January.

_____. 1988d. "E41." 15 January.

_____. 1988e. "E42." 15 January.

_____. 1988f. "Point Paper: Downing of KAL Jet." Secret, 19 February.

_____. 1988g. "E61." 1 November.

_____. 1989. *Patterns of Global Terrorism 1988*, Washington D.C.: US Department of State.

Foreign and Commonwealth Office, UK

FCO. 1988a. "Excerpts of the Questions and Answers at the Press Conference with Miss Hyun Hee Kim Held at 10.00, 15th January, Seoul." undated.

_____. 1988b. "Investigation Findings: Explosion of Korean Air Flight 858." 1 February.

_____. 1988c. "Brief of the Findings of Investigation." 15 January.

_____. 1988d. "Crash of Korean Airliner." A, 15 January.

_____. 1988e. "Crash of Korean Airliner." C, 15 January.

_____. 1988f. "Crash of Korean Airliner." 18 January.

House Committee on Foreign Affairs, US.

House Committee on Foreign Affairs. 1989. "The Bombing of Korean Airlines Flight KAL-858." H. Con. Res. 260.

Utrikesdepartementet(Ministry of Foreign Affairs), Sweden

UD. 1987. "Anklagelser Nord-Sydkorea." 16 December.

_____. 1988a. "KCNA Statement." 26 January [15 January].

_____. 1988b. "Statement of DPRK Foreign Ministry Spokesman." 26 January [25 January].

_____. 1988c. "Det försvunna KAL-flygplanet." 22 January.

_____. 1988d. "Samtal med Nordkoreas ambassadör." 10 February.

United Nations Security Council, UN

UNSC. 1988a. "S/PV. 2791." 16 February.

_____. 1988b. "S/PV. 2792." 17 February.

서신 교환

Eagleton, Terry. 2011. Letter correspondence. 27 October.

Enloe, Cynthia. 2010. Email correspondences. 2 January, 8 February.

Lilley, James. 2009. Email correspondence. 13 May.

지은이

박강성주

현재 네덜란드 레이덴대학교 교수. 통일부가 주최한 대학생 통일논문 공모전에
입상했으나 논문 수정 요구를 거부해 취소되었다. 그 뒤로 고통과 기억, 진실의
정치학에 관심을 갖게 되었고 김현희 사건에 대한 연구를 이어오고 있다.

주요 저서
Fictional International Relations: Gender, Pain and Truth(2014)
『KAL 858, 진실에 대한 예의: 김현희 사건과 '분단권력'』(2007)

주요 논문
"Pain as Masquerades/Masquerades as Pain"(2015)
"Utmost Listening: Feminist IR as a Foreign Language"(2011) 외 다수

한울아카데미 1810

슬픈 쌍둥이의 눈물: 김현희-KAL 858기 사건과 국제관계학

ⓒ 박강성주, 2015

지은이 ㅣ 박강성주
펴낸이 ㅣ 김종수
펴낸곳 ㅣ 도서출판 한울
편집 ㅣ 조수임

초판 1쇄 인쇄 ㅣ 2015년 8월 13일
초판 1쇄 발행 ㅣ 2015년 8월 25일

주소 ㅣ 10881 경기도 파주시 광인사길 153 한울시소빌딩 3층
전화 ㅣ 031-955-0655
팩스 ㅣ 031-955-0656
홈페이지 ㅣ www.hanulbooks.co.kr
등록번호 ㅣ 제406-2003-000051호

Printed in Korea.
ISBN 978-89-460-5810-1 93340 (양장)
       978-89-460-6028-9 93340 (반양장)

* 책값은 겉표지에 표시되어 있습니다.